Rosa-Luxemburg-Stiftung

Texte 44

Rosa-Luxemburg-Stiftung

STEFAN BOLLINGER

1968 –
die unverstandene
Weichenstellung

Karl Dietz Verlag Berlin

Stefan Bollinger:
1968 – die unverstandene Weichenstellung
(Reihe: Texte / Rosa-Luxemburg-Stiftung; Bd. 44)
Berlin: Karl Dietz Verlag 2008

ISBN 978-3-320-02138-2

© Karl Dietz Verlag Berlin GmbH 2008
Satz: Jörn Schütrumpf
Umschlag: Heike Schmelter unter Verwendung eines Fotos von Jürgen Henschel
Druck und Verarbeitung: MediaService GmbH Bärendruck und Werbung
Printed in Germany

Gewinner und Verlierer – die wundersam gemischten Karten
Politisch korrekt trauern? 7
Zwischen Vergangenheitsbewältigung, Geschichtspolitik
und Politikperspektiven 10
Rebellion – aber wogegen und wofür? 16
Wider die westdeutsche Nabelschau 19
Vom Zusammentreffen des Wandels West und Ost 22
Periodisierungen, Komplexitäten, Chiffren
und eine Umbruchszeit 1960 bis 1989 29

An der Schwelle einer neuen Zivilisation
Zeiten der Suche nach ideologischem Halt 33
Georg Lukács – nicht nur 1968 ein Denker für Ost und West 38
Lukács und die modernen "Maschinenstürmer" 41
Demokratisierung als Parole? 47
Ein Soziologe fast auf der Barrikade 57

Sozialismusreformen zwischen Effizienz,
Demokratisierung und Repression
Der verkürzte Westblick auf den Osten 65
Zum Charakter der neuen Herausforderung 69
Technokratische oder politische Reform? 73
Sozialismusverständnis und intellektuelle Chancen 80

1968 – Revolten und Reformen am Ende alter Welten – Chancen und Scheitern
Die 68er sind an allem schuld 87
Das Ausblenden der östlichen Reformen 89
Die Tiefe eines Bruchs 91
Der Wandel in der Systemauseinandersetzung 94
Die Vielfalt von Revolte und Reform 96
1968 – Radikaler Bruch und die Erbschaften 98
Geschichtspolitik in Zeiten des Endes der Geschichte 102

Unbekannte, ausgeschlagene, missbrauchte Erbschaften
Im Schaltjahr 105
Von langen Märschen und vertanen Chancen 107
Unverstandene Weichenstellungen 119
Leistungen und Grenzen 124
Die Utopie verwirklichen, den Sozialismus 130

Anhang
Abkürzungsverzeichnis 136
Namensregister

Gewinner und Verlierer –
die wundersam gemischten Karten

Politisch korrekt trauern?

»Willkommen, liebe Trauergemeinde« – so könnten die Hinterbliebenen der 68er-Bewegung wie auch ihre einstigen und neuen Sympathisanten begrüßt werden, wenn es um das Thema Emanzipationsbewegungen und ihre Folgen geht. Jüngst konnte man in einer großen Berliner Zeitung als Empfehlung an die Ostdeutschen nach dem Scheitern der DDR und dem Zusammenbruch ihrer Ideale lesen: »Utopien haben eine ungeheure stabilisierende psychologische Funktion. Wegbrechende Utopien sind also Trauerfälle ... Wenn ein Volk gesund sein will, muss es trauern dürfen. Aufforderungen wie Nachvornschauen! helfen nicht.«[1] So können eine Gesellschaft und ihre Intellektuellen auch aus der Geschichte aussteigen. Das West-Pendant derartiger Empfehlungen kommt noch derber daher und richtet sich unverblümt gegen den unterstellten totalitär-terroristischen Anspruch von Gesellschaftsutopien. Therapeut Martin Altmeyer beklagt in der *Kommune* (einer den Grünen nahestehenden Zeitschrift), dass »der 68er-Bewegung die intellektuelle und moralische Kraft (fehlte): die von der Geschichte gründlich diskreditierte Idee vom Kommunismus als einem uneingelösten Gerechtigkeitsversprechen aufzugeben«.[2] Wenig beachtet hatte er ins Spiel gebracht, dass »die faschistische Massenbewegung in Deutschland aus dem Geist des Widerstands geboren war und sich sozialrebellisch gebärdet hatte« – so wie die 68er.[3] Was hier noch eine Nebenlinie der Argumentation blieb, wurde termingerecht zum 30. Januar 2008, dem 75. Jahrestag der Machtergreifung (wohl richtiger der Machtübergabe durch die politischen und wirtschaftlichen Eliten an Hitler), zum Gegenstand eines medialen Auftriebs. Der Historiker Götz Aly (einst mit Berufsverbot gemaßregelter Aktivist der *Roten Hilfe*) stellte eine Verbindungslinie zwischen der nationalsozialistischen Jugend 1933 und den 68ern her. Wohl wissend, dass in der bundesdeutschen Gesellschaft mit ihrer Political Correctness noch jede Kontaminierung mit NS, Antisemitismus und neuerdings MfS-Stalinismus-Kommunismus ausreicht, um Gegner der »besten aller Welten«, des heutigen Kapitalismus, in die Totalitarismus-, Extremismus- und Fundamentalismus-Ecke zu stellen. Es bleibt, trotz heftigen Widerspruchs, die These im Raum: »Die jungen und besonders tatendurstigen Gefolgsleute der NSDAP, die 33er, wurden – oft infolge von Krieg und Gefangenschaft etwas verzögert – die Eltern der späteren 68er. Deshalb liegt es nahe,

---

1   Christoph Seidler: Das sind doch alles Trauerfälle. Auch wenn nur eine Utopie wegbricht. Ein Gespräch über Traumatisierungen in Ostdeutschland, in: Berliner Zeitung vom 9. November 2007, S. 25.
2   Martin Altmeyer: Komplexitätsreduktion mit Waffe. Zur Mentalität des deutschen Linksterrorismus, in: Kommune, H. 3/2007, S. 6 ff. – http://www.oeko-net.de/kommune/kommune03-07/aaltmeyer.htm [10.11.2007 19:48].
3   Ebenda.

... die Parallelen in den Blick zu nehmen, die zwischen den politischen Sturm- und Drang-Jahren der unmittelbar aufeinander folgenden Generationskohorten bestehen. Diese wie jene sahen sich als ›Bewegung‹, betrachteten das ›System‹ der Republik als historisch überholt, wenn auch mit unterschiedlichen Argumentationen. Sie verachteten den Pluralismus und den Kompromiss, sie liebten den Kampf und die Aktion.«[4]

Spätestens ob solcher Unterstellungen und Denunziationen ist die Frage zu verneinen, ob Trauern hilft. Nachdenken, kritisieren und sich selbst kritisieren, gar Schlüsse zu ziehen, ist für jene sinnvoller, denen es ernst ist mit einem Wandel nicht allein ihrer Seelen, sondern konkreter Gesellschaften. Nach vorn zu blicken, aus der Analyse des untergegangenen Realsozialismus wie der alten und der 68er sozialen Bewegungen Hoffnungen, Kenntnisse zu schöpfen und sie für künftige geistige, soziale, gar politische Kämpfe zu nutzen, liegt vielleicht nicht nur Linken näher.

Das Jahr '68 ist von Deutungen und Deutern okkupiert. Der Politologe Claus Leggewie benennt etwa einen »von etwa 1963/64 bis 1972/73 verlaufender Protestzyklus« der »auf ein einziges *annus mirabilis* [Wunderjahr – St. B.] – eine Verkürzung, die mit der außerordentlichen Verdichtung dramatischer Ereignisse zusammenhängt: Tet-Offensive des Vietcong, militante Straßenkämpfe von Berlin über Paris und Mexiko bis Chicago, ›Prager Frühling‹, chinesische Kulturrevolution«[5] zusammengedrängt werde. Nicht nur Wolfgang Kraushaar als der Geschichtsschreiber der westdeutschen 68er ist sich sicher: »In der Erinnerungskultur der Bundesrepublik spielt ›1968‹ inzwischen fast die Rolle eines Ursprungsmythos.«[6] Akteure und viele Beobachter haben Präferenzen: Die politische Kultur der westlichen Demokratien sei revolutioniert, die Abrechnung mit Faschismus, Autoritarismus und Patriarchat vollzogen, und damit seien Hierarchien erschüttert, wenn nicht gar zerstört worden, meinen die einen. Noch unter dem Eindruck der Ereignisse in Paris hatte der französische Philosoph Claude Lefort betont, dass das entscheidende Ergebnis eine *Bresche* im bestehenden System der Macht und Hierarchien war. »Gewiss haben der Generalstreik und die Besetzung der Betriebe die Struktur der Gesellschaft nicht zerrüttet. Das behaupten wir nicht. Aber dass sie möglich gewesen sind, zeigt die Zerbrechlichkeit des Modells, das manche für unverwundbar hielten. Einige Tage reichten aus, um dem Mythos der Rationalität des vorhandenen Systems und der Legitimität der Machthaber einen Riss zuzufügen. Nur einen Riss? Vielleicht ... Aber die Spur des Risses wird bleiben, auch nachdem der Schleier neu gewebt worden ist.«[7] Nicht der Erfolg im Kampf um

---

4 Götz Aly: Die Väter der 68er, in: Frankfurter Rundschau (im Weiteren: FR), 30. Januar 2008; ausführlich: ders.: Unser Kampf. 1968 – ein irritierter Blick zurück, Frankfurt am Main 2008.
5 Claus Leggewie: 1968 – Ein transnationales Ereignis und seine Folgen, in: Detlef Junker (Hrsg. in Verbindung mit Philipp Gassert, Wilfried Mausbach und David B. Morris): Die USA und Deutschland im Zeitalter des Kalten Krieges 1945-1990. Ein Handbuch, Bd. II 1968-1990, Stuttgart – München 2001, S. 633.
6 Wolfgang Kraushaar: 1968 als Mythos, Chiffre und Zäsur, Hamburg 2000, S. 46.
7 Claude Lefort: Die Bresche. Essays zum Mai 1968, Wien 2008, S. 43.

Macht zählt für ihn, sondern die Möglichkeit des Widerstehens und des Ausbrechens.

Dieser Triumph einer neuen politischen Kultur und Lebensweise, ebenfalls einer neuen Sexualität und einer neuen Frauenbewegung habe die Gesellschaft, ihre Ordnungen und Hierarchien zerstört, kritisieren andere. Damit kann selbst eine mittlerweile geschasste TV-Moderatorin Schlagzeilen machen. Allein der Verweis auf die Zerstörung der Traditionsfamilie lässt sie punkten, und nur ihr unbedarftes Rückbesinnen auf die NS-Familienpolitik und nicht auf die »unverfänglichen« drei K von Kinder – Küche – Kirche als dem historischen Beruf der Frauen bezäumt noch breite Zustimmung.

Für den Osten wird anerkannt, dass manche der neuen Protestformen übernommen wurden, aber die große Abrechnung mit dem Stalinismus durch Moskaus Panzer verhindert wurde. Auch hier wird ein Bewusstseinsbruch ausgemacht, der an manchen Stellen aber erst Jahrzehnte später wirkte und sich dann generell gegen sozialistische Utopie und Wirklichkeit richtete. Es wird Reformgeist allein der Opposition unterstellt, neben dem Reformversuche *von oben* kaum Platz haben.

An einem lässt der konservative Zeitgeist kaum zweifeln: Das Phänomen 1968 sei erledigt, die Akteure erwachsen und geläutert. Der Osten – in welchen Formen er einst auch begeisterte – ist als Staatssozialismus gescheitert; die West-Linke (auch die Neue) durch Deutschen Herbst, RAF, Rote Brigaden, Weathermen und vergleichbare Terroristen desavouiert. Bestenfalls tauge das Jahr '68 zur Erinnerung. Aber eigentlich könne es nur abschrecken und warnen, wohin auch im Westen Utopien führen: in Gewalt und Terror. Aus dem Osten kannte man es seit 1917 ja sowieso nicht anders.

Will kritische Geschichtsschreibung bei solchen Wertungen und Abwertungen nicht stehen bleiben, muss sie gegenhalten. Also gilt es, die Erinnerung an dieses Jahr und seine Nah- wie Fernwirkungen zu historisieren. Verklärungen und Dämonisierungen müssen hinterfragt werden. Kann dieses Jahr für emanzipatorische Ansätze neu begutachtet werden? Waren nur die Studenten aktiv, und wurde nur in den Hörsälen gestritten? Muss genauer nach Ursachen und Wirkungen gesucht werden? Könnte sich herausstellen, dass die Beobachtungen von kulturellen Brüchen, Jugendrevolten, Entkrampfung der westlichen Gesellschaften und Entsozialisierung der Linken nur die Oberfläche tiefergehender Prozesse waren, die ganz andere, zunächst neoliberale Reaktionen fanden und ihre emanzipatorische, sozialistische bislang noch nicht?

Zwischen Vergangenheitsbewältigung, Geschichtspolitik und Politikperspektiven

Wenn – einer beliebten Metapher folgend – Zeitgeschichte Geschichte ist, die noch qualmt,[8] dann glost auch die Geschichte von 1968 und den 68ern noch. Zu allem Überdruss werden diese Qualmquellen vor allem arg angefacht, eher um zu vernebeln, denn zu klären, was damals geschah und vor allem, was historische Chancen erwirkte – und wohl noch mehr verwirkte, und was wie weiter wirkt.

Heute berühren viele die Pulverdämpfe der Morde an Generalbundesanwalt Siegfried Buback und Arbeitgeberverbandspräsident Hanns Martin Schleyer mehr, weniger die Tränengasschwaden bei den großen und kleinen Demonstrationen oder geräumten Sit-ins in Berkeley, Paris, Mexico-City oder Berlin/West mit ihren Opfern. Betroffen erinnert man sich der Napalmwolken über südvietnamesischen Battlefields und der Bombenzonen in Vietnams Norden. Gemeinsam beschwört man die stinkenden Dieselwolken, die aus den sowjetkommunistischen T-55-Panzern auf Prags Straßen quollen. Doch die himmelhohen Atompilze über Hiroshima und Nagasaki zwei Jahrzehnte zuvor, die mehr als jede andere Perversion menschlichen Erfindergeistes einen Quantensprung der Produktivkräfte in ein Zeitalter der Nuklear-, und weiter noch, der Informationstechnologien symbolisieren, sie werden oftmals vergessen.

Diese Produktivkraftrevolution – so unsere These – trennt Alte und Neue Welt, machte die Auseinandersetzungen im Zeitfenster 1968 erst notwendig und möglich, mischte die Karten der sozialen Akteure pro und contra Kapitalismus neu! Nur in einer besonderen historischen Konstellation, in der Veränderungen der politischen Kräfteverhältnisse, soziale Umstrukturierungen, kulturelle Neuerungen, technisch-technologische Möglichkeiten und politisiertere, demokratischere Verhaltensweisen zusammenfielen, konnte solch Einschnitt »funktionieren«. 1968 steht für einen weit längeren Zeitraum, ist als Datum ebenso zufällig wie reich an Schlüsselereignissen. Der Publizist Mark Kurlansky spricht von »vier historische Faktoren«, die zusammenkommen mussten, »um 1968 möglich zu machen: das Vorbild der Bürgerrechtsbewegung; eine Generation, die sich so fremd bzw. entfremdet fühlte, dass sie jede Form von Autorität ablehnte; ein Krieg, der auf der ganzen Welt so einmütig verabscheut wurde, dass er allen Rebellen einen Grund für ihre Rebellion lieferte; und dies alles musste in dem Augenblick zusammenkommen, als das Fernsehen erwachsen wurde, zugleich aber noch so jung war, dass es noch nicht so kontrolliert und schön verpackt daherkam wie heute.«[9]

Zugespitzt formuliert: 1968 könnte das entscheidende *Schaltjahr* des kurzen 20. Jahrhunderts sein – dem sich beide Systeme stellen mussten und in dem nicht nur die Studentenbewegung einen 3. Weg jenseits von Kapitalismus und sowjetischem Realsozialismus suchte. Der wohlfeile Begriff »Studentenbewegung« dient

---

8 Siehe Barbara Tuchman: Geschichte denken. Essays, Düsseldorf 1982, S. 32.
9 Mark Kurlansky: 1968. Das Jahr, das die Welt veränderte, München 2007, S. 14.

hier als Platzhalter für weit vielfältigere Akteure, zu denen Schüler und Lehrlinge, städtische Mittelschichten, nicht zuletzt aber auch unzufriedene Arbeiter gehörten. Dass es eine Bewegung mit einem jugendlichen Antlitz war, gehört dazu – denn am ehesten risikobereit, unorthodox und neugierig sind junge Menschen. Ihnen allen ging es nicht allein um eine andere politische Macht, um die Vorherrschaft einer bestimmten Ideologie, sondern um die materiellen Grundlagen einer Zivilisation, die sozial, geistig wie politisch befreit und von ihnen selbst gestaltet werden sollte.

Mit diesen Thesen bin ich mitten im Streit, zumindest im deutschen. Der will das Jahr 1968, wenn schon nicht ungeschehen, denn doch zumindest in »Provinzialisierung und Verdeutschung« verschwinden lassen – und nicht mehr wahrhaben, dass es ein allseits so verstandenes »kosmopolitisches Jahr« war, wie heute der »realpolitische« Grünen-Politiker (und einstige KBW-Spitzenfunktionär) Joscha Schmierer trotzig gegenhält.[10]

Denn es gibt wundersame Dinge bei der »Bewältigung« von 1968 in Deutschland. Seit 2007 ist wieder die RAF-Story in allen Medien, und so, wie der Realsozialismus durch Gulag und Mauer ad absurdum geführt wurde, wird die Studentenbewegung durch die terroristische *Rote Armee Fraktion* (RAF) desavouiert: Utopie gebiert Gewalt! Der christdemokratische Bundestagspräsident Norbert Lammert hat dreißig Jahre nach dem *Deutschen Herbst* von 1977 versucht, Pflöcke einzuschlagen. Mit dem Ende des Realsozialismus und dem Finden eines neuen allgegenwärtigen Gegners, des »internationalen Terrorismus«, kann nun schwadroniert und dank einer überschaubaren Gruppe von politischen Abenteurern eine ganze Generation als ebenso idealistisch und wie politisch falsch handelnd bloßgestellt werden: »Der bundesdeutsche Terrorismus entstand nicht durch Aktivitäten von Randfiguren der einstigen ›Außerparlamentarischen Opposition‹ (APO), war also kein spätes Zerfallsprodukt aus den Ausläufern der APO, sondern der sogenannte bewaffnete Aufstand und das Stadtguerilla-Konzept waren schon sehr früh, Mitte der 60er-Jahre, im Zentrum der APO diskutiert worden.«[11] Für Lammert wie für eine von den hegemonialen Medien hochgeschriebene Gruppe von Forschern und Publizisten gibt es einen »Zusammenhang zwischen der akademischen Protestbewegung und der Gewalt der RAF«. Gründliche Kenner der Materie wie der Publizist (und frühere KBW-Aktivist) Gerd Koenen und Wolfgang Kraushaar (ein Mitbegründer der Sozialistischen Hochschulinitiative)[12] werden mit ihrer engagierten Abrechnung der selbst erlebten Jugendzeit zu Stichwortgebern. Sie scheinen Jürgen Habermas einstiges Diktum vom »linken Faschismus«[13]

10 Joscha Schmierer: Wider die Provinzialisierung und Verdeutschung von 68, in: Kommune, H. 4/2007, S. 6.
11 Dr. Norbert Lammert, Präsident des Deutschen Bundestages – Rede zum Gedenken an die Opfer des Terrors der RAF, Deutsches Historisches Museum Berlin – 24. Oktober 2007 – http://www.bundestag.de/parlament/praesidium/reden/2007/015.html [10.11.2007 18:32] – Lammert bezieht sich ausdrücklich auf: Wolfgang Kraushaar, Karin Wieland, Jan Philipp Reemtsma: Rudi Dutschke, Andreas Baader und die RAF, Hamburg 2005.
12 Siehe bes. Wolfgang Kraushaar (Hrsg.): Die RAF und der linke Terrorismus. 2 Bd., Hamburg 2006; Wolfgang Kraushaar: Die Bombe im Jüdischen Gemeindehaus, Hamburg 2005.
13 Rudi Dutschke, Jürgen Habermas: Der Vorwurf des »Linksfaschismus« (Kongress in Hannover, 9. Juni 1967), in: Carsten Seibold (Hrsg.): Die 68er. Das Fest der Rebellion, München 1988, S. 163.

als frühe, berechtigte Vernichtungskritik zu bestätigen (bei seiner Charakterisierung der Positionen von Dutschke als voluntaristisch verbannte er diese im gleichen Atemzug wie den »utopischen Sozialismus« von 1848).

Der Quell, dem diese Argumentationen entspringen, ist nicht neu: Die Anmaßung einiger »Revolutionsromantiker«, Staat und Gesellschaft radikal infrage zu stellen, muss bloßgestellt werden. Denn sie vertraten die damals wie heute bestrittene, für die Vor-68er-Bundesrepublik vernichtenden These, dass »erst und nur die Protestbewegung ... Deutschland zu einem liberalen, lebenswerten Land gemacht« habe.[14] Insofern mag die Replik eines ehemaligen RAF-Aktivisten, Rolf Clemens Wagner, angesichts der neu aufgeflammten Terroristen-Hatz nicht abwegig sein: »Je deutlicher wird, dass die derzeitigen Kriege in Afghanistan und Irak ins Chaos führen und mit welcher Grausamkeit sie seitens der Besatzungsmächte geführt werden, desto stärker muss die herrschende Klasse ihre Delegitimierung fürchten. Also präsentiert sie sich als moralische Instanz und argumentiert mit ›Menschenrechten‹, die sie gegen den ›Terrorismus‹ verteidigt.«[15]

Heute müssen wir lernen, dass nicht nur die »Revolution ihre Kinder frisst«, sondern auch die Kinder ihre gescheiterten, fehlgegangenen Eltern verreißen können. Die umtriebige Meinhof-Tochter Bettina Röhl beschwört in neokonservativen Feuilletons die Chance des nach Hitler aufgebauten »neue(n) demokratische(n), rechtsstaatliche(n) Deutschland(s)«, aus der »letzten Endes die heutige Bundesrepublik mit ihrem Grundgesetz und einer hervorragenden Verfassung entstanden«.[16] Der Tenor dieser Anwürfe hat sich in den letzten Jahrzehnten nicht gewandelt. Schon damals galt es für nicht wenige wie den Politologen Kurt Sontheimer als ausgemacht, dass »die geistigen Grundlagen unserer freiheitlichen Republik ... weniger von Rechts als von Links infrage gestellt (werden). Sie sind heute dem Angriff und der Erosion durch linke Theorien ausgesetzt, die dann wiederum rechte Reaktionen und Gesinnungen provozieren.«[17]

So, wie politisch korrekt mit Karl Marx, Wladimir Iljitsch Lenin und Josef Stalin der Realsozialismus in die terroristische Ecke verbannt ist, wird das Einmaleins des Abwertens jeder Bedrohung der gottgewollten kapitalistischen Ordnung ebenso diffamierend wie denunzierend nun von einer Tochter mit der falschen Geburt, aber richtiger freiheitlich-demokratischen Gesinnung aufgesagt: »Diese Verfassung wollten die Staatszerstörer von 1968 und ihre kleine Privatarmee, die RAF, zerstören: Enteignung von Produktionsmitteln, von Grund und Boden und die mit glühenden Augen und ausgeschaltetem Verstand propagierte, heiß geliebte Revolution frei nach Stalin-Verehrer Mao Tse-tung, dem wahrscheinlich effektiv-

---

14 Dr. Norbert Lammert, Präsident des Deutschen Bundestages.
15 »Wir wollten den revolutionären Prozess weitertreiben«. Der »Deutsche Herbst«, wie ihn Aktivisten der Rote Armee Fraktion (RAF) erlebten, und wie sie ihn heute sehen. Ein Gespräch mit Helmut Pohl und Rolf Clemens Wagner, in: junge Welt, 18. Oktober 2007, S. 10.
16 Bettina Röhl: Wie die RAF-Erinnerung deutsche Gemeinschaft stiftet. Welt am Sonntag, 8. September 2007, S. 13.
17 Kurt Sontheimer: Das Elend unserer Intellektuellen. Linke Theorie in der Bundesrepublik Deutschland, Hamburg 1976, S. 15.

sten Völker- und Massenmörder der Menschheitsgeschichte – das waren die Träume und Ziele, das waren die Strategien, mit denen diese Bundesrepublik, deren sogenanntes System und deren Gesellschaft und Establishment vernichtet werden sollten. Strategien, von denen die 68er heute nur noch in vergoldeter und weichgespülter Form etwas wissen möchten, so sie nicht im Einzelfall bestreiten, was sich tatsächlich abgespielt hat.«[18] Die Lieblingsgleichung (mit Variablen von den Wiedertäufern bis zu Hugo Chávez stets schreibbar) für 1968 heißt: APO = RAF = Sozialismus = Stalinismus = Totalitarismus = Terrorismus. Da interessiert nicht, ob es sich um berechtigte Ziele einer sozialen Bewegung oder deren Pervertierung durch eine Gruppe politischer Abenteuer handelte.

Gerade weil im Herbst 2007 die Erinnerung an den *Deutschen Herbst* vor dreißig Jahren dominierte und der Tenor für die weitere Beschäftigung mit dem Jahr 1968 vorprogrammiert wurde (im Übrigen seit 15 Jahren mehr und mehr zu beobachten), muss daran erinnert werden, dass es um Geschichtspolitik geht. Die Fakten sind seit Langem auf dem Tisch, nur die Zeitzeugen stören noch ein wenig. Trotzdem, bürgerliche Mainstream-Presse wie auch die linken Blätter *junge Welt* und *Neues Deutschland* glauben nicht umhinzukommen, sich des Terrorismus der RAF zu erinnern. Endlich wollen auch die Opfer und deren Kinder zu Worte kommen. In utopischen, radikalen Forderungen lauere latent Totalitarismus, so die Botschaft. Denn der sei zwangsläufige Folge von Utopien einer besseren Gesellschaft, die aber ohne Gesellschaftswandel, ohne Veränderung nicht zu bekommen sei.

Die Wertungen fallen verständlicherweise je nach politischer Couleur unterschiedlich aus. Aber sie eint die unstrittige Verurteilung der damaligen Taten der Täter – der RAF-Angehörigen, der Kinder der deutschen Bourgeoisie, die radikalisiert durch die 68er-Studentenbewegung mit dem bürgerlichen Staat nicht mehr einverstanden sein wollten und konnten. Das erklärt aber nicht Motive und zeitweilige Sympathien. Vor vierzig wie dreißig Jahren waren links Politisierte sich einig, dass diese alte Bundesrepublik ein Staat in der Kontinuität des NS-Staates war, dass Notstandsgesetze die Demokratie bedrohen konnten, dass die Politiker ihrer Zeit immer noch fest verwurzelt waren in der Kontinuität deutscher Eliten und dem Kaiser wie Hitler treu gedient hatten. Ein Bundeskanzler, Kurt Georg Kiesinger an der Spitze einer Großen Koalition, verdiente einst seine Brötchen bei Goebbels. Führende Politiker rühmten sich ihrer treuen Pflichterfüllung als Wehrmachtsoffiziere, auch wenn sie nun in verschiedenen politischen Lagern standen, aber gelegentlich auch gemeinsam eine Regierungskoalition managten. Ein Bundespräsident, Heinrich Lübke[19], hatte bereits eine Karriere als Baumeister von KZ-genutzten Baracken hinter sich. Sie hatten sich mit dem NS-System arrangiert, auch wenn individuelle Schuld bei allen unterschiedlich bewertet werden konnte.

---

18 Bettina Röhl: Wie die RAF-Erinnerung deutsche Gemeinschaft stiftet.
19 Zur differenzierten Bewertung des Falls und gegen die nachträgliche Weißwaschung siehe: Jens-Christian Wagner: Der Fall Lübke. War der zweite Präsident der Bundesrepublik Deutschland tatsächlich nur das unschuldige Opfer einer perfiden DDR-Kampagne? In: Die Zeit, H. 30/2007, S. 74.

In vielen Köpfen herrschte ein nicht ausreichend differenziertes BRD-Bild, es unterschlug die Erfolge der Re-education wie der demokratischen Nachkriegsentwicklung, aber es hielt Typisches fest. Die Vorstellung, diese Gesellschaft radikal zu wandeln, in dem eine kleine militante Minderheit durch spektakuläre und gewaltsame Aktionen das System herausforderte und Massenunterstützung gewann, musste scheitern. Vor allem musste ein solcher Irrweg dem emanzipatorischen Anliegen schaden. Der Anspruch aber war begründet. Auch wenn eine Anarchismus-Interpretation wie die Lenins stimmig blieb, dass dies »ein Produkt der *Verzweiflung*«[20] war, nicht eine überlegte, den realen Gegebenheiten und Möglichkeiten entsprechende Politik. Aus der Sicht des Heute zu moralisieren und zu werten verkennt, dass historische Ereignisse historisiert betrachtet werden müssen. Das Wissen, die Urteile und Vorurteile der Beteiligten werden dann wesentlich – auch wenn sie sich nicht der Wertung der sie beurteilenden Historiker entziehen können und dürfen.

Die Studentenbewegung trat an, als Sozialdemokraten sich in einer Großen Koalition verkauft zu haben schienen. Die öffentliche Meinung machte auch damals schon Springers *Bild* – mit klarer Front gegen »linke Spinner« und »Chaoten«. Der Stimmungsumschwung im Lande blieb schwierig, fand erst in den Bundestagswahlen von 1969 einen Niederschlag. Die Politikergarde um Willy Brandt und Gustav Heinemann konnte anderes bieten und versprechen, endlich »Demokratie zu wagen«. Würde sie aber aus dem System ausbrechen? In einem Land, dessen Auseinandersetzung mit der Vergangenheit durch die 68er eine neue Qualität angenommen hatte und in dessen Universitäten erstmals auch linke Diskutanten und bald auch linke Professores einziehen konnten – und vier Jahrzehnte später sang- und klanglos wieder verschwunden sein würden. Ein Land, das egal unter welcher Regierung, treu zum Bündnispartner USA stand, der nicht nur, aber vor allem in Vietnam ein undemokratisches terroristisches Wesen offenbarte und Kapitalismus, Imperialismus, wohl auch den »täglichen Faschismus«[21] nachvollziehbar machte.

Heute wird über RAF-Terroristen diskutiert, weil sie in dreifacher Hinsicht in den politischen Kram eines antisozialistischen Mainstreams passen, der eine neue Weltordnung wiederum unter der Führung der USA – nicht mehr nur als Weltpolizist der westlichen Hemisphäre – verkörpert.

Erstens ist Terrorismus nach 9/11 zu einer Wunderformel geworden, die wirklich Verrückte und berechtigt Widerständige in einen Topf wirft und vergessen lässt, wer warum und wogegen zu den Waffen greift – und auch im berechtigten Anliegen unverzeihliche, kontraproduktive Verbrechen verübt.

Zweitens beweist die RAF, dass die wohlgemeinten Träumereien von 1968 keineswegs harmlos waren und nur in WGs, in Hasch und Sit-ins endeten. Genauso

---

20 W. I. Lenin: Anarchismus und Sozialismus. Thesen, in: ders.: Werke, Berlin 1962 (im Weiteren: LW), Bd. 5, S. 334.

21 So der Titel eine Buches von Reinhard Lettau über den US-Alltag der 1960er-Jahre, der auch in der Bundesrepublik seine Entsprechung fand: Reinhard Lettau: Täglicher Faschismus. Amerikanische Evidenz aus 6 Monaten, Leipzig 1973.

wenig war die Repression des Staates harmlos, sondern wurde mindestens für den Studenten Benno Ohnesorg am 2. Juni 1967 zum tödlichen Verhängnis. Wer sich gegen diesen Staat wandte, auch nur gegen seine hofierten diktatorischen Staatsgäste protestierte oder auch dem nur zusah, ging ein Risiko ein; die Gewalt eskalierte auf beiden Seiten. Es dürfte niemanden wundern, dass auch schon damals – wie bei den modernen Terroristen – der Rechtsstaat auf der Strecke blieb und Nachdenken über Folter, damals bei einem Ministerpräsidenten Ernst Albrecht – nicht als schlechter Ton galt. Nicht zufällig war der Tod Ohnesorgs für viele westdeutsche Studenten und Intellektuelle der letzte Anstoß für ihre Politisierung gegen einen Staat, der dies zuließ, ja exekutierte.

Drittens sind die RAF und ihr Aussteigerraum DDR allemal gut, um bei dieser Gelegenheit auch den Realsozialismus ebenso wie die palästinensische Befreiungsbewegung und generell die Vorliebe vieler 68er für pauschal als totalitär definierte Terrorregimes in China, Vietnam oder Kuba erneut zu diskreditieren. Nach Gründen für Sympathien zu fragen, nach geheimen Einverständnissen zu suchen, wen soll das scheren?

Am Ende belegen die Abrechnung mit den einstigen Spontis und die Selbstkritik eines Joschka Fischer aus der Frankfurter Putz-Kolonne, dass nur ein geläuterter, selbstkritischer und angepasster Bürgerschreck sich als ehrerbietiger Politiker behaupten kann und darf. Der Erfolg des *langen Marsches durch die Institutionen* hin zur Rot-Grünen Koalition von 1998–2005 dokumentiert, wohin jede radikale Bewegung domestiziert werden kann – in die neoliberale Auflösung des Sozialstaates, in die Weltmachtordnung westlichen Zuschnitts, abgegrenzt von jeder radikaler Gesellschaftssicht und -praxis. Es ist schon verwunderlich, dass Karl-Heinz Bohrer als Herausgeber des eher konservativen und erklärtermaßen »antiutopischen« *Merkur* einen ungewollten Fürsprech der einstigen revolutionären Ambitionen der 68er gab, denn er machte darauf aufmerksam, dass nicht wenige – zumal in politischer Verantwortung bei Grünen und SPD – 1968 anders, kämpferischer getickt und sich heute angepasst hätten. Sie trügen nun das Banner vermeintlicher Gewaltlosigkeit vor sich her, seien aber überhaupt nicht gewaltlos, wie der Straßen-Kämpfer Fischer als Bundesaußenminister 1999 unter Beweis stellte: Polizisten schlagen sei 1972 falsch gewesen, Serben zu bombardieren hingegen gut. Der Sinneswandel eines RAF-Anwaltes zum Bundesinnenminister – der Fall Otto Schily – sei ähnlich zu betrachten. Revolutionäre Orientierung und Pazifismus würden Befindlichkeiten und Feigheit geopfert. Bohrer sieht die Mutation der 68er und ihrer Parole »»Die Phantasie an die Macht!« Nichts kann Glanz und Elend, also auch die Pervertierung von 68 schon in den Anfängen, so auf den Begriff bringen wie die scheinbar schöne, utopische Formel ... Die Phantasie an der Macht hört auf, Phantasie zu sein. Sie ist dann eine von den Zwecken, Funktionen und politischen Absichten gefährdete, nicht mehr eine gefährliche Phantasie. Man soll sich nichts vormachen und glauben, die, die die Phantasieparole im Munde geführt haben, hätten zumindest die Paradoxie geahnt. Dass sie davon nichts begriffen, zeigt die Art der Karrieren der 68er in Schulen, Universitäten, Ministerien und Künsten.«[22]

Gleichzeitig brachte das Ende der Schröder-Fischer-Regierung auch das Ende des vermeintlichen Projekts der 68er. 1998 traten die an, die 1968 politisiert wurden, aber sie waren in diesen dreißig Jahren anders geworden. Die, die sich auf die Minister- und Staatssekretärssessel hievten, hatten die notwendige politische Stromlinienform nach dem Ende ihrer Bewegung, nach dem Ende des Realsozialismus und dem Ende des Rheinischen Kapitalismus erreicht. Das Jahr 1968 ist nurmehr ein Problem der Vergangenheitsbewältigung. Das war keine Fortsetzung des Jahres '68 mit anderen Mitteln, sondern tatsächlich ein entgegengesetzter 3. Weg für eine »Neue Mitte«,[23] die sich zum neoliberalen »Umbau« des Sozialstaates und dem Vorrang der Wirtschaft bekannte und nur noch verbal Sozial-Camouflage betrieb. Aus diesem Scheitern ergibt sich die Frage: Öffnete 1968 die Gesellschaft für einen Wandel zu mehr Gerechtigkeit oder zu mehr Profitmaximierung?

Rebellion – wogegen und wofür?

Die 68er sollen als ein in erster Linie westdeutsches, bestenfalls westeuropäisches Phänomen erledigt werden. Das kann auch nicht anders sein bei einer Bewegung, die revolutionär, ja *prosozialistisch* antrat, die ihre Ideale in Peking und Hanoi, in Havanna und im bolivianischen Dschungel fand und deren Idole Mao, Ho, Fidel, Che waren. Für Joscha Schmierer erlagen nur wenige »dem Kurzschluss, die Bewegungen in den verschiedenen Weltteilen seien ihrer Form nach identisch ..., aber dass diese Bewegungen unter sehr verschiedenen Umständen doch alle in die gleiche emanzipatorische Richtung, letztlich in Richtung Sozialismus drängten, schien plausibel und wurde ja auch durch Sprecher von Bewegungen aus allen Ecken der Welt artikuliert«.[24] Wobei auch diese Rückschau daran erinnert, dass den Akteuren oft unklar war, welchen Kampf sie führten. Sie wussten um ihr augenblickliches Ziel: tatsächliches Wahlrecht für Schwarze, Sieg über die US-Aggressoren, vernünftige Studienbedingungen oder höhere Löhne, Gleichberechtigung der Frauen. Große Worte konnten fallen, aber das unmittelbare Ziel bewegte. Das macht die Zuordnung im Nachhinein nicht einfacher. Die Bürgerrechtsbewegungen in den USA; der anti-US-amerikanische Widerstand in Kuba und Vietnam; das Aufbegehren in Lateinamerika gegen nationale und soziale Unterdrückung; der Widerstand gegen eine Universitäts- und Bildungspolitik, die nicht geeignet war, den Anforderungen einer sprunghaft anwachsenden Intelligenz ge-

---

22 Karl-Heinz Bohrer: Phantasie, die keine war. Woran sich die 68er ungern erinnern: Ihre pazifistische Wende hat das geistige Abenteuer der Revolution verraten, in: Die Zeit, H. 7/2001, S. 33.
23 Siehe Wie Tony Blair und Gerhard Schröder sich Sozialdemokratie vorstellen. Die beiden Parteivorsitzenden legen ein Papier zur neuen Mitte und des dritten Weges vor, in: FR, 10. Juni 1999.
24 Joscha Schmierer: Wider die Provinzialisierung und Verdeutschung von 68, S. 11.

recht zu werden; der Kampf von Arbeitern um höhere Löhne und selbstverwaltete Betriebe; die aufkommende neue Frauenbewegung; der Versuch einer Reformierung des Realsozialismus von oben und der Widerstand gegen eine bürokratisierte und allwissende Partei in den Ostblockstaaten und der vermeintlich antibürokratische Machtkampf in China sind schwer auf einen Nenner zu bringen.

Wenn es denn um Sozialismus ging: Keiner wollte denselben oder einen nur utopisch-anarchischen und den, den er bei den anderen im Trikont vermutete. Die sich sozialistisch deklarierenden nationalen Befreiungsrevolutionen in China, Vietnam und Kuba waren für westliche Augen weit genug weg. Sie verkörperten einen authentischen revolutionären Prozess, der nicht durch Moskaus Bajonette erst in Fahrt gekommen war wie der in Osteuropa. Es waren Revolutionen, in denen offensichtlich das Volk aktiv war, sich im gemeinsamen Widerstand gegen die äußere Bedrohung durch den US-Imperialismus und – im Falle Chinas – auch gegen Moskaus Führungsanspruch und »Revisionismus« zur Wehr setzte. Moskaus und Ostberlins Modell war dagegen nur für wenige attraktiv, denn wie Rudi Dutschke wussten sie, dass »unter den Bedingungen der Alternative von Kapitalismus und Stalinismus ... der sozialistische Gedanke und der Gedanke der Emanzipation in eine totale Sackgasse« geraten war.[25] Gleichzeitig wollten osteuropäische Kommunisten einen entwickelteren – einige auch einen demokratischeren Staatssozialismus.

Wieder bietet Kurlansky einen globalen Blick, wenn er vermutet, dass »wegen grundverschiedener Streitfragen« rebellierende Menschen »nichts anderes gemein hatten als das Verlangen nach Rebellion, ... ein Gefühl der Entfremdung gegenüber der etablierten Ordnung und ein tiefes Unbehagen gegenüber jedweder Form von Autoritarismus. Wo der Kommunismus herrschte, rebellierte man gegen den Kommunismus, wo der Kapitalismus herrschte, wandten die Menschen sich gegen den Kapitalismus. Die Rebellen lehnten die meisten Institutionen, politischen Führer und politischen Parteien ab. Die Rebellionen waren weder geplant noch organisiert ... Die Bewegungen waren antiautoritär und daher ohne Anführer – und wenn es Anführer gab, lehnten diese ihre Rolle ab.«[26] Die alte Linke hatte noch ein Ziel vor den Augen: die Eroberung der Macht – gewaltsam oder auch friedlich, die Schaffung einer Macht der bisher von ihr Ausgeschlossenen, die Vergesellschaftung der Produktionsmittel, die sich meist auf ihre Verstaatlichung reduzierte. Lediglich in der Radikalität der Forderungen und der Anpassung an die Gegebenheiten unterschieden sich hier Kommunisten und Sozialdemokraten. Die neue Linke sah diese Ziele, entdeckte aber, dass spätestens die Geschichte des Ostblocks bewiesen hatte, warum allein die Machteroberung nicht ausreiche. Sie begriff, dass die Kämpfe für eine menschlichere Ordnung an vielen Abschnitten zu führen waren und das Zurückstellen einzelner Fragen – etwa der Gleichberechti-

---

25 Diskussion in der Evangelischen Akademie Bad Boll; Februar 1968, in: Rudi Dutschke: Mein langer Marsch. Reden, Schriften und Tagebücher aus zwanzig Jahren. Hrsg. von Gretchen Dutschke-Klotz, Helmut Gollwitzer und Jürgen Miermeister, Reinbek bei Hamburg 1980, 2. Aufl., S. 82.
26 Mark Kurlansky: 1968, S. 13.

gung der Frau – auf einen Zeitpunkt *nach* der Lösung der Macht- und Eigentumsfrage in die Irre führt.

Ohne eine Historisierung der Ereignisse und Akteure kommt man also nicht weiter. Es ist wie bei jeder anderen historischen Aktion, seien es die Oktoberrevolution, der Umbruch 1989/91 oder die Revolution von 1848, dem 1968 vielleicht ähnlichsten *Völkerfrühling*. Es reicht nicht allein das Messen an der Gegenwart und an den heute oft genug dementen Reden der einst telegenen Akteure. Die sind nun vielfach solide geworden und staatstragend oder esoterisch oder anthroposophisch, nur wenige starben rechtzeitig genug. Der Weg der 68er bei ihrem Marsch durch die Korridore der Macht hat sich in Fischer und Schröder als Weg in die »Normalität« offenbart.[27] Dabei ahnten wohl weder die damaligen Akteure oder die sie beobachtenden Wissenschaftler noch ihre einstigen politischen Gegner, was die tatsächlich erreichten politischen und vor allem kulturellen Brüche wenige Jahrzehnte später beförderten. »Es bedurfte des Zusammenbruchs des ›realexistierenden‹ Sozialismus und der Bewusstwerdung der ›Globalisierung‹, d. h. der ›Ausbreitung kapitalistischer Sozialbeziehungen in jeden Winkel dieser Erde und jede Facette unseres Lebens‹ (Panitch), um ein Verständnis dafür zu erlangen, wie der Nachkriegskapitalismus in seiner Krise Momente des kulturellen Widerstands gegen seine spezifische Verfasstheit im Fordismus nutzte, um sich im Zuge des Übergangs zur computerbasierten Produktionsweise und des entsprechenden Transnationalisierungsschubes mit gewaltig zugunsten des Kapitals verschobenen Kräfteverhältnissen zu erneuern. So verschmolzen gerade unter Rot-Grün ehemalige Gegner zu einem neuen Projekt.«[28] Wobei dieses neue Projekt als eine Konsequenz erscheint, die sich aus der Preisgabe der Ideale und Ziele der alten wie der neuen sozialen Bewegungen zugunsten eines partiell sozial drapierten Neoliberalismus ergibt. Gerade darum verschwimmt nach dem Ende des Realsozialismus nicht nur in Deutschland die Grenze zwischen dem bisherigen linken Lager aus Sozialdemokraten und Grünen gegenüber dem konservativen Lager. Zu allem Überdruss eröffnet es sich zugleich die Möglichkeit, dass die politischen Kräfte links der Sozialdemokratie im besten Fall deren Platz der 1960er-Jahre einnehmen, im schlechtesten Fall die Verschiebung nach rechts mitmachten.

Eine solche Sicht kollidiert mit dem westdeutschen Zeitgeist, bei dem Westeuropa verschwimmt und Osteuropa bestenfalls durch ähnliche Kampfformen präsent ist. Der Osten hatte sich indessen in dieser Sicht seit den Sowjetpanzern auf Prags Straßen erledigt und tritt erst wieder mit den Samtenen Revolutionen von 1989 auf – antisozialistisch und rückkehrend in den Schoß des allumfassenden, globalisierten Kapitalismus.

---

27 So auch für die einstigen Juso-Vorsitzenden Peter Corterier (1967-69) oder Karsten Voigt (1969-72), Wolfgang Roth (1972-74), Heidemarie Wieczorek-Zeul (1974-77), Klaus Uwe Benneter (1977) oder Gerhard Schröder (1978-80) aus den relevanten Jahren, die alle eine solide Politiker-Karriere in der SPD durchliefen.

28 Ingar Solty: Transformation des deutschen Parteiensystems und europäische historische Verantwortung der Linkspartei, in: Das Argument, H. 271/2007, S. 335.

Es bleibt die Schwierigkeit zwischen dem weltweiten Gleichklang von Aktionen einerseits und unterschiedlichen Zielen andererseits. Das Ausgehen von einer *Klammer Sozialismus* mag sinnvoll sein. Der Vietnam-Krieg als Katalysator für eine aktive und zutiefst emotionale Solidarität mit dem (nationalen) Freiheitskampf eines Volkes (unter Führung der Kommunisten) und gegen den US-Imperialismus vermochte unterschiedliche Kräfte zu verbinden. Das Niederwalzen des Prager Frühlings konnte einen solchen umfassenden Solidarisierungseffekt nicht mehr bewirken, trennte aber jene, die an einem kritisch-solidarischen Verhältnis zum Realsozialismus interessiert waren, von jenen, die im Westen ihren Protest gegen beide Blöcke und jede autoritäre Form der Sozialismusverwirklichung vermeldeten. Rudi Dutschkes Einfordern eines Kampfes auch gegen den Ost-Sozialismus, so bezeichnenderweise am 14. Jahrestag des niedergeschlagenen Arbeiteraufstandes von 1953, hieß für ihn »eine ›zweite Revolution‹ für die DDR, Osteuropa und SU«[29] als »die wirkliche 2. Front f[ür] Vietnam«.[30]

Die kleinkarierte Deutschzentriertheit für die heutigen deutschen oder besser westdeutschen 68er-Debatten, in denen sich Ostler nur einbringen können, wenn sie Platz in den Feuilletons bekommen, ist Ausfluss eines latenten Antikommunismus. Den haben die deutschen Eliten erfolgreich – dank entsprechender Politik der DDR und der Sowjetunion auch fortschreibend – für die alte BRD retten und im vereinten Deutschland verankern können. Eine solche allgemeine Einschätzung muss ergänzt werden, wenn die Problematik dieser westdeutschen Ablehnung näher betrachtet wird. Da sind zum einen die Sozialisierungsprozesse und Politisierungstendenzen bei den West-68ern zu bedenken, die dauerhaft eine Grüne Partei hervorgebracht haben, auch wenn sie politisch changiert und mittlerweile ihren linken Flügel weitgehend abgestoßen hat. Zum anderen wirkt die Wende von 1989/90 nach, die nur in Deutschland eine Vereinigung und die Fortexistenz einer nun regional verankerten »Nachfolgepartei« mit sich brachte. Die Liebeleien wie Hackereien zwischen Ost- und West-Linken, die sich nun auf eine Partei, DIE.LINKE, eingelassen haben, sind auch eine Folge dieser ungewollten deutschen Einheit.

Wider die westdeutsche Nabelschau

Ja, 1968 findet über weite Strecken – auch mit den Folgen des *Deutschen Herbstes* 1977 – nur als westdeutsche Veranstaltung statt. Manche, wie Antonia Grunenberg, behaupten bis heute, dass »68 eben eine westliche Bewegung« war.[31] Bestenfalls gibt es einige Ostler, die sich ihres 1968 erinnern – der Musik, der Lebensgefühle, der schönen Proteste und eventuell auch noch der Moldau und des

---

29 So im Original.
30 Rudi Dutschke: Jeder hat sein Leben ganz zu leben. Die Tagebücher 1963-1979. Hrsg. vom Gretchen Dutschke, Köln 2003, S. 53 f.
31 Antonia Grunenberg: Das Neue der Bewegung von 68, in: Bernd Faulenbach, Rainer Eckert (Hrsg.): Auf dem Weg zur Zivilgesellschaft? Mythos und Realität der 60er- und 70er-Jahre in Ost und West, Essen 2003, S. 68.

Schocks vom 21. August. Die Vorgeschichte in der US-amerikanischen Bürgerrechtsbewegung, selbst im Anti-Vietnam-Kriegs-Protest verschwindet. Es bleiben Benno Ohnesorg, Dutschke-Attentat, die RAF, und – Woodstock. Es könnte sein, dass die Namen der Künstler von 1969 präsenter sind als die der meisten politischen Akteure und Opfer der damaligen Auseinandersetzungen: Joan Baez, Joe Cocker, Jimi Hendrix, Janis Joplin oder Santana, dass die sexuelle Emanzipation dauerhafter wirkte als die politische. Eine neue politische Generation meint heute, die 68er nicht mehr zu brauchen – weil es nicht ihre Ziele seien und weil diese Generation versagt habe.[32]

Die internationale Dimension findet sich bestenfalls in der Darstellung des gemeinsamen Protests und im Begreifen von Gleichzeitigkeiten wieder. Ein differenziertes Hinterfragen der *Chiffre 1968* als Welt-, als Zeiten-, als Umbruchsphänomen findet – vielleicht mit Ausnahme Immanuel Wallersteins – nicht statt. Erst eine unumgängliche Zwiebelhäutung lässt unter die Oberfläche blicken. Bewegungsforscher und manche Anhänger der Generationenthese erinnern daran, dass die neuen Kampfformen des friedlichen Protests und das Aufbegehren einer Studentenschaft einer Epidemie, einem Lauffeuer gleich um die Welt rasten und immer neue Bewegungen auslösten. Da werden die unangepassten Schriftsteller in Prag und jene Studenten, die dort im Winter 1967 nach »Mehr Licht« für ihre Studentenheime und für die geistige Freiheit ihres Landes riefen, deren Zeugen.

Da bleibt ausgeblendet, dass seltsamerweise weder Arbeiter- und Volksaufstände der 1950er-Jahre noch die intellektuelle Emanzipation vom Stalinismus – legal wie illegal – zwischen Tauwetter, 11. SED-ZK-Kulturplenum und Kuroń/Modzelewskis Kritik am Monopolsozialismus die bestimmende Melodie im Ostblock spielten. Sondern scheinbar Konservative wie der 1. Sekretär des KPČ-ZK Antonín Novotný Wirtschaftsexperimente förderten, der Stalinist Walter Ulbricht zum Reformer mutierte, KPdSU-Chef Nikita Chruschtschow mit Antistalinismus und Zerschlagungsstrategien gegen den stalinistischen Parteiapparat operierte, der »Schlächter« der ungarischen Revolution und dortige 1. Parteisekretär János Kádár mit seinem »Wer nicht gegen uns ist, ist für uns« ernst machte und seine »lustigste Baracke« im Ostblock mit Wirtschaftsreformen und schwankenden geistig-kulturellen Freizügigkeiten beglückte.

Ein Bruch mit der West-, gar westdeutschen Fixierung, auch mit der Verherrlichung allein des Antiautoritären und Vulgär-Emanzipatorischen scheint sinnvoll. Stattdessen sollte nach den fundamentalen ökonomischen und sozialen Brüchen gefragt werden, die 1968 erst ermöglichten – und die das Scheitern jener vorprogrammierten, die revoltierend oder reformierend es wagten, Veränderungen einzufordern.

Der US-amerikanische Sozialwissenschaftler Immanuel Wallerstein erkennt in den 1960er-Jahre eine *Weltrevolution*. Tatsächlich hatten die sich zugespitzt seit

---

32 Siehe z. B. Stiftung für die Rechte zukünftiger Generationen (Hrsg.): Die 68er – Warum wir Jungen sie nicht mehr brauchen, Freiburg i. Br. 1998.

den 1960er-Jahren revolutionär wandelnden Produktivkräfte direkte und indirekte Fernwirkungen. Sie erschütterten die politischen Konstellationen der vor allem machtpolitisch, aber auch ideologisch fundierten Jalta-Ordnung und der sie tragenden Supermächte und Blöcke. Denn es vollzogen sich parallel drei nur scheinbar auseinanderdriftende Prozesse. »1968 gab es zwei Themen, die überall in der Welt in der einen oder anderen Version wiederholt wurden: Wir mögen die Hegemonie und Weltvorherrschaft der USA nicht und ebenso wenig das sowjetische Einverständnis damit ... Das war nicht nur die chinesische Haltung zu den zwei Supermächten, sondern auch fast des ganzen Rests der Welt.« Wallerstein übersieht allerdings, dass auch der sowjetische Führungsanspruch im eigenen Einflussbereich – in der unsäglichen Breshnew-Doktrin 1968 gerade festgeschrieben – die Interessen der Verbündeten wie der moskauorientierten kommunistischen Bewegung berührte. Machtsicherung und Unterstützung waren zumindest den Parteiführern wichtig, für die sie zunehmend nationaler Spielräume bedurften. Linke in Osteuropa wie in den westlichen kommunistischen Parteien, erst recht jene außerhalb dieser Gefüge, begriffen, dass der sowjetische Führungsanspruch eng an ein demokratiefeindliches Sozialismusmodell geknüpft war.

Ebenso zeigte 1968, so Wallerstein, dass »die Alte Linke, die überall an die Macht gekommen war – kommunistische Parteien, sozialdemokratische Parteien und nationale Befreiungsbewegungen –, die Welt nicht verändert hatten und darum etwas getan werden musste. Man vertraute ihnen nicht mehr. Das untergrub die ideologische Basis des Jalta-Übereinkommens«.

Endlich gab es Kräfte, die überhaupt nicht der Jalta-Ordnung zustimmten. »Sie fanden sich in der 3. Welt und es gab mindestens vier bedeutungsvolle Niederlagen des Imperialismus, die dort geschahen. Die erste war China, wo die Kommunistische Partei Stalin trotzte und 1948 das von der Kuomintang kontrollierte Schanghai angriff und schließlich das Festland dem US-Einfluss entwand. Das war eine zentrale Niederlage für den US-Versuch, die Peripherie zu kontrollieren. Zweitens gab es Algerien mit seiner Bedeutung als Vorbild für andere koloniale Territorien. Es gab Kuba im Vorhof der Vereinigten Staaten. Und schließlich gab es Vietnam, das weder Frankreich noch die Vereinigten Staaten besiegen konnten.«[33]

All dies stellte gemeinsam mit dem Verfall der ökonomischen Stärke und dem Aufkommen der Wirtschaftszentren Westeuropa und Japan die Supermacht USA infrage. Deren Antwort war ein mehrschichtiger, letztlich erfolgreicher Versuch, die Initiative wiederzugewinnen. Durch einen Mix aus Druck, Abhängigkeit und Flexibilität sicherten sie sich langfristig ihre militärische und politische Hegemonie. Gleichzeitig und noch wirkungsvoller schafften es ihre Ökonomen und Ideologen, sukzessive ein eigenes Rezept zur Beherrschung der neuen gesellschaftlichen, wirtschaftlichen und wissenschaftlich-technischen Herausforderungen zu installieren. Milton Friedman & Co. revitalisierten die geistige wie politische He-

---

33 Immanuel Wallerstein: US. Weakness and the Struggle for Hegemony, in: Monthly Review, No. July-August 2003 – www.monthlyreview.org/0703wallerstein.htm [23.07.2007 22:12].

gemonie und zwangen zudem den schwächeren, aber bis 1989 noch präsenten Widerpart der Systemauseinandersetzung in die Knie. So wurde erfolgreich eine neue Spielart, ein neues Modell des Kapitalismus in Gestalt des Neoliberalismus etabliert. Lohnreduzierung, Demontage des Sozialstaates, Befreiung der Ökonomie, d. h. der Profitmechanismen von politischer und steuerlicher Beschränkung sowie die Öffnung des Weltmarktes zugunsten der Monopole lautet das Programm. Auch wenn es nicht in Gänze funktioniert, so sind seine Wirkungen doch verheerend. Dies nicht zuletzt, weil es gelang, den Neuaufbau von sozialen Gegenmächten zu verhindern und die vorhandenen weitgehend zu schwächen bzw. zum Frontenwechsel zu bewegen.

Das neoliberale Konzept ist aufgegangen. Im Unterschied zum Osten hatten die wirtschaftlich und politisch Mächtigen ihre Systemkrise 1968 als Chance begriffen.[34] Politische Liberalisierung, Individualisierung und das Aufbrechen gesellschaftlicher Normen und Rollen – wie sie vor allem die Studentenbewegung einforderte und durchsetzte – wurden für die Zwecke des Kapitals umgedeutet und benutzt. Das von Wallerstein schon für 1968 festgemachte Versagen der alten Linken, ihr alleiniges Festhalten an der Staatsmacht als politischem Gestalter und die nur schleppende tatsächlich breite Demokratisierung hat in West wie Ost letztlich dem Freiheitsanspruch den emanzipatorischen Kern geraubt. Unternehmerische Freiheit wurde so zum Grundrecht erklärt, dessen politische Einschränkung als Sakrileg gilt. Selbstverwirklichung und Selbstbestimmung der 68er-Studentenbewegung verwandeln sich in der aktuellen Sozialstaatsdiskussion zu Vehikeln, via »Eigenverantwortung« und »Eigenvorsorge« »staatliche Bevormundung«, Solidarität und die Verantwortung sozialpflichtiger Eigentümer auszuhebeln. So wurden »Freiheitsgewinne« und »neue sozialdemokratische Gerechtigkeitsideale« zu Instrumenten kapitalistischer Machtsicherung.

Vom Zusammentreffen des Wandels West und Ost

In den entwickelten Ländern entdeckten in den 1950/60er-Jahren Philosophen und Literaten im Anschluss an Franz Kafka[35] für sich die Entfremdung, das Verlassensein des Individuums: Jean-Paul Sartre, Theodor W. Adorno und Herbert Marcuse. In Liblice bei Prag diskutierten 1963 – durchaus zum Entsetzen orthodoxer Marxisten in Berlin und Moskau – Intellektuelle über das Phänomen der Entfremdung und machten sie nicht nur im Westen – was unbestritten war –, sondern auch im Osten aus. Kommunistische Intellektuelle, teilweise mit hohen Parteifunktionen, wie Ernst Fischer aus Wien, Roger Garaudy aus Paris und Eduard Goldstücker oder Jiří Hájek aus Prag eröffneten für den Realsozialismus eine neue Dimension

---

34 Glänzend wird dieser Mechanismus beschrieben in: Luc Boltanski, Eve Chiapello: Der neue Geist des Kapitalismus. Mit einem Vorwort von Franz Schultheis, Konstanz 2006, bes. Kap. 2.III.
35 Zum wechselhaften Schicksal des Werkes von Kafka und seiner Diskussion in der DDR vor dem Hintergrund auch der Konferenz von Liblice siehe: Klaus Hermsdorf: Kafka in der DDR. Erinnerungen eines Beteiligten. Hrsg. von Gerhard Schneider und Frank Hörnigk, Berlin 2006.

von Gesellschaftsanalyse: »Auch wenn wir lange Zeit nicht den Mut hatten einzugestehen, dass auch die sozialistische Gesellschaft nicht auf irgendeinem ganz anderen, ersonnenen Planeten als dem, auf dem die Menschheit bisher lebte, entstanden ist – Kafka schildert in manchem auch noch uns selbst, die wir in einer Welt leben, die die größte Umwälzung der modernen Geschichte verwirklicht hat: die Beseitigung der materiellen Abhängigkeit des Menschen von der Macht des Besitzes und der Dinge.« Dann weiter: »Kafka, dieser Dichter einer für uns schon unendlich weit entfernten Welt, der unter ganz anderen gesellschaftlich-ökonomischen und ethischen Voraussetzungen aufwuchs, richtet über alles, was der Personenkult in unserem Gesellschaftssystem verschuldete, was von seinen Folgen noch unter uns und in uns geblieben ist und in krassestem Widerspruch mit dem befreienden humanistischen Sinn des Sozialismus steht. Er warnt uns vor allen bisher nicht beseitigten Deformationen der sozialistischen gesellschaftlichen Beziehungen, die das Schicksal des Menschen noch irgendwelchen mythischen, durch Verstand oder menschliche Erkenntnis unbeherrschbaren Kräften ausliefern. Kafka, das ist … der Appell an unser kommunistisches Bewusstsein und Gewissen, all das aus unserem gesellschaftlichen Leben auszumerzen, was den Einzelnen zum Spielball unlenkbarer Kräfte macht, möge es sich um Bürokratismus, um mystische und mystifizierende Verzerrungen der rationalen Beziehungen zwischen dem Einzelnen und dem Kollektiv oder zwischen dem Kollektiv und seiner Führung, der Gesellschaft und ihren Organen und Institutionen handeln.«[36] Selbst die sozialistischen Revolutionen hätten es nicht vermocht, entfremdete Verhältnisse zu überwinden. Abhängigkeiten, Unterordnungen, fehlende Selbstbestimmung waren auch hier trotz der versprochenen Volksmacht zu Hause. Nun wollte man darüber reden – und verändern. Das hieß, auch etwas an der Art der Machtausübung durch die allmächtigen kommunistischen Parteien zu ändern. Es ging um mehr als nur um intellektuelle Dimensionen.

Für Claus Leggewie »enthält die Nomenklatur ›1968‹ mehrere, zum Teil in sich widersprüchliche Strömungen:
- eine antiautoritäre, überwiegend von der mittelständisch-akademischen Jugend getragene Protestbewegung;
- eine kulturrevolutionäre Befreiungsbewegung mit teils libertär-individualistischen, teils kommunitär-kollektivistischen Zügen;
- eine in die Zentren übergeschwappte, antiimperialistische Revolution der ex-kolonialen Peripherien;
- eine antitotalitäre Bewegung innerhalb des sowjetischen Machtbereichs.

Damit kann man die Ereignisse der 1960er-Jahre – bei aller Vorsicht, die eine solche Qualifizierung nahelegt – als erste weltgesellschaftliche Bewegung und als Ausdruck sowohl einer postindustriellen als auch einer postsozialistischen Weltrevolution auffassen, die zwar nicht die politisch-ökonomischen Widersprüche der

---

36 Jiří Hájek: Kafka und wir, in: Paul Reimann (Wiss. Redakteur): Franz Kafka aus Prager Sicht, Prag 1965, S. 108 f.

kapitalistischen Gesellschaften zur Explosion brachte, aber ihre kulturellen Widersprüche.«[37]

Es bleibt das Problem, was all dies auslöste – was Bewegung brachte und was letztlich das Scheitern dieses Umbruchs in Richtung wirklicher Befreiung von Ausbeutung und Unterdrückung führte. Kann Kurlanskys These von der weltweiten »Selbstentzündung rebellischer Geister«[38] befriedigen? Allein der Streit zwischen »Alter Linken« und »Neuer Linker«, wie dies Wallerstein meint, kann es wohl kaum sein, zumal in der Folge beide systemkritischen, antikapitalistischen sozialen Bewegungen plus der staatlich organisierte Sozialismus sowjetischer Prägung wie die sozialreformerische Sozialdemokratie an der Macht alle zusammen in die Fänge des triumphierenden neoliberalen Kapitalismus und Imperialismus gerieten und alternative, linke Bewegungen weitgehend geschwächt oder gar zerstört wurden.

So tragfähig Überlegungen zu den unterschiedlichen Elementen – seien es generationelle Probleme, Einflüsse der einen oder anderen Kampfform bei den politischen Auseinandersetzungen sein mögen, entscheidend ist die Frage, was geschah und was hätte geschehen können. Vor allem ist das die Frage nach der neuen Weltkonstellation und den Schwierigkeiten ihres Erklärens. Ausgang der 1950er-Jahre machte das Buch von Daniel Bell *The End of Ideology* (Das Ende der Ideologie) Furore[39]. Er griff darin eine These auf, die der französische Philosoph Raymond Aron schon 1955 auf dem eher Kalten-Kriegs-orientierten und CIA-finanzierten[40] *Kongress für kulturelle Freiheit* in Mailand vertreten hatte. Bell verkündete das Verschwinden von Ideologien, von Klassenkampfbewusstsein. Seine Analyse war so abwegig nicht, wenn man das Verhalten der »alten Linken« an der Macht, ob im Geiste der einstigen II. oder der III. Internationale, betrachtet. Die nachwachsende Generation war nicht mit mehr mit den Kämpfen der »alten« Bewegungen konfrontiert. Die hatten »ihr Zwischenziel – die Staatsmacht – bereits erreicht«, so Wallerstein. Aber: Nun wurden »diese ›alten‹ Bewegungen, nachdem sie an der Macht waren, nicht nur an ihren Versprechungen, sondern auch an ihrer Praxis gemessen.« Zudem wurden sie »in hohem Grade bei Fehlern ertappt und verurteilt«.[41] Weder im Kampf gegen das kapitalistische Weltsystem noch in den geschaffenen Lebensqualitäten mochten sie überzeugen.

Dabei sollte nicht irritieren, dass die 1960er-Jahre scheinbar diese Entideologisierung widerlegten. Bell hatte erkannt, dass sich Verschiebungen anbahnten, die er später in seinen Vorstellungen von der nachindustriellen Gesellschaft auch materiell untermauert finden sollte. Es galt nicht mehr die unerbittliche Entgegensetzung von bürgerlicher und sozialistischer Ideologie. Beide Systeme standen vor

---

37 Claus Leggewie: 1968 – Ein transnationales Ereignis und seine Folgen, S. 633.
38 Mark Kurlansky: 1968, S. 13.
39 So proklamiert von Daniel Bell: The End of Ideology, Chicago, Illinois 1960.
40 Vgl. Frances Stonor Saunders: Wer die Zeche zahlt … Die CIA und die Kultur im Kalten Krieg, Berlin 2001.
41 Immanuel Wallerstein: 1968 – Revolution im Weltsystem, in: Etienne François, Matthias Middell, Emmanuel Terray, Dorothea Wierling (Hrsg.): 1968 – ein europäisches Jahr? Leipzig 1997, S. 22.

ähnlichen Problemen, und ideologische Selbstvergewisserung spielte eine immer geringere Rolle. Das galt für Marx' Nachfahren allerdings mehr als für die von Adam Smith. Konvergenztheorien, die Auffassung von der Annäherung der Systeme, widerspiegelten die Wirklichkeit konkreter, als viele glaubten. Noch war es die Zeit, da auch kapitalistische Manager und Wirtschaftspolitiker bei Planwirtschaftlern fremdgingen[42] und Kommunisten für sich den Markt entdeckten. Die Zeiten eines blinden wirtschaftlichen Wachstums schienen ebenso vorbei wie die einer blinden Gleichmacherei.

Vor allem aber begann die Aussicht des blinden Systemkampfes problematischer zu werden. Hinter dem Rücken der Akteure hatte eine Produktivkraftrevolution – oder wer es weniger marxistisch geladen mag – eine Technologierevolution begonnen, die ähnlich wie die industrielle Revolution an der Wende des 18./19. Jahrhundert auch das Gewicht sozialer Akteure verschob und neue politische Bewegungsformen hervorbrachte. Sah das 19. Jahrhundert die Arbeiterbewegung aufkommen und den Triumph des Sozialismus,[43] so wendete sich jetzt das Blatt.

Nun drängten neue Produktivkräfte nach vorn, die ihren Ausdruck in Destruktivkräften fanden: in der Nuklear- und der Raketentechnologie. Diese Produktivkräfte beschleunigten die Trennung der Arbeit von der Information und schufen so Voraussetzungen für eine neue Situation gesellschaftlicher Arbeit und ihrer Akteure: Die Intelligenz wuchs zu einer zahlenmäßig großen Schicht, während die Arbeiterklasse unwichtiger wurde. Die aufstrebende Intelligenz stellte für ihre erweiterte Reproduktion neue soziale Forderungen, sie wollte selbst entscheiden, brachte eigene politische Bewegungsformen hervor und sorgte für die Entfaltung veränderter Bedürfnisstrukturen, die weit über die Absicherung engerer materiellen Bedürfnisse hinausging.

Osteuropäische intellektuelle Dissidenten wie György Konrád und Iván Szelényi erkannten einen Kern der Studentenbewegungen der 1960er-Jahre: deren »Ablehnung ihrer Proletarisierung«. »Die Studentenschaft will sich damit nicht abfinden, dass das Kapital durch die Vermittlung der Universitäten, dadurch also, dass es die Universität zu einer Ausbildungsstätte für hochqualifizierte Facharbeiter umwandelt, die Proletarisierung der Intelligenz zu einer vollendeten Tatsache macht ... Die revoltierenden Studenten erhoben Anspruch auf ein eigenes Wertsystem und forderten die Vermittlung von Kenntnissen, die auch in verschiedenen Kontexten anwendbar sind. Wir können auch sagen, dass sie den intellektuellen Charakter ihrer Arbeitskraft bewahren, nicht bloß Arbeitskraftbesitzer werden wollen. Ironisch formuliert, dass sie auch ihren speziellen Kapitaleigentümer-Charakter erhalten

---

42 Zum Thema »Planwirtschaft« in der Bundesrepublik siehe Michael Ruck: Ein kurzer Sommer der konkreten Utopie – Zur westdeutschen Planungsgeschichte der langen 60er-Jahre, in: Axel Schildt, Detlef Siegfried, Karl Christian Lammers (Hrsg.): Dynamische Zeiten. Die 60er-Jahre in den beiden deutschen Gesellschaften, Hamburg 2000, S. 362 ff.
43 Siehe ausführlicher Stefan Bollinger: Zivilisatorische Leistungen des Sozialismus? Skizzen zu Lasten und Traditionen. Pankower Vorträge, H. 74, Berlin 2005.
44 György Konrád, Iván Szelényi: Die Intelligenz auf dem Weg zur Klassenmacht, Frankfurt am Main 1978, S. 123 f.

wollen.«[44] Fast das Gleiche konnte man schon 1968 hören, als in Paris die Gebrüder Cohn-Bendit die »Unsicherheit der Studenten hinsichtlich ihres künftigen Berufs« wie »die theoretische Unsicherheit der Professoren« beklagten und »eine Anpassung der Hochschulausbildung an die Erfordernisse des Unternehmens« befürchteten.[45]

Diese neuen Produktivkräfte und diese neuen »Arbeiter«, die sich nicht als Arbeiterklasse sahen und nicht von deren Organisationen vertreten waren, wurden eigenständige Akteure und setzten sich mit neuen Bewegungen letztlich durch. Dies in gemeinsame Bahnen zu lenken wäre die Aufgabe eines weiterentwickelten Marxismus und einer zeitgemäßen Arbeiterbewegung gewesen. Der einflussreiche linke Sozialphilosoph André Gorz neigte schon früh zur Resignation: »Der kulturelle Kampf für eine andere Auffassung vom Menschen, vom Leben, von der Erziehung, der Arbeit, der Zivilisation ist die Voraussetzung für den Erfolg aller anderen Kämpfe für den Sozialismus, da er deren Sinn begründet. Aber dieser kulturelle Kampf setzt wiederum voraus, dass die Arbeiterbewegung jede Form der Arbeiterromantik und jeden Schematismus aufgibt, dass sie der Forschung und der schöpferischen theoretischen Arbeit wieder ihre Autonomie und ihre Rechte zugesteht, dass sie alle Diskussionen sich frei entwickeln lässt, dass sie die Theorie nicht vorübergehenden taktischen Erwägungen unterordnet. Nie zuvor hat die Arbeiterbewegung so sehr der Theorie bedurft, nie zuvor gab es ... so wenige Theoretiker.«[46]

Gleichzeitig entstanden Bedingungen für anti-autoritäre, nicht-zentralistische soziale Bewegungen, die als Neue Linke, als Anarcho-Libertäre funktionieren konnten, aber nichts bewegten – außer die politisch-kulturellen Strukturen und Verhältnissen. Dieser Wandel der Akteure musste Konsequenzen haben. Es war eine Abkehr vom Klassenkampf mit Waffen, in dem bislang auch, wie es Sartre formulierte, »Schriftsteller und Künstler wie Kanonenkugeln zwischen beiden Lagern hin- und hergeschossen« worden waren«.[47] Die friedliche Austragung von Streit barg aber auch das Risiko einer Durchmischung von Diskursen mit der vagen Hoffnung auf Hegemoniegewinn für abstrakte Ideen gesellschaftlicher Veränderung.

Das Risiko eines Raketenkernwaffenkriegs mit der Gefahr des Untergangs beider kämpfenden Klassen sank nun zugunsten einer Auflösung der linken Phalanx. Ungewollt wurden deren Ideale zu Vehikeln ihrer eigenen Bekämpfung von rechts.

Darum ist die Tet-Offensive von Februar 1968 nicht nur wegen ihrer psychologischen Wirkung für die Anti-Vietnam-Kriegsbewegung so herausragend. Sie belegte nach den Berlin- und Kuba-Krisen vom Oktober 1961 und dem November

---

45 Gabriel und Daniel Cohn-Bendit: Linksradikalismus – Gewaltkur gegen die Alterskrankheit des Kommunismus, Reinbek bei Hamburg 1968, S. 31, 41f; siehe auch Über das Elend im Studentenmilieu, betrachtet unter seinen ökonomischen, politischen, psychologischen, sexuellen und besonders intellektuellen Aspekten und über einige Mittel ihnen abzuhelfen, von Mitgliedern der Situationistischen Internationale und Straßburger Studenten (1966), in: Der Beginn einer Epoche. Texte der Situationisten, Hamburg 1995, S. 215 ff.

46 André Gorz: Zur Strategie der Arbeiterbewegung im Neokapitalismus, Frankfurt am Main 1968, S. 164.

47 Jean-Paul Sartre, Philippe Gavi, Pierre Victor: Der Intellektuelle als Revolutionär. Streitgespräch, Reinbek bei Hamburg 1986, 2. Aufl., S. 45.

1962, nach dem Sechs-Tage-Krieg 1967, ähnlich wie der Jom-Kippur-Krieg 1973, dass ein militärischer Sieg auch für eine hochgerüstete Supermacht nur um den Preis eines weltweiten Nuklearkrieges zu bekommen war. Obendrein konnten selbst kleine Völker und Armeen Supermächten widerstehen. Der Kalte Krieg, das bislang perfekte Disziplinierungsmittel, verlor seine innere Kraft, denn ein Übergang zum heißen Krieg wurde gefährlicher und damit immer irrealer. Zugleich entzauberte der vietnamesische Kraftakt trotz seines horrenden Blutpreises die Allmacht des Imperialismus. Peter Weiss schrieb in sein Notizbuch: »Die Tet-Offensive = Ursprung der Mai-Revolte. Beginn des Sieges über den Imperialismus.«[48] Die erste Aussage erwies sich als stimmig.

Wichtig ist der Zusammenhang zwischen Bernals Entdeckung einer *Wissenschaftlich-technischen Revolution* (WTR) und der Fähigkeit, über Strukturen und Ansprüche einer veränderten Konstellation gesellschaftlicher Entwicklung unter Kapitalismus oder Sozialismus nachzudenken. Es geht um die Schwierigkeiten, diesen Zusammenhang zu erkennen und als Chance für linke Politik zu begreifen, in der DDR mit Gerhard Kosel und dem DDR-Philosophie-Kongress von 1965 positiv belegbar. Hierbei hätte dem *Richta-Report* der Prager Reformer eine Schlüsselrolle zuwachsen können. In ihm war nüchtern festgestellt worden, dass die These von der vollen Entfaltung der WTR auf dem Boden von Sozialismus und Kommunismus ihre »Richtigkeit ... und zugleich die Reife der sozialistischen Gesellschaft in der Praxis erweisen« muss, »eine äußerst schwierige Aufgabe«.[49] Dabei gehe es nun nicht allein um die konstituierende Rolle von Macht und Besitz für sozialistische Produktionsverhältnisse. »Als wirklich entscheidend könne allein die Tatsache gelten, dass die großen Probleme der industriellen Zivilisationsbasis auf dem Boden des Sozialismus lösbar werden, allerdings auf dem Weg und unter der Voraussetzung einer völligen *Umwandlung der gesamten Struktur der Produktivkräfte,* der gesamten Zivilisationsgrundlage des menschlichen Lebens.«[50] Im Unterschied zu den vorherrschenden Auffassungen sei der Kapitalismus ebenfalls in der Lage, diese Produktivkraftrevolution zu meistern. Es habe aber systembedingte Grenzen, einen »kritischen Punkt«, den zu überschreiten diesem System wohl schwerfalle, an dem die »kapitalistische Basis« sich als zu eng erweisen werde,[51] bis hin zur immer noch ausstehenden Aufhebung der Entfremdung. Auch die US-*Kommission für das Jahr 2000* kam zu ähnlichen Überlegungen – für ihr System. In gleicher Weise begriff der Soziologe Herbert Marcuse für seine niederschmetternde Analyse der westlich-kapitalistischen Gesellschaften, dass

---

48 Peter Weiss: Notizbuch 16 (10.07.1968-31.12.1968), in: ders.: Die Notizbücher. Kritische Gesamtausgabe. Hrsg. von Jürgen Schutte in Zusammenarbeit mit Wiebke Amthor und Jenny Willner, Berlin 2006 [Digitalisierte Ausgabe], S. 2958.
49 Radovan Richta und Koll. (Hrsg.): Richta-Report. Politische Ökonomie des 20. Jahrhunderts. Die Auswirkungen der technisch-wissenschaftlichen Revolution auf die Produktionsverhältnisse, Frankfurt am Main 1971 (im Weiteren: Richta-Report), S. 66.
50 Ebenda, S. 60.
51 Vgl. ebenda, S. 65.

»die Automation ... der große Katalysator der fortgeschrittenen Industriegesellschaft (ist,) ... denn der gesellschaftliche Automationsprozess drückt die Transformation oder vielmehr Transsubstantiation [Wesensverwandlung – St. B.] der Arbeitskraft aus, bei der diese, vom Individuum getrennt, zu einem unabhängigen, produzierenden Objekt und damit selbst zu einem Subjekt wird«.[52] Gerade diese Ambivalenz von emanzipatorischer Chance und entfremdeter Verkümmerung der menschlichen und sozialen Potenzen macht die neue Qualität aus, die sich in den 1960er- Jahren begann, Bahn zu brechen.

Genau hier haben die heutigen Diskussionen über 1968 ihren blinden Fleck. Denn sie müssten fragen, was eine solcherart zu verändernde Gesellschaft für Rahmenbedingungen benötigt, wie die Produktivkräfte sich entfalten könnten und was gebraucht würde, um zu wirtschaften. Die Antworten sind je nach politischer Ausrichtung oberflächlich durchaus ähnlich, im Kern jedoch diametral entgegengesetzt. Sie machen sich fest an ökonomischen Gestaltungsmechanismen und demokratischen Gestaltungsformen – sie trennen sich im Bestimmen der Richtung. Wirtschaftliche Leistungsfähigkeit und eine aktive Rolle der Produzenten im Produktionsprozess bis hin zur Mitbestimmung über die Art und Weise des Produzierens sind konsensfähig. Hier werden die eigentlichen 68er Ereignisse unscharf reflektiert. Daran scheiden sich aber jene unterschiedlichen historischen Vorgänge, die unter 1968 subsumiert werden. Es zeigt sich, dass es um die Macht gehen müsste, um die Definitions- und die politische Macht, aber genauso um die Art und Weise des Wirtschaftens.

Es kommt zu einer Verschiebung der Sichtweisen, wobei die Entfremdungsproblematik und die Frage nach der entfremdeten politischen Macht Ausgangspunkte sein könnten. Aber genau hier fielen die Antworten unterschiedlich aus – hier wurde romantisiert und rationalisiert –, da träumten westliche Linke von der Rätedemokratie, während sich östliche Reformer einig waren, dass Demokratie aus einem faktischen Einparteiensystem heraus funktionieren könne oder aus einem funktionierenden sozialistischen Parlamentarismus. Beide Seiten übersahen oft genug die ökonomische Dimension und ihre Abhängigkeit von jenen politischen, demokratischen Rahmenbedingungen, die nicht den Kern der Ökonomie ausmachen, aber die Richtung ihrer Entwicklung. Dutschke und seine Freunde träumten von der eigenen ersten Revolution und versprachen ihren Ostpendants die Notwendigkeit einer zweiten. Und dann kamen still und heimlich die Neoliberalen und die Neokonservativen – ein Milton Friedman, ein Günter Rohrmoser und in Chile eine veritable Konterrevolution mit einem Augusto Pinochet. Moskaus Panzer hatten im Osten direkt in Prag und indirekt in Berlin sowohl dem Prager Frühling wie dem weit weniger ambitionierten *Neuen Ökonomischen System* (NÖS) den Garaus gemacht. Im Westen sorgte ein wieder offenerer Kapitalismus für einen Triumph der Profitgier. 1989 wurde wieder fast die ganze Welt Westen.

---

52 Herbert Marcuse: Der eindimensionale Mensch. Studien zur Ideologie der fortgeschrittenen Industriegesellschaft, Darmstadt – Neuwied 1984, 19. Aufl. [dt. 1967, engl. 1964], S. 56 f.

Periodisierungen, Komplexitäten, Chiffren und eine Umbruchszeit 1960 bis 1989

Ein Jahr 1968, die Triade 1967/68/69 oder ähnliche Miniausschnitte reichen nicht aus, erfassen lediglich einzelne Prozesse, also etwa die westdeutsche Studentenbewegung von 1967/68 oder den Prager Frühling. Ebenso schwierig wie irreführend wird eine lokale Eingrenzung, weil es augenscheinlich einen miteinander verbundenen US-amerikanischen und westeuropäischen Prozess mit diversen Nachahmern und Trittbrettfahrern gab. Gleichzeitig vollzogen sich nationales Aufbegehren und demokratische Bewegungen in Lateinamerika (bes. blutig in Mexiko). Es gab eine Reformbewegung in der Tschechoslowakei wie auch Reformen in anderen osteuropäischen Ländern jeweils von oben und – wiederum partiell – Protestbewegungen von unten (die nach dem kurzen März 1968 an Warschaus Universität z. B. in Polen erst 1970/71 gesellschaftlich relevant wurden). Nicht zuletzt umfasst der Vietnam-Krieg als nationale Unabhängigkeitsbewegung, als Bürger- und Interventionskrieg einen langen Zeitraum. Das offene US-amerikanische Engagement von 1963 bis 1973 war nur ein Teil davon, wenngleich sich die USA massiv schon seit dem französischen Kolonialkrieg einmischten, und sie erst mit der Flucht des letzten US-Hubschraubers am 30. April 1975 das Land endgültig verließen.

Verknüpfung und Gleichzeitigkeit zeigen sich in Zielen und Losungen: Bürgerrechte für Minderheiten, Demokratieverteidigung, Demokratieausbau, Friedenskampf, nationale Unabhängigkeit, intellektuelle Befreiung, neue Lebensweisen, Arbeits- und Studienbedingungen für die neue Massenintelligenz, Frauenrechte, klassische Arbeiterforderungen nach mehr Lohn und nach Mitbestimmung und Selbstverwaltung.

Die von Wallerstein benannte *Weltrevolution*, wenn wir uns auf diesen Begriff einlassen und ihn erweitern, hat jedoch verschiedene Dimensionen und Namen:
• sie ist als Wissenschaftlich-technische Revolution eine Produktivkraftrevolution;
• sie verkörpert die Krise und vielleicht das Ende des Fordismus;
• sie manifestiert sich durch eine neue Situation militärisch-strategischen Gleichgewichts in der Blockkonfrontation, in der durch das Nachziehen der Sowjetunion nun das Prinzip MAD (Mutual assured destruction = wechselseitig zugesicherte Zerstörung oder »Gleichgewicht des Schreckens«) gelten kann, diese Verrücktheit könnte jederzeit zur nuklearen Auslöschung der Menschheit führen;
• sie ist durch eine schrittweise Veränderung der Systemauseinandersetzung hin zu einer nichtmilitärischen, »indirekten« Strategie des »Wandels durch Annäherung« oder im östlichen Sprachgebrauch der »Aggression auf Filzlatschen« gekennzeichnet;
• es ist die Zeit der nationalen Befreiungsbewegungen nach dem *Afrikanischen Jahr* von 1960, auf dem amerikanischen Doppelkontinent vor allem der gegen die US-Dominanz und

- es ist die Zeit, in der die neuen Produktivkräfte auch die Hauptproduktivkraft Mensch brauchen – vor allem eine Intelligenz als breite, ihrer Masse nach bislang unbekannte Schicht.

Spätestens hier wird deutlich, dass komplexere Zeithorizonte notwendig sind – im weiteren Sinne zwischen 1960 und 1989 (oder auch schon 1979/80/81, wenn der Afghanistan-Einmarsch und die polnische Krise als Vorspiele des Jahres 1989 gesehen werden). Vielleicht könnten unterschiedliche Perioden wie Vorbereitung bis Mitte 1965, die Hochzeit zwischen 1966 und 1969, Nachwehen in den 1970er, eines Wiederauflebens in Friedens- und Umweltbewegung und abschließend Beerdigung im Kollaps von Realsozialismus und traditioneller linker und Arbeiterbewegung definiert werden.

Möglicherweise ist das Jahr 1968 oder sein engeres zeitliches Umfeld jenes gesprengte Kettenglied zwischen 1917 und 1989, dessen Fehlen das Scheitern des sozialistischen Ausbruchs aus der Ausbeuterordnung und die kapitalistisch-neoliberale Restauration begründet. Die Revolte im Westen siegte kulturell und demokratiestrukturell eben derart, dass emanzipatorische Ansprüche danach als Mittel gegen die Emanzipation missbrauchbar wurden und Pluralismus wie Skeptizismus auf Dauer jeden Widerstand zerstörten. Der Osten vermochte dem weder kulturell noch ökonomisch noch demokratisch Paroli zu bieten. Oder wie es Claus Leggewie einschätzt: »›1968‹ war ein demokratischer Aufbruch und Initialzündung einer partizipatorischen Revolution, welche die liberal-demokratischen Systeme diesseits und jenseits des Atlantiks – gegen die eigene, systemsprengende Rhetorik – nicht demontierte, sondern festigte.«[53] Dies aber ist der Dreh- und Angelpunkt einer jeden linken Kritik und Selbstkritik wie auch ein Resultat der Wechselwirkung von Ost und West sowie der Verkehrung der Fronten. Erneut stellt sich die Frage, ob Revolutionen zwangsläufig in ihr Gegenteil umschlagen müssen? War hier der Thermidor – der Einmarsch der sowjetischen Panzer in Prag? Noch einmal Leggewie: »Zusammenfassend fallen die Ironien der Protestbewegung ins Auge: Die Bewegung, die sich antikapitalistisch und antiimperialistisch verstand und als Neue Linke eine andere Art von Sozialismus propagierte, hat letztlich die Ära des Postsozialismus eingeleitet und, über kurz oder lang, in allen reichen Industriegesellschaften liberal-konservative Parteien an die Macht gebracht. Die Neue Linke hat 1968 nicht lange überlebt, aber sie hat eine intellektuelle und populistische Neue Rechte herausgefordert, die heute weit stärker ist, als es Alte und Neue Linke in den 1960er-Jahren jemals waren.«[54]

Ja, in wenigen Jahren wurden mit Libido und Panzern, mit Esoterik und Anti-Terrorismus, mit Anti-Autoritarismus und Anti-Ideologie jene Weichen gestellt, die alte wie neue soziale Bewegungen zu hilflosen Puppen machten. Der neue Aufschwung emanzipatorischer Bewegungen zwischen Chiapas und samtenen Revolutionen blieb marginal oder wurde Teil des großen kapitalistischen *Counterstrike*.

---

53 Claus Leggewie: 1968 – Ein transnationales Ereignis und seine Folgen, S. 639 f.
54 Ebenda, S. 642.

Nicht wenige einstige Linke in den meisten ihrer Schattierungen wurden zu profillosen Bejahern dieser Entwicklung, weil sie 1968 ihre Hausaufgaben falsch machten, nämlich nur zerstören wollten oder nur konservieren, dort, wo es hätte anders laufen müssen – in Paris wie in Prag.

Die Niederlage 1968 war eine doppelte und vertrackte. Die sowjetischen Panzer schafften Ruhe und Ordnung, die aber nur ein Jahrzehnt halten sollten, weil die herrschenden Kommunisten in Moskau und im Ostblock nicht begriffen, worum es damals ging. Auf der anderen, westlichen Seite: Die Anpassungsfähigkeit der Eliten, neue Fragestellungen einzubeziehen, politische Demokratie zivilgesellschaftlich zu erweitern und die Ideologiekonfrontation aufzulockern, sie sozusagen »flauschiger« zu machen. Dabei gingen sie gleichzeitig einen Weg, der den Staat, die politische Macht von den ökonomischen Prozessen weitgehend zu trennen und den *unsichtbaren Händen* der Unternehmer, der Wirtschaft, des Kapitals Vorrang zu gewähren schien. In jenem Moment konnte und kann noch der moderne Kapitalismus dies durchsetzen, eben im Fall des östlichen Konterparts als Staat und der geistig-radikal-revolutionären Entwaffnung linker Gegenmächte im westlichen Lager. Zu allem Überfluss: Nun erscheint unter neuem Vorwand auch wieder ein starker, repressiver Staat, der nicht mehr die (eben entwaffnete) Linke als Gegner im Visier haben musste und muss.

Analyse bleibt auf der Tagesordnung, auch wenn Uschi Obermaier, jene lasziv-attraktive Galionsfigur der *Kommune I*, uns warnt: »Sex ist was Animalisches, das man nicht nur über den Kopf laufen lassen kann. Das Analysieren muss man weglassen, das Zu-Tode-Analysieren, was gerade deren [hier Rainer Langhans und seiner studentenbewegten Freunde in der *Kommune I*] Spezialität war.«[55]

---

55 Uschi Obermaier, Olaf Kramer: High Times. Mein wildes Leben, München 2007, S. 54.

An der Schwelle einer neuen Zivilisation

Zeiten der Suche nach ideologischem Halt

Jene Ereignisse in West und Ost, verbunden mit der *Chiffre 1968,* waren begleitet von und teilweise motiviert durch neue Theorien und weltanschaulich-konzeptionelle Ansätze.[56] Wobei streng genommen die so wirksam werdenden, noch lebenden, aber schon greisen Theoretiker wie Georg Lukács, Ernst Bloch, Jean-Paul Sartre, Herbert Marcuse ihre große Zeit meist in den zwanziger und dreißiger Jahren des 20. Jahrhunderts im Kampf gegen den Faschismus und im Bekenntnis für den Sozialismus, wenn auch nicht in seiner stalinistischen Entartung, hatten. Das galt auch für jene wie Max Horkheimer oder Theodor W. Adorno, die durch ihre frühen Schriften zwar mobilisierten, aber mit der Revolte wenig im Sinn hatten. Die anderen Köpfe waren meist schon mehr oder minder lange tot, oft genug waren sie in der traditionellen Arbeiterbewegung und besonders bei den Kommunisten Unpersonen, weil sie abtrünnig geworden waren und gegen Realsozialismus und kommunistische Parteien angekämpft hatten. Selbst aktuellere Stichwortgeber wie Frantz Fanon[57] oder Ernesto Che Guevara waren bereits verstorben oder ermordet. Beteiligte konnten vermuten, dass sie »nur Plagiatoren der revolutionären Theorie und Praxis der letzten fünfzig Jahre (sind)« und sich selbst überheben, dass sie »nur die Chance gehabt (haben), in dem Moment mitkämpfen zu können, als ›die Waffe der Kritik zur Kritik der Waffen wurde‹.«[58] Die Bewegung selbst brachte nur wenig theoretische und/oder rhetorische Köpfe hervor, wobei zumindest im deutschsprachigen Raum Rudi Dutschke, Hans-Jürgen Krahl und Daniel Cohn-Bendit mit ihren Reden, Interviews, Referaten herausragten.

Die bestehenden Ordnungen wurden infrage gestellt, etablierte Strukturen erschüttert – und einst stolze Gegner der herrschenden Ordnung von ihren Sockeln geholt. Nicht zuletzt wurde so die gesamte Linke in ihren vielfältigen und sich oft bekämpfenden Flügeln und Facetten erschüttert. Neue Theorien, genauer ihre aktuelle Rezeption, sollten das vorherrschende Selbstverständnis derjenigen Bewegungen, die für die Rechte der Unterdrückten, Ausgebeuteten und Entrechteten eintreten wollten, verändern. Die Krise der alten Bewegungen und die Schwierigkeiten der neuen Bewegungen, wie sie vor allem Westeuropas Studenten verkörperten, standen dafür.[59] Hauptsächlich das Versagen des Realsozialismus, gerade in seinen unterdrückten und abgebrochenen Reformen der 1960er-Jahre,

---

56 Zum Grundverständnis vgl. Stefan Bollinger: Dritter Weg zwischen den Blöcken? Prager Frühling 1968: Hoffnung ohne Chance, Berlin 1995; ders.: 1968 – Jahr der vertanen Chancen, in: Utopie kreativ, H. 94 (1998), S. 39 ff.
57 Siehe Frantz Fanon: Die Verdammten dieser Erde, Reinbek bei Hamburg 1969.
58 Gabriel und Daniel Cohn-Bendit: Linksradikalismus – Gewaltkur gegen die Alterskrankheit des Kommunismus, S. 19.
59 Zum Konflikt von alten und neuen sozialen Bewegungen siehe konzeptionell: Immanuel Wallerstein: 1968 – Revolution im Weltsystem, S. 37 ff.

hatte weiterreichende Folgen. Die herrschende bürgerliche Ideologie wurde vielfach abgelehnt, weil sie die bestehenden Verhältnisse zementieren wollte. Auch das verkündete vermeintliche Ende der Ideologie reflektierte nur dieses wachsende ideologische Vakuum links und die teils gewollte, teils ungewollte Dämonisierung klassen- und sozialbezogenen Denkens von rechts.

Vor allem aber – und vor allem für jene, die unzufrieden mit der Gesellschaft waren, die die Verbrechen in Vietnam sahen, die die Bedrohung durch konservative und repressive Machtpolitik etwa in Gestalt der Notstandsgesetze erkannten, die enttäuscht waren von der Kungelei Bürgerlicher mit Sozialdemokraten und mit kommunistischen Staaten: Das ideologische Angebot der alten linken Bewegungen, der Traditionsmarxismus in der Lesart sowohl der II. wie der III. Internationale und ihrer Nachfolger, hatte seine Anziehungskraft verloren. Das Verständnis von Gesellschaftstheorie und Anleitung zu gesellschaftlichem Wandel, das seit Mitte des 19. Jahrhunderts unter wesentlicher Einwirkung von Marx und Engels entwickelt worden war, es war klar und übersichtlich gewesen. Dessen Resultate waren in den verschiedenen Organisationen der Arbeiterbewegung und in jenen Staaten praktisch überprüfbar, die von ihnen regiert wurden. Mit Marx und Engels wurde auf eine mehr oder minder radikale Überwindung der kapitalistischen Gesellschaft gesetzt, auf das Handeln der Arbeiterklasse und ihre Konfrontation mit der Bourgeoisie. Die Intellektuellen waren als Diener der revolutionären Klasse angesehen worden, nicht weniger, aber auch nicht mehr. Eine mehr oder minder straffe Parteiorganisation bei Sozialdemokraten, noch mehr bei den Kommunisten, klare Orientierung auf Hierarchien auch bei der anzustrebenden sozialistischen Demokratie dominierten. Der Unterschied im politisch-theoretischen Selbstverständnis von Kommunisten und Sozialdemokraten schien für Außenstehende keineswegs unüberwindlich zu sein. Die Tendenzen zu Oligarchisierung und Zentralisierung in deren basisdemokratisch kaum aufzubrechenden Parteiapparaten an der Spitze der kämpfenden Klasse waren nicht zu übersehen.[60] Natürlich gingen Kommunisten und Sozialdemokaten mit der neu gewonnenen Macht unterschiedlich um, aber kamen sie in deren Nähe, waren basisdemokratische Wurzeln und Versprechungen rasch vergessen.

Nicht zu übersehen ist, dass, abgesehen von den neuen Technologien, in diesen Jahren noch etwas anderes wirkte: Viele Intellektuelle und Teile der Jugend reflektierten die veränderten sozialen Verhältnisse geistig und emotional zutiefst kritisch. Die Entfremdung aller gesellschaftlichen Verhältnisse wurde bemerkt und kritisch angesprochen. Für Marxisten oft noch eher ein Fremdwort, obschon Marxens Konzept aus seinen Frühschriften seit deren Publikation in den 1930er-Jahren offen lag, sorgten nun die veränderten gesellschaftlichen Verhältnisse mehr

---

60 Auch hier erlebten alte Studien eine große Nachfrage, wie die von Michels zur SPD vor Beginn des Ersten Weltkriegs: Robert Michels: Zur Soziologie des Parteiwesens in der modernen Demokratie. Untersuchungen über die oligarchischen Tendenzen des Gruppenlebens, Stuttgart 1970, 2. Aufl.

und mehr dafür, dass sich Handelnde und Betroffene nicht allein in diesen entfremdeten Verhältnissen bewegten, sondern sie zunehmend als solche erahnten, vielleicht gar erkannten. Die Schrecken von Faschismus und Zweitem Weltkrieg mit blutigen Schlachten, Luftkrieg gegen Zivilisten, dem massiven Zerstören materieller und ideologischer Strukturen, der Entwurzelung ganzer Völker und vor allem dem Judenmord zeigten Wirkung. Seit dem Beginn des Kalten Krieges dominierten die Drohung und die Angst der nuklearen Vernichtung. Überhaupt, seit Winston Churchill den Eisernen Vorhang über Europa und der Welt niedergehen sah und Andrej Shdanow die Welt in zwei feindlichen Lagern erkannte, seit all dem war ein Kriegszustand permanent geworden, der zwar kalt genannt wurde, aber (fast) ebenso ver- und zerstörend war, wie jene hitzigen Kriegsschlachten, die nur in den Peripherien der Blockkonfrontation, dort aber umso brutaler, tobten.

Die Überlebensbedrohung aber wirkte und diejenigen, die denken und sich politisch und sozial engagierten, sie standen in beiden Lagern unter dem Druck, sich entscheiden zu müssen – für die eigene Seite oder für die andere. Damit gerieten gerade Intellektuelle in ein Dilemma: »Ein Intellektueller ist, sobald er sich einer politischen Formation angeschlossen hat, so wie jeder andere oder mehr als jeder andere zur *Disziplin* verpflichtet. Doch in dem Maße, wie er das Besondere immer in Bezug zum Allgemeinen beurteilt, verpflichtet ihn seine Bestimmung zugleich, kritisch zu sein.«[61]

Im Kulturellen hatte sich (zuerst im Westen, dessen Druckmechanismen offensichtlich lockerer griffen als die im Osten) der Ausbruch speziell im musikalischen Bereich früh abgezeichnet, war spektakulärer als bei den schreibenden und dichtenden *Angry Young Men,* den zornigen jungen Männer dieser Zeit. Rock'n' Roll ließ junge Leute ausflippen und Bühnen (so in Westberlin) in Trümmer gehen. Elvis Presley und der junge Schauspieler James Dean, ein *Rebel Without a Cause* (dt. Titel: ... *denn sie wissen nicht, was sie tun*), verkörperten ein neues Lebensgefühl, eine unscharfe Rebellion gegen die Alten und das Alte, die Suche nach Anerkennung, die ihnen verweigert wurde. Der französische Schriftsteller Albert Camus schrieb es Anfang der 1950er vielen aus dem Herzen: »Was ist ein Mensch in der Revolte? Ein Mensch, der nein sagt.«[62] Das galt auch ein Jahrzehnt später. Straßengangs und provokatorische Musik sollten diesen Ausbruch untermauern. Die jungen Leute wollten respektiert sein und anders leben als ihre »Alten«. Bedeutsamer und wirksamer waren Reaktionen, die mit dem Aufkommen eines Existentialismus, einer massiven Zuwendung zum Ich verknüpft waren. In der durchaus linken Sichtweise Jean-Paul Sartres, des damals wohl einflussreichsten französischen Intellektuellen, hieß dies, dass der Mensch, »nicht definierbar ist …, weil er anfangs überhaupt nichts ist. Er wird erst in der weiteren Folge sein, und er wird so sein, wie er sich geschaffen haben wird. Also gibt es keine mensch-

---

61 Jean-Paul Sartre: Plädoyer für die Intellektuellen. Interviews, Artikel, Reden 1950-1973, Reinbek bei Hamburg 1995, S. 161.
62 Albert Camus: Der Mensch in der Revolte. Essays, Reinbek bei Hamburg 1969, S. 14.

liche Natur, da es keinen Gott gibt, um sie zu entwerfen. Der Mensch ist lediglich so, wie er sich konzipiert – ja nicht allein so, sondern wie er sich will und wie er sich nach der Existenz konzipiert, wie er sich will nach diesem Sichschwingen auf die Existenz hin; der Mensch ist nichts anderes, als wozu er sich macht.« Für den »Existentialisten« wurde so entscheidend, dass »der Mensch ist, wozu er sich macht«.[63] Das schloss Engagement und Selbstverwirklichung ein, ließ aber deren Resultate offen, denn »was wir wählen, ist immer das Gute, und nichts kann für uns gut sein, wenn es nicht gut für alle ist«.[64] Dass damit die prägende Rolle der Gesellschaft, ihrer sozialen Beziehungen und materiellen Strukturen nachrangig wird, liegt auf der Hand. Für manche, wie Rudi Dutschke, führte der geistige Weg vom Existentialismus eines Heidegger bis hin zu Lukács. Ähnliche Fragestellungen auch bei diesem, aber »es ist eine andere Art von Sein, die mit einer anderen Art von Entfremdung zu tun hat. Heideggers Entfremdung ist individuell und mystisch. Lukács erklärt mit Marx, dass Entfremdung gesellschaftlich verursacht sei und sie durch Handeln aufgehoben werden könne.«[65]

Für das Verständnis der Frontstellung zwischen den alten und den sich neu formierenden Bewegungen sowie ihren differenzierten ideologischen Auswirkungen sind zwei Entwicklungen nicht zu unterschätzen. Sie waren mit dem Jahr 1956 verbunden und machten im Osten Furore, stellten aber auch die seit den 1920/30er-Jahren eher links eingestellten Intellektuellen im Westen (auch die wenigen im stramm antikommunistischen West-Deutschland) vor eine Entscheidung. Die Enthüllungen des XX. Parteitages der KPdSU über den Stalinismus, den Personenkult und die Verbrechen Stalins ließen sie aufschrecken und brachten ihr Weltbild ins Wanken. Vor allem hatte das Tauwetter von 1956, im Polnischen Oktober und in der Ungarischen Revolution seinen radikalen Ausdruck findend, Hoffnungen auf eine Erneuerung, auf Entstehung eines antistalinistischen, humanen Sozialismus geweckt. Doch sowjetische Panzer sorgten für eine neue Enttäuschung und diese wie die weitgehende ideologische Disziplinierung in Osteuropa verdüsterten die Bilanz schnell trotz sich immer noch widersprechender Signale (die bis zum Exhumieren Stalins aus dem Lenin-Stalin-Mausoleum und dem Tilgen seines Namens für dieses Mausoleum im Oktober 1961 während des XXII. KPdSU-Parteitages durch Chruschtschow gingen).

Soll ein individuell denkender Mensch die Disziplin einer schwer fassbaren, vermeintlich revolutionären Arbeiterklasse anerkennen, die zudem im Alltag durchaus angepasst und kleinbürgerlich-egoistisch agierte? Soll man sich gar der leninistischen, ja immer noch stalinistischen Disziplin kommunistischer Parteien unterwerfen, die zwar große Ideale verkündeten, aber – selbst im Westen – in Verbrechen verstrickt waren oder zu lange darüber geschwiegen hatten? Letztlich

---

63 Jean-Paul Sartre: Ist der Existentialismus ein Humanismus? In: ders.: Drei Essays, Frankfurt am Main –Berlin – Wien 1973, S. 11.
64 Ebenda, S. 12.
65 Gretchen Dutschke: Wir hatten ein barbarisches, schönes Leben. Rudi Dutschke – Eine Biographie, München 1998, S. 39.

schien im Individuum der Ausweg zu liegen, in seiner Bedrohung, seinen Ängsten, seinen Hoffnungen.

Was also können kritische intellektuelle Geister unternehmen, um sich kritische Theorien anzueignen und/oder sie zu entwickeln? Rudi Dutschkes Erinnerung an den diesbezüglichen »Horror der DDR-Schulung«[66] dürfte sich von mancher Erfahrung mit »linietreuen« Kommunisten im Westen nicht so sehr unterschieden haben. Es blieben jene immer noch stark links beeinflussten Theoretiker, die sozialistische Ideale und Politik, die konsequenten Antifaschismus und Demokratismus verkörperten und zugleich nichts mit Stalinismus und US-Weltpolizisten-Rolle am Hut hatten. Diese Versprengten, oft im Westen und dort oft genug im zweiten Exil sich befindenden (wie die aus der SBZ bzw. DDR verdrängten Leo Kofler und Ernst Bloch) oder in einer faktischen inneren Emigration (wie Georg Lukács und Robert Havemann) im Osten lebenden, sollten Halt und Anleitung geben.

Immerhin, diese unorthodoxen Denker zwischen den politischen Stühlen hatten den Vorzug, eine unverkennbar kritisch, marxistisch geprägte Sicht auf den Kapitalismus mit Einschluss der Dimension des Individuums unter Betonung befreiender Utopien zu vereinen. Denn genau hier gab es offensichtlich eine Blindstelle im eher kollektivistisch verstandenen Marxismus sowjetischer Prägung. Wobei es ein Treppenwitz des Schicksals von Ideologie ist, dass die sowjetischen orthodoxen Kommunisten die Ursachen der Stalinschen Verbrechen und des Persönlichkeitskultes Stalins mit wahrlich nicht historisch-materialistischen Verortung in dessen schlechtem Charakter, in dessen Psyche festmachten.[67]

Das war die Chance für *konkrete Utopien* und das *Prinzip Hoffnung* eines Ernst Blochs. Es war der Moment, in dem die Entfremdung genauer hinterfragt werden konnte, die Herbert Marcuse in seinem *Eindimensionalen Menschen* herausarbeitete und die er durch den Kampf der randständigen, aussätzigen Schichten überwinden wollte. Das war die Zeit, in dem die Krise des Spätkapitalismus auch an der Manipulation und Verwirrung der Intellektuellen festgemacht wurde. Nicht zuletzt war es die Zeit, in der die sicher zuerst in Deutschland notwendige Rückbesinnung auf eine verbrecherische Vergangenheit die *Fähigkeit zum Trauern* einforderte, so wie sie Margarete und Alexander Mitscherlich postulierten. Sowohl die *Frankfurter Schule* wie die Politisierung der *Psychoanalyse* durch Wilhelm Reich und Erich Fromm wurden die Renner. Sie philosophierten weitab vom dogmatischen Lehrgebäude des Sowjetmarxismus, aber auch jenseits des zunehmend ausgehöhlten sozialdemokratischen Marxismus und Post-Marxismus, um an das *Godesberger Programm* der SPD von 1959 zu erinnern. Ihre neuen Lehren waren nun individuell gebrochen und eher auf den Einzelnen bezogen. Sie holten ihre Hörer und Leser an der eigenen Lebens- und Geisteslage ab, wirkten durchaus

---

66 Ebenda.
67 Das traf besonders auf die partielle Rücknahme der Chruschtschowschen Geheimrede auf dem XX. Parteitag der KPdSU zu: Über die Überwindung des Personenkults und seiner Folgen. Beschluss des Zentralkomitees der KPdSU vom 30. Juni 1956, in: Josef Gabert, Lutz Prieß (Hrsg.) unter Mitarbeit von Peter Erler und Jutta Finkeisen: SED und Stalinismus. Dokumente aus dem Jahre 1956, Berlin 1990, S. 69 ff.

persönlich aktivierend. Immerhin, die bestehende Gesellschaft wurde kritisiert. Man konnte kritisch, ja antikapitalistisch sein, ohne auf die Zwänge geordneter Organisationen und Ideologien eingehen zu müssen. Es wurde kein Glauben an eine abstrakte revolutionäre Klasse und ihrer Organisationsformen eingefordert. Die Kluft zwischen dem revolutionären Pathos eine verkürzten, verballhornten Marxismus und einer sich unkämpferisch gebenden Arbeiterklasse sowie in das System vereinnahmten Arbeiterparteien mussten so nicht verwirren.

Georg Lukács – nicht nur 1968 ein Denker für Ost und West

Manch befreundeter Intellektueller und Biograf war (und ist) verwundert: 1967 wurde ein ungarischer Alt-Kommunist, der zwar immer loyal zur Sache wie zu deren Partei gestanden hatte und doch mehr als einmal mit dieser Partei quer war, der in Moskau 1941 und im November 1956 in Budapest nur knapp Schlimmerem entging, als vom NKWD abgeholt bzw. interniert zu werden, von der Partei rehabilitiert. Und – er fand darin Genugtuung. Denn die Welt war wieder in Bewegung geraten – im Westen, aber auch im eigenen Lager. Die ökonomischen Reformen im Ostblock – in der Tschechoslowakei, der DDR, und in Ungarn der *Neue Ökonomische Mechanismus* (NÖM) – hatten eine »Änderung der Lage« bewirkt, die Lukács positiv wertete als »Möglichkeit von Demokratie und Rückkehr zu[m] M[arxism]us«. Vor allem aber begriff er diese Situation im Realsozialismus als: »Sich schon relativ äußernde Tendenz zur Demokratisierung, als Bejahung der Tendenz (als Tendenz, mit allen Hindernissen u[nd] Hemmungen) als Grundlage: nicht Opposition, sondern Reform. Aber Reform [hat] diese Funktion: Grundfragen der Demokratie: wirkliche Lösung. Immer wiederholtes Beispiel: Gewerkschaften, Lenin versus Trotzki. (Gleichgültigkeit oder wilder Streik. Polen als symbolische Gefahr für alle Volksdemokratien.) Damit überall Problem: Übergang auf wirkliche soc[ialistisch]e Demokratie (Demokratie des Alltags*lebens*) oder permanente Krise. Heute nicht entschieden (entscheidend: S[owjet]U[nion]). Dies Zukunftsperspektive der Welt – gerade weil im Kap[italism]us: beginnende Krisenzeichen.«[68]

Diese Wiederaufnahme in die Partei – so kränkend und bedrohlich der Rauswurf 1957 war – musste Lukács bestätigen – als Kommunist wie als Dissident, der mit seiner Kritik wie so oft in seinem Leben nicht so falsch lag und der nun späte, nicht uneigennützige tolerierende Akzeptanz seiner Partei fand. Allerdings war er nun ein greiser Philosoph, der sich seit seinem letzten Ausflug in die Politik 1956 nicht mehr als Politiker verstand, der aber als Philosoph sehr wohl Politik machte oder zu prägen suchte. Bewusst hatte er sich »entschieden, im Lande zu bleiben, weil« er sich »nicht als Oppositioneller des Systems, sondern als Reformer des zu erneuernden Marxismus empfand und weil eine solche Kritik des sozialistischen

---

68 Georg Lukács: Gelebtes Denken. Eine Autobiographie im Dialog, Red.: István Eörsi, Frankfurt am Main 1981, S. 275 f.

Systems moralisch besser fundiert ist, wenn sie in der Heimat selbst vollzogen wird, auch wenn das mit einem persönlichen Risiko verbunden ist«.[69]

Es mag nicht gefallen, aber in der Person und in den konzeptionellen Überlegungen Georg Lukács' findet sich wohl am nachdrücklichsten die ganze Komplexität der 1968er ideologischen Situation, der Analyse der agierenden Kräfte und der möglichen metatheoretischen Antworten auf einen neuen, manipulierenden Kapitalismus und eine erneut unbefriedigende sozialistische Entwicklung.

Ihn nachdrücklich als Zeitzeugen wie als Theoretiker anzurufen mag verwundern, dürfte allerdings für eine wissenschaftliche Analyse wie für linke, marxistisch orientierte Auseinandersetzung mit den theoretischen Grundlagen der Akteure der *Weltrevolution* von 1968 hilfreich sein. Er ist unter den damaligen Theoretikern, die in West und, weniger, in Ost gelesen und akzeptiert wurden, derjenige, der am nachdrücklichsten *beide* großen Schauplätze – die westlichen Metropolen und die realsozialistischen Staaten – erfasste. Dabei blieb ihm wirksamer Einfluss auf die östliche Diskussion weitgehend verwehrt. Denn zumindest im intellektuellen Leben der DDR nach 1956/57 war Lukács für anderthalb Jahrzehnte eine »revisionistische« Unperson und seine politische Philosophie blieb auch danach bis zum Ende des Realsozialismus Tabu.[70] Das ist ein unbedingt auszugleichendes Defizit, denn er fand – zudem mit aktueller Bedeutung – in einem erneuerten, nicht kanonisierten Marxismus den methodischen Zugang für das notwendige Neuorientieren der alten sozialen Bewegungen und ihrer staatlichen Verkörperung ebenso wie für die Rebellion der Intellektuellen im Westen.

Für die westliche linke intellektuelle Szene der 1960er-Jahre war er ein Denker, der in idealer Weise Identifikation ermöglichte – der 1918 aus der Bourgeoisie desertierter Intellektuelle, der sich in einer revolutionären Krise in der ungarischen Räterepublik engagierte, sich früh und massiv subjektiv-individualistisch mit dem Marxismus und Leninismus identifizierte, alsbald ob der Frage der Demokratie in Konflikt mit dem Parteikommunismus geriet, der sich dann intellektuell zurückzog und als Literaturwissenschaftler, Ethiker und Ästhetiker Wirkung zeigte und konsequent Antifaschist war. Ob *Theorie des Romans* oder *Der junge Hegel,* ob *Zerstörung der Vernunft* oder *Eigenart des Ästhetischen,* Lukács war immer ein Suchender, der sich einmischen wollte, auch wenn manche Position problematisch war und blieb. Schließlich wurde er politisch antistalinistisch wirksam, trat in die

---

69 »Wesentlich sind die nicht-geschriebenen Bücher«. Adelbert Reif im Gespräch mit Georg Lukács (1970), in: Georg Lukács: Werke, Bd. 18: Autobiographische Texte und Gespräche. Hrsg. von Frank Benseler und Werner Jung unter Mitarbeit von Dieter Redlich, Bielefeld 2005, S. 444.

70 In dieser Zeit blieben Wolfgang Heises Rückbezüge in dessen ästhetischen Schriften und Wolfgang Harichs Treue zu seinem philosophischen Lehrer Lukács und dessen radikaler Kritik der bürgerlichen Philosophie in *Zerstörung der Vernunft* die Einzigen, die sich zu Lukács positionieren. Der eine ein Außenseiter, der andere selbst nach 1956 in die Mühlen der politischen Justiz geratend. Zur Rolle von Lukács in der DDR-Philosophie insgesamt siehe u. a. Hans-Christoph Rauh: Ideologie statt Wahrheit, Erkenntnis und Realität. Zum ideologischen Hintergrund der Beschäftigung mit dem Ideologieproblem durch die DDR-Philosophie, in: ders., Peter Ruben (Hrsg.): Denkversuche. DDR-Philosophie in den 60er-Jahren, 2005, S. 203 ff.; Camilla Warnke: Abschied von den Illusionen. Wolfgang Heise in den 60er-Jahren, in: ebenda, S. 307 ff.

Imre-Nagy-Regierung 1956 ein und wurde in der Folge repressiert.[71] Trotz allem – er blieb links und an seinem Lebensabend bekannte er sich immer noch dazu, dass »die Entwicklung zum Kommunisten ... schon die größte Wendung«[72] in seinem Leben war.

Es ist ein erstaunliches Phänomen: Georg Lukács wirkte als jugendlich-intellektueller Heißsporn mit seinen revolutionaristischen, eher idealistischen Schriften aus einer vergangenen, revolutionären Zeit auf eine junge Generation von angehenden Intellektuellen der 1960er-Jahre, die den Durchbruch, möglicherweise den sozialistischen Erfolg wollten. Gegen einen kanonisierten Marxismus, wie insgesamt »gegen den archivarischen, akademisch bleibenden Historismus« gab der junge Lukács den »Impuls, Geschichte als unmittelbare Aufgabe zu begreifen«.[73] Jenseits der erfahrenen Bürokratisierung der vermeintlichen sozialen Befreiung brachte die Neulektüre von *Geschichte und Klassenbewusstsein*, wie es Hans-Jürgen Krahl formulierte, für die neuen politischen Protestbewegungen die »Aufdeckung der durch die II. Internationale verschütteten emanzipativen Subjektivitätsdimension des Marxismus«.[74] Das inspirierte und gab einer neuen Generation Halt, die sich im Kapitalismus des Krieges, des Demokratieabbaus, der wiederkehrenden Wirtschaftskrisen und eines radikalen sozialen Wandels sah, der auch sie unmittelbar betraf. Die Schriften des Lukács der beginnenden 1920er-Jahre waren so intellektuell, so engagiert, so von revolutionärem Glauben durchdrungen, so anders als die abgestandenen marxistischen und sozialdemokratischen oder kommunistischen Traktate einer in die Jahre gekommenen, angepassten, Jalta und die danach entstandene Ordnung faktisch anerkennenden linken (Partei-) Funktionärs- und Intellektuellenschaft. Lukács, inzwischen alt geworden, in Fraktionskämpfen und im Hochstalinismus verbogen und angepasst, genoss dieses aufkeimende Interesse an seiner Person und seinen – für ihn inzwischen unzweifelhaften – Fehlern der Vergangenheit. Er analysierte mit klassen- und parteikampfmäßiger Härte wie mit marxistisch-dialektischer Logik die politischen Herausforderungen, vor denen die Studenten des Westens wie die der eigenen realsozialistischen Gesellschaften standen.

Es wundert nicht, dass die 1960er-Jahre eine Hochzeit für die erneute Publikation seiner frühen politisch-philosophischen Schriften wurden. Es waren nicht allein die regulären Werkausgaben in westdeutschen Verlagen – während er gleichzeitig im Osten nur noch als Literaturwissenschaftler bekannt war und erst ab den 1970er hier wieder neu aufgelegt und editiert wurde. Hinzu kam ein Boom von Raubdrucken, die zwar nicht die Kasse Lukács füllten, jedoch seinen Bekannt-

---

71 Siehe den unseligen Beitrag der DDR-Ideologen: Autorenkollektiv: Georg Lukács und der Revisionismus. Eine Sammlung von Aufsätzen, Berlin 1960.
72 Georg Lukács: Gelebtes Denken, S. 262.
73 So Alfred Schmidt in einer Diskussion 1969: Furio Cerutti, Detlev Claussen, Hans-Jürgen Krahl, Oskar Negt, Alfred Schmidt: Geschichte und Klassenbewusstsein heute. Eine Diskussion, in: dies.: Geschichte und Klassenbewusstsein heute. Diskussion und Dokumentation, Amsterdam 1971, S. 8.
74 Hans-Jürgen Krahl in ebenda, S. 18.

heitsgrad und intellektuellen Einfluss – eben aus den Jugendschriften heraus – deutlich erhöhten. Wenigstens auf dem Feld des geistigen Eigentums funktionierte in jenen Jahren die Sozialisierung. Neben Adorno, Fromm, Habermas, Horkheimer, Korsch, Marcuse und Reich, weit öfter als Marx, Engels oder Lenin, war er zwischen 1967 und 1970 einer der am meisten illegal nachgedruckten und – mehr noch – gelesenen Autoren in der BRD.[75] Obendrein pilgerte man nach Budapest; die Gespräche mit Hans Heinz Holz, Leo Kofler, Wolfgang Abendroth[76], auch der Briefwechsel mit Werner Hofmann[77] gestatten damit, zumindest den Gedankengängen und Einsichten von Lukács nach 1968 zu folgen.

Da konnte es schon passieren, dass aufstrebende Studentenführer wie Rudi Dutschke »irgendwie kindlich aufgeregt«[78] waren, wenn sie zu ihm kamen und sich recht eigentlich zurechtgewiesen sahen: Lukács »erstaunt(e es zwar) einen jungen West-Berliner Sozialisten zu treffen, der verrückt detailliert viele Einzelheiten der Parteigeschichte kannte. Doch so ganz zufrieden war er nicht damit, ging immer wieder von den 20er-Jahren weg, um mit uns über aktuellere Probleme zu sprechen.«[79] Die alten Geschichten waren für Lukács Geschichte, ihm ging es um die Jetztzeit, um die fehlenden ökonomischen Analysen des realen Kapitalismus im Westen und in der Dritten Welt als Grundlage linker Strategie. »Er glaubte«, so schrieb Gretchen Dutschke später in ihrer Dutschke-Biografie, »die wichtige Arbeit liege in der Zukunft. Die Irrwege der Vergangenheit sollten vergessen werden.«[80]

Lukács und die modernen »Maschinenstürmer«

Lukács ist für die Vorgänge unter der *Chiffre 1968* in doppelter Hinsicht ein geistig relevanter Theoretiker: Er ist das Muster eines Intellektuellen, der mit seinem Bekenntnis zu Revolution, Partei und dem klassenbewussten Proletariat ausgehend von *Geschichte und Klassenbewusstsein* westliche Intellektuelle inspirierte.[81] Gleichzeitig war er einer jener realsozialistischen Denker und Kritiker, die aus dem stalinistischen System auszubrechen suchten. Seine Alternative war der Weg hin zu einer komplexen Demokratisierung der Gesellschaft als Kritik sowohl am

---

75 Vgl. die entsprechenden bibliographischen Angaben in: Albrecht Götz von Olenhusen, Christa Gnirß: Handbuch der Raubdrucke 2: Theorie und Klassenkampf. Sozialisierte Drucke und proletarische Reprints. Eine Bibliographie, Pullach bei München 1973.
76 Siehe Gespräche mit Georg Lukács: Hans Heinz Holz – Leo Kofler – Wolfgang Abendroth (1966), in: Georg Lukács: Werke, Bd. 18, S. 233 ff.
77 Siehe Georg Lukács, Werner Hofmann: Ist der Sozialismus zu retten? Briefwechsel zwischen Georg Lukács und Werner Hofmann, Budapest 1991.
78 Rudi Dutschke: Geschichte ist machbar. Texte über das herrschende Falsche und die Radikalität des Friedens. Hrsg. von Jürgen Miermeister, Berlin 1992, S. 44.
79 Ebenda.
80 Gretchen Dutschke: Wir hatten ein barbarisches, schönes Leben, S. 93.
81 Siehe Furio Cerutti, Detlev Claussen, Hans-Jürgen Krahl, Oskar Negt, Alfred Schmidt: Geschichte und Klassenbewusstsein heute; István Mészáros (Hrsg.): Aspekte von Geschichte und Klassenbewusstsein, München 1972, u. a. mit Beiträgen von Eric Hobsbawm und Ralph Miliband.

parlamentarisch-demokratischen System, das für ihn Fassade der bürgerlich-kapitalistischen Gesellschaft war, wie an der letztlich nicht demokratischen »sozialistischen Demokratie« des Staatssozialismus. Sein Wort hatte Gewicht. Die überlieferten Gespräche und Interviews seit Mitte der 1960er-Jahre lassen keinen Zweifel, der Philosoph arbeitete nicht nur an seinem Spätwerk, der *Ontologie*. Hellwach verfolgte er oft bis ins Detail die politischen Vorgänge, zumal in Westdeutschland. Seine Gesprächspartner stießen auf einen informierten, parteiischen und politischen Kopf, der mit Einsichten und Linienführungen für eine marxistische Politik nicht geizte, obschon oft auf hohem Niveau und nicht immer gleich offenliegendem politischen Terrain formuliert.

Er erinnerte sich seiner eigenen Erfahrung in jungen Jahren und mit der Jugend in revolutionären Kämpfen und deren Niederlagen. 1920 hatte er gemahnt, dass die Jugendlichen nicht identisch mit der »Avantgarde der Revolution« sein würden. »Einige von ihnen sind – neben den Erwachsenen – an den Vortruppkämpfen beteiligt. Ihre große Masse und ein ansehnlicher Teil ihrer früheren besten Kämpfer unterlag aber denselben Nachrevolutionskrisen und -krankheiten wie die Erwachsenen: der Mutlosigkeit, der Apathie, dem Verluste des Glaubens an die Revolution, der ideologischen Verwirrung. Ja, man muss sogar feststellen, dass diese Krise unter den Jugendlichen tiefergehend war als unter den Erwachsenen. Die Verwirrung der Gedanken, der neuerwachte Eklektizismus, die ungarische Depressionskrankheit, die tolstoijanische Antigewaltideologie verlangte hier weit mehr Opfer und war viel schwerer zu überwinden.« Für ihn war »es dieselbe Ursache …, die diese Schwäche und dieses Schwanken der ungarischen Jugendbewegung hervorgebracht hat, die früher die Quelle ihrer Stärke war – und später, vielleicht recht bald wieder, werden wird. Ich meine: die größere ideologische Selbständigkeit der Jugendlichen von der Gedanken- und Gefühlswelt der Bourgeoisie.«[82]

1966 entwickelte Lukács im Gespräch mit (west-)deutschen Philosophen eine auch später wiederkehrende Charakterisierung der rebellierenden studentischen Jugend, die auf dem ersten Blick verwundern mag. Der ob seiner Radikalität in den 1920er-Jahren angesehene Linke kritisiert durchaus mit Sympathie die neue Radikalität. Für ihn »ist nach dem Zweiten Weltkrieg durch eine neue Situation etwas ganz anderes entstanden und unsere – ich würde sagen, ungeduldigen – jungen Leute, die zornigen jungen Leute der linken Seite, verfallen gewissermaßen chinesischen Verführungen, weil ihnen die Entwicklung nicht rasch genug erfolgt, und die Leute träumen von einer morgigen Revolution in Amerika, oder sie wollen nach Südamerika auswandern, um dort Partisanen zu werden. Unsere Pflicht als Marxisten wäre, mit allen diesen Dingen nach Abschluss der großen ersten Periode ins Klare zu kommen. Wir müssten analysieren, dass diese Verwandlung des Kapitalismus in ein Beherrschtsein durch den relativen Mehrwert eine neue Si-

---

82 Georg Lukács: Partei und Jugendbewegung in Ungarn, in: ders.: Organisation und Illusion. Politische Aufsätze III – 1921-1924. Hrsg. von Jörg Kammler und Frank Benseler, Darmstadt – Neuwied 1977, S. 46 f.

tuation schafft, in der die Arbeiterbewegung, die revolutionäre Bewegung, zu einem Neubeginn verurteilt ist, in dem in sehr verzerrten und komischen Formen solche scheinbar längst überwundenen Ideologien wie die Maschinenstürmerei am Ende des 18. Jahrhunderts eine Renaissance erleben. Vielleicht wird das für Sie paradox klingen, dass in dieser großen Sexwelle, die heute auch Frauen und Mädchen erfasst, eine Art von Maschinenstürmerei im Erkämpfen der Unabhängigkeit der Frau erkennbar wird.«[83] Mit diesem Ansatz liegt eine umfassende – in anderen Kontexten immer wiederkehrende – Einschätzung der damals aktuellen neuen Bewegungen und ihrer Problematik vor. Für ihn waren sie unzweifelhaft Ausdruck des aktuellen Anfangs revolutionärer Erschütterungen und diese mochten ihn auf seine alten Tage auch mit Optimismus erfüllen. Aber er blieb nüchtern. Eine einfache Wiederkehr der 1920er-Jahre, die Erwartung eines kurzfristigen Aktivierens und Revolutionierens des verschütteten proletarischen Klassenbewusstseins stand für ihn außer Diskussion. Er setzte auf einen längeren Atem, auf eine notwendige Erneuerung der alten, der Arbeiterbewegung, vor allem der kommunistischen. Er vertrat eine schon in den 1920er-Jahren angelegte Einsicht, dass die zunehmenden Entfremdungsprozesse es schwierig machten, Klassenbewusstsein, revolutionäres Bewusstsein zu entwickeln.

Gerade darum zeigte er sich selbstkritisch zu seinen einstigen Positionen aus *Geschichte und Klassenbewusstsein*,[84] für ihn längst »ein überwundenes Buch«,[85] sowie der *Lenin*-Schrift[86] der 1920er-Jahre. Dort, wo er es bei regulären Buchausgaben konnte, drückte er seine mittlerweile eher kritischen Sichten auf die Unbedarftheit, die Zeitbezogenheit und die Folgen der Befangenheit und Begrenzung durch die stalinistische Politik aus.[87] Er verhehlte nicht, dass er in den frühen 1920er-Jahren seine Begründung für die revolutionäre Veränderung eher aus dem geschichtsphilosophischen Entwicklungsstand, der Aktualität der Revolution als notwendiger Abkehr vom Kapitalismus abgeleitet hatte, auch aus der moralisch notwendigen Ansicht, die Zeit sei reif. Im Mittelpunkt stand der revolutionäre Wille der Avantgarde, ihre Fähigkeit, das Wollen der Klasse zu erkennen und sie wirklich zu führen. Eine eher untergeordnete Rolle spielte die Analyse der tatsächlichen politischen und sozialökonomischen Situation. Hier neigte der frühe Lukács trotz seines Bekenntnisses zu Lenin als Realpolitiker eher zum Voluntarismus. Es spricht für Lukács, dass er andererseits die Lage in Ungarn weit realistischer bewertete, was zur Wende in seinen *Blum-Thesen*[88] führen konnte.

---

83 Gespräche mit Georg Lukács: Hans Heinz Holz – Leo Kofler – Wolfgang Abendroth (1966), S. 273.
84 Siehe Georg Lukács: Geschichte und Klassenbewusstsein. Studien über marxistische Dialektik, Neuwied – Berlin 1970.
85 So z. B. in: Gespräche mit Georg Lukács: Hans Heinz Holz – Leo Kofler – Wolfgang Abendroth (1966), S. 282.
86 Siehe ders.: Lenin. Studie über den Zusammenhang seiner Gedanken, Neuwied – Berlin 1969, 3. Aufl.
87 Siehe insbesondere Georg Lukács: Vorwort (1967) In: ders.: Geschichte und Klassenbewusstsein, S. 5 ff.; ders.: Nachwort zu »Lenin« (1967), in: Georg Lukács: Lenin, S. 87 ff.
88 Siehe ders.: Thesenentwurf über die politische und wirtschaftliche Lage und über die Aufgaben der KMP (Blum-Thesen), in: ders.: Demokratische Diktatur. Politische Aufsätze V – 1925-1929. Hrsg. von Frank Benseler, Darmstadt – Neuwied 1979, S. 139 ff. Blum war hier das Pseudonym von Lukács.

Gerade im gedanklichen wie persönlichen Radikalismus dürfte der besondere Reiz für eine junge Generation bestanden haben, die das Abwarten und die Feigheit der Linken, egal, ob mit sozialdemokratischem oder mit kommunistischem Parteibuch, beobachteten. Denn selbst Staatssozialismus und kommunistische Weltbewegung erschienen als Bewahrer des Bestehenden, als Verteidiger der gespaltenen Weltordnung mit ihren Einflusssphären. So sollten dann im Mai 1968 die französischen und später die italienischen Kommunisten reagieren, die dem Lukács der *Blum-Thesen* näherstanden, aber im Unterschied zu diesem nicht bereit waren, die Machtfrage zu stellen. Denn der hatte damals behauptet, dass »die bürgerliche Demokratie ... das tauglichste Kampffeld für das Proletariat«[89] sei. Im gleichen Atemzug betonte er aber, dass es um eine »demokratische Diktatur« ginge, die nur dann revolutionär bleibe, wenn es – »obwohl sie in ihrem unmittelbaren, konkreten Inhalt nicht über die bürgerliche Gesellschaft hinausgeht« –, um »eine dialektische Übergangsform zur Revolution des Proletariats – oder zur Konterrevolution« ginge.[90]

Analytisch bedeutungsvoll für die Studentenbewegungen 1968 wie für den politischen Kampf im heutigen Kapitalismus ist seine Einsicht, dass es eine Verschiebung in der Entfremdungsproblematik gibt. Sie ergibt sich mit der Neuableitung der Entfremdung aus dem größeren Gewicht des relativen Mehrwertes. Denn nun ist der Entfremdungsbegriff des absoluten Mehrwertes, der sich gegen die »Entmenschung«[91] der Arbeit wendet, zu ergänzen um eine Sicht der umfassenden Kapitalisierung aller Prozesse, insbesondere der individuellen Konsumtion. Marx hatte 1844 betont, dass den Produzenten ihr Produkt »als ein *fremdes Wesen,* als eine von dem Produzenten *unabhängige Macht* gegenüber« trete. »Das Produkt der Arbeit ist die Arbeit, die sich in einem Gegenstand fixiert, sachlich gemacht hat, es ist die *Vergegenständlichung* der Arbeit. Die Verwirklichung der Arbeit ist ihre Vergegenständlichung. Diese Verwirklichung der Arbeit erscheint in dem nationalökonomischen Zustand als *Entwirklichung* des Arbeiters, die Vergegenständlichung als *Verlust und Knechtschaft des Gegenstandes,* die Aneignung als *Entfremdung,* als *Entäußerung.*«[92] Lukács hatte ohne Kenntnis der *Ökonomisch-philosophischen Manuskripte* diese Vergegenständlichung, diese Verdinglichung schon in *Geschichte und Klassenbewusstsein* deutlich herausgearbeitet.[93]

Nun betont Lukács, dass auch die Konsumtion zum Feld der Manipulation verkomme und er erweitert dies: wie auch alle anderen politischen, demokratischen Prozesse. Mit dem Wandel des Kapitalismus zu einem *manipulierenden Kapitalismus* sah Lukács nicht allein für die Vermarktung oder richtiger Bedürfnismanipulation zum Verkauf bestimmter Waren einen »besonderen Apparat«. Vielmehr

---

89 Ebenda, S. 170.
90 Ebenda, S. 171.
91 Gespräche mit Georg Lukács: Hans Heinz Holz – Leo Kofler – Wolfgang Abendroth, S. 267.
92 Karl Marx: Ökonomisch-philosophische Manuskripte aus dem Jahre 1844, in: ders., Friedrich Engels: Werke (im Weiteren: MEW), Bd. 40, Berlin 1968, S. 511 f.
93 Siehe bes. das Kapitel »Die Verdinglichung und das Bewusstsein des Proletariats« in: Georg Lukács: Geschichte und Klassenbewusstsein, S. 170 ff.

unterstreicht er, »dass dieses ganze System der Manipulation, von welcher wir sprechen, aus diesem ökonomischen Bedürfnis heraus entstanden ist und dass es sich von dort aus auch in Gesellschaft und Politik ausgebreitet hat. Jetzt beherrscht dieser Apparat alle Äußerungen des gesellschaftlichen Lebens, von der Präsidentenwahl bis zum Verbrauch von Krawatten und Zigaretten, und man muss nur irgendeine Zeitschrift durchblättern, um dafür ausreichende Belege zu finden.«[94] Es gehe um »die Frage einer Bewusstseinslenkung«.[95] Damit wird das Herausarbeiten der Verdinglichung, wie sie Lukács in seinen Frühschriften vornahm und der sich daraus ergebenden Notwendigkeit der Entwicklung eines Klassenbewusstseins mehr und mehr auch zur Frage eines gezielten Kampfes gegen diese Manipulationsmechanismen. Die setzen sich nunmehr nicht allein und vor allem hinter dem Rücken der Akteure durch, sondern sind Teil einer Strategie der Herrschaftssicherung geworden.

Zweifellos gerät dabei eine positive Bewertung der Möglichkeiten der Demokratie im Kapitalismus für Lukács ins Hintertreffen, obschon dem Autor der *Blum-Thesen* hier eine dialektische Sicht auf Grenzen wie Möglichkeiten bürgerlicher Demokratie zuzutrauen sein sollte. Das betrifft ebenso seine von einem abgrundtiefen Misstrauen durchdrungene Position gegenüber der Sozialdemokratie.[96]

Der Verweis von Lukács auf eine »gewisse soziale Analogie« der neuen Bewegungen mit den »Rebellionsbewegungen«, den »Maschinenstürmern« der »Industriellen Revolution« in der ersten Hälfte des 19. Jahrhunderts ist eine weitreichende Überlegung, die zugleich Stärke und Grenze der theoretisch-politischen Analyse des ungarischen Philosophen zeigt. Für ihn war wichtig, damit die Distanz dieser Rebellen zur Masse der Arbeiterklasse herauszustellen,[97] aber auch ihre gewisse Vorreiterrolle beim Begreifen neuer Bedrohungen durch einen sich entwickelnden Kapitalismus, zudem mit nur bedingt theoriegetragener, eher spontaner Reaktion. Vor allem sah er in diesen neuen Kämpfen die Chance für eine marxistische Renaissance, für einen Schub der Theorieentwickelung. Denn dieser Zugewinn an Theorie wäre die Voraussetzung, der Arbeiterklasse bei der Entwicklung ihres Klassenbewusstseins intellektuell beizustehen. »Die revolutionären Theorien bis zu Marx hinauf sind ... auch damals nicht aus den Klassenkämpfen der Arbeiterklasse direkt herausgewachsen, und Lenin hat nicht mit Unrecht von einer Stelle von Kautsky ausgehend festgestellt, dass die Theorie der Revolution von außen in die Arbeiterbewegung hineingetragen wurde. Wir sind der Ansicht, dass heute, wo die objektive Situation in vieler Hinsicht viel, viel ungünstiger ist, als sie früher im Kapitalismus war, die Bedeutung dieses ›von außen‹ außerordentlich gewachsen ist. Es ist nicht anders möglich, als das Klassenbewusstsein in die Arbeiterklasse von außen hineinzutragen.«[98] Hier sah er die Ver-

---

94 Gespräche mit Georg Lukács: Hans Heinz Holz – Leo Kofler – Wolfgang Abendroth, S. 267.
95 Ebenda, S. 268.
96 Siehe z. B. ebenda, S. 290 f.
97 Siehe ebenda, S. 293.
98 Ebenda, S. 293 f.

antwortung einer »radikalen Intelligenz«. Dabei unterschied er genau zwischen der seiner Meinung nach jetzt möglichen Aufgabe, »Prinzipien und Methoden« herauszuarbeiten und der politischen Konkretionsebene. Denn der Intelligenz sprach er (noch) nicht die Aufgabe zu, die »Parolen«[99] (richtiger wäre wohl: Strategie und Taktik) zu finden. Hier sieht der Philosoph die Verantwortung linker Politiker, die dafür das intellektuelle Format haben müssten (welches er aber bislang eigentlich nur Marx und Engels, vor allem Lenin zustand[100]). Immerhin: »ohne Maschinenstürmerei (würde es) keinen Marxismus geben«.[101]

In der Frage der sozialen Basis der neuen Bewegungen zeigt sich die Grenze von Lukács, seine Fixierung auf die Arbeiterklasse als dem potentiell revolutionären Subjekt. Immerhin anerkannte er, dass »die ganz genaue Trennung zwischen Proletarier und Proletarier mit weißem Kragen objektiv ökonomisch im Verschwinden begriffen ist«.[102] Aber die Dimension dieses sozialen Wandels, der einerseits tatsächlich an einen komplexen gesellschaftlichen Gesamtarbeiter heranführt, andererseits aber mit erheblichen Interessenunterschieden und -konflikten sowohl zwischen einer weiter existierenden, bald aber in den Metropolen schrumpfenden und sich diversifizierenden Arbeiterklasse sowie einer vielfältigen, lohnabhängigen, oft scheinbar selbständigen, aber doch abhängigen Intelligenz einhergeht, hatte auch Lukács noch keine erschöpfende Antwort. Was ihn allerdings sorgte, war die Gefahr, dass die Bourgeoise »diese unklaren, ideologischen Bewegungen sehr gut integrieren« könne.[103] Entsprechend negativ fielen ja auch seine Einschätzungen etwa der *Frankfurter Schule* aus.[104]

Ebenso kritisch sprach er sich gegen Blochs *Prinzip Hoffnung* aus: »Wo alles hoffnungslos sei, hoffe man weiter, aber man tue nichts. In einer manipulierten Gesellschaft sei es aber nicht die Hoffnung, die die Manipulation zerstöre, sondern ein klares Verständnis der Natur der Gesellschaft.«[105] Generell sah er die politisch begründete Gefahr, dass letztlich utopische Vorstellungen die Oberhand gewinnen könnten und nicht die scharfe antikapitalistische Analyse und die Entwicklung zugespitzter Losungen für einen radikalen Wandel der Gesellschaft.

Die Ablehnung von Ideologie, von Klassenbewusstsein als politischer Widerspiegelung gesellschaftlicher Verhältnisse und die auch in der bürgerlichen Gesellschaft vorhandene gewisse Offenheit für Utopien waren ihm ein Gräuel. »Weil eben zwischen diesen beiden Dingen die revolutionäre Praxis verschwindet – eine

---

99 Siehe ebenda, S. 294.
100 Als organisatorische Alternative zu solchen nicht mehr zu erwartenden Verkörperungen von intellektueller und politischer Begabung hoffte er auf eine neue Form von Brain-Trusts: ebenda, S. 304.
101 Das Rätesystem ist unvermeidlich. Georg Lukács im Gespräch mit Dieter Brumm (1970), in: Georg Lukács: Werke, Bd. 18, S. 421.
102 Georg Lukács: Gespräche mit Georg Lukács: Hans Heinz Holz – Leo Kofler – Wolfgang Abendroth (1966), S. 294.
103 Ebenda, S. 277.
104 Vgl. z. B. ebenda, S. 305.
105 Gretchen Dutschke: Wir hatten ein barbarisches, schönes Leben, S. 93.

Utopie als Utopie kann sehr gut … integriert werden …, weil eine Opposition, die so weit gesteckte Ziele hat, dass ihre Verwirklichung von vornherein unmöglich ist, von einem Kapitalismus vom heutigen Typ sehr gut integriert zu werden vermag.«[106]

Demokratisierung als Parole?

In seinen späten Jahren mochte Lukács nicht mehr Politiker sein, aber gerade im Jahr 1968 entwickelte er ein politisches Vermächtnis, das für die sozialen und politischen Kämpfe im Kapitalismus ebenso wesentlich ist wie für die damals ausstehenden (und in der Folge mit dem Untergang des Realsozialismus bezahlten) Reformen im Osten hätte sein können. Seine Parole, seine Losung: die Demokratisierung der Gesellschaft! Er verfocht dieses Konzept, ausgehend von seinen persönlichen und politischen Lebenserfahrungen mit Kaiserreich, verschiedenen faschistischen Diktaturen, mit bürgerlich-parlamentarischen Republiken, mit dem Hochstalinismus und den gemäßigten spätstalinistischen Systemen.

Das Problem und das eigentlich Spannende für künftige Auseinandersetzungen und die Entwicklung des Marxismus wie für eine prosozialistische Bewegung, die deutlich über die klassische Arbeiterbewegung in ihrer radikalen wie reformerisch-reformistischen Ausrichtung hinausgeht, ist der historische Platz, den Lukács einnahm: auf der revolutionären Seite der Barrikade. Er tat dies unabhängig davon, ob ihm der jeweilige Kommandant der Barrikade zusagte oder nicht – wobei er ein erstaunlich differenziertes Bild auch Stalins zeichnete, dem er Größe und Grenze bescheinigte ohne Abstriche in der Anklage seiner Verbrechen. Diese Vielschichtigkeit ist sicher von Studenten und Intellektuellen des Westens kaum und von denen des Ostens nur bedingt wahrgenommen worden. Sie begünstigte Irritationen über sein Verhalten im Stalinismus und führte später zu Kritik an ihm, vor allem in Rudi Dutschkes Arbeit zu Lukács und Lenin.[107] Ebenso war auch Lukács Stellung zur Organisation und seine Orientierung auf eine kommunistische Kampfpartei im Leninschen Sinne für die Studenten umstritten, weil sie nach der Erfahrung mit dem Stalinismus hier Gefahren erkannten.[108]

Augenfällig ist, dass der Lukácssche oder Blochsche Antistalinismus, so wie auch die Rolle, die solche kommunistische Parteiführer wie Władysław Gomułka, János Kádár oder auch Gustáv Husák mit ihren persönlichen Leiden im Stalinismus spielten, eine sozialismusimmanente Stalinismuskritik verkörperten. Für sie war der Realsozialismus ob seiner bloßen Existenz, seiner Friedensorientierung, seiner versuchten sozialen und demokratischen Gestaltung und seines Antifa-

---

106 Ebenda, S. 277.
107 Siehe Rudi Dutschke: Versuch, Lenin auf die Füße zu stellen. Über den halbasiatischen und den westeuropäischen Weg zum Sozialismus. Lenin, Lukács und die Dritte Internationale, Berlin 1974.
108 Siehe z. B. Hans-Jürgen Krahl: Zu Lukács: Geschichte und Klassenbewusstsein, in: ders.: Konstitution und Klassenkampf. Schriften und Reden 1966-1970, Frankfurt am Main 1985, 4. Aufl. S. 164 ff.

schismus unverzichtbar. Sie begriffen ihn als Alternative im Existenzkampf mit dem kapitalistischen System. Über Schwächen und Verbrechen sahen sie wissend hinweg, wollten sie von einem sozialistischen Standpunkt bei Anerkennung des Marxismus *und* der Partei kritisieren. Obendrein wurden sie als Opfer dieser Verbrechen zuletzt auch selbst zu Verfechtern eines undemokratischen Sozialismus, der dank ihrer auch repressiven Politik viele zur Abkehr von Sozialismus motivierte. Gerade Gomułka wie Husák stehen im Kontext des Jahres 1968 dafür.

So bleibt, dass eine solch differenzierte Kritik im Westen letztlich scheitern musste und in der Wende-/Nachwendezeit 1989/91 im Osten enttäuschte, weil sie inkonsequent schien – und dort die Studenten und hier die desorientierten Linken genau wussten, wogegen sie waren: gegen ihre entfremdete, ausbeutende, aggressive Gesellschaft *und* gegen diesen realen, unattraktiven stalinistischen Sozialismus – aber kaum wofür.

Obschon sich Lukács als Opfer des Stalinismus sehen mochte – auch wenn er immer wieder sein unbeschreibliches Glück und überdies seine Anpassungsfähigkeit beschwor[109] –, wollte er aus dem Realsozialismus heraus wirken – im Unterschied zu Ernst Bloch oder wohl auch Adam Schaff; ähnlich wie Fritz Behrens, Robert Havemann und sicher nicht verjagt werden wie Eduard Goldstücker, Zdeněk Mlynář oder Ota Šik. Es gab andere, wie Arthur Koestler oder Louis Fischer,[110] die, so wie heute Alexander Jakowlew[111] oder Günter Schabowski oder die abgeschworenen 1968er-Erben um Gerd Koenen,[112] Wolfgang Kraushaar[113] oder die oben schon zitierten Martin Altmeyer[114] und Götz Aly, nur noch Verachtung für ihren Irrweg übrig haben. Sie setzten und setzen berechtigte Kritik – und eine für die Zeit des Hochstalinismus und seiner Verbrechen auch notwendige Abrechnung – mit einem Scherbengericht über die sozialistische Utopie und die Emanzipationsbewegungen gleich.

Im Unterschied zu all diesen hatte Lukács eine für westliche Ohren und für die inneren Unzufriedenen inakzeptable Anerkennung auch des schlechtesten Sozialismus auf seine Fahne geschrieben. »Die Sowjetunion stand unmittelbar vor dem Entscheidungskampf mit dem Faschismus. Ein überzeugter Kommunist konnte also nur sagen: ›right or wrong, my party‹. Was immer in dieser Situation die von Stalin geführte Partei tat – in der viele ebenso dachten wie ich –, wir mussten mit ihr in diesem Kampf bedingungslos solidarisch sein und diese Solidarität – über

---

109 Siehe z. B. Georg Lukács: Mein Weg zu Marx (1957), in: ders.: Werke, Bd. 18, S. 42.
110 Siehe z. B. Ein Gott der keiner war. Arthur Koestler, Ignazio Silone, André Gide, Louis Fischer, Richard Wright, Stephen Spender schildern ihren Weg zum Kommunismus und ihre Abkehr, Zürich 2005.
111 Siehe Jakowlew, Alexander: Die Abgründe meines Jahrhunderts. Eine Autobiographie, Leipzig 2003.
112 Siehe Koenen, Gerd: Die großen Gesänge. Lenin, Stalin, Mao Tse-tung – Führerkulte und Heldenmythen des 20. Jahrhunderts, Frankfurt am Main 1992, 2., korr. Aufl.; ders.: Utopie der Säuberung. Was war der Kommunismus? Berlin 1998; ders.: Das rote Jahrzehnt. Unsere kleine deutsche Kulturrevolution 1967-1977, Köln 2001, 2. Aufl.
113 Siehe Wolfgang Kraushaar: Linke Geisterfahrer. Denkanstöße für eine antitotalitäre Linke. Mit einer Einleitung von Daniel Cohn-Bendit, Frankfurt am Main 2001.
114 Siehe z. B. auch Martin Altmeyer: Glaube und Dissidenz. Zum sozialrevolutionären Internationalismus von 68, in: Kommune, H. 5/2007, S. 22 ff.

alles stellen.«[115] Insofern ist auch zwischen seiner abstrakten, hegelianischen Sicht und Weiterentwicklung des Marxismus und den konkreten politischen Positionierungen seit den *Blum-Thesen* von 1928 bis zu den politisch-autobiographischen Äußerungen der 1960/70er-Jahre zu unterscheiden. Er verstand sich seit 1928 als Vertreter eines demokratischen Weges zum und im Sozialismus, ohne der proletarischen Diktatur, die er einst selbst ausübte und die er immer gegen die faschistische wie gegen den US-american way of life verteidigte, abzuschwören. Lukács' Stalin- und Stalinismus-Kritik ist die eines Beteiligten und Betroffenen, der im Unterschied zu manch wohlfeiler, wenn auch berechtigt kritischer Auseinandersetzung seiner Zeit und erst recht seit 1989/91 nach den historischen Bedingungen der russischen Revolutionen und ihren Folgen fragte und die zivilisatorischen Leistungen als bleibend begriff.

Sozialismus und Demokratisierung[116] wird damit zu seinem abschließenden politischen Hauptwerk, dessen Thesen sich bereits in manchen Interview-Äußerungen finden, aber das als Werk öffentlich nicht zu Leb- und 1968er-Zeiten vorlag. Die Publikationen der 1980er-Jahre in Budapest und in der Bundesrepublik konnten so aber indirekt noch jene bestärken, die 1989 in der DDR und in Osteuropa eine antistalinistische Revolution[117] versuchten. Die sollte aber nun scheitern, weil sie zu spät kam und der Kapitalismus triumphierte, wie schon Lukács befürchtet hatte.

Gerade unter dem Eindruck der 1950/60er-Jahre – und bestrebt in die Prozesse einzugreifen – entwickelte Lukács ein umfassendes Konzept für sozialistische Demokratie und demokratischen Sozialismus. Es wandte sich gegen realpolitische Machtsicherung hüben wie drüben und wollte durch umfassende Demokratisierung von unten gegen autoritäre Konzepte gesellschaftlichen Wandel hin zu einem Sozialismus in demokratischer Gestalt befördern.

Seine Schrift *Sozialismus und Demokratisierung* entstand offensichtlich aus dem inneren Zwang heraus, nochmals sein politisches Credo zu formulieren, als einerseits seine politischen Erfahrungen und sein Revolutionarismus im Westen auf eine positive Resonanz stießen und andererseits im Ostblock Reformen anstanden. Sein Ausgangspunkt ist eine vernichtende Kritik an Kapitalismus und bürgerlicher Demokratie. Das hat manchen Lektoren so wenig gefallen, dass entsprechende Passagen beim Wiederabdruck getilgt wurden und allein der antistalinistische Anspruch herausgestellt wurde.[118] Ob des Antikapitalismus mag man sich

---

115 Georg Lukács: Mein Weg zu Marx (1957), S. 45.
116 Siehe ders.: Sozialismus und Demokratisierung. Mit einer editorischen Nachbemerkung von Frank Benseler und einem Nachwort von Rüdiger Dannemann, Frankfurt am Main 1987. Zu Verständnis und Vorgeschichte wichtig sind Benseler: Editorische Vorbemerkung, S. 131 ff. und Dannemann: Rätebewegung und Basisbewegung. Das politische Testament Georg Lukács, S. 137 ff ; Erstausgabe: Georg Lukács: Demokratisierung heute und morgen. Hrsg. von László Sziklai mit einem Vorwort von Miklós Almási, Budapest 1985.
117 Zum Problem des Charakters der Revolution von 1989 siehe Stefan Bollinger: Die finale Krise – Ein Problemaufriss, in: ders. (Hrsg.): Das letzte Jahr der DDR. Zwischen Revolution und Selbstaufgabe, Berlin 2004, S. 12 ff.
118 Siehe Detlev Claussen (Hrsg.): Blick zurück auf Lenin. Georg Lukács, die Oktoberrevolution und Perestroika, Frankfurt am Main 1990.

angesichts des Triumphs des Kapitalismus geschämt haben. Für jene politischen Kräfte, die auf dem Boden dieser Gesellschaft politisch handeln und die Möglichkeiten dieser Demokratie für gesellschaftlichen Wandel und Reformen ausnutzen wollen, mag eine solche Zuspitzung zu radikal sein, obschon sie den Charakter der bestehenden Gesellschaft marxistisch auffasst.

Lukács war sich schon beim Schreiben bewusst, dass er provozierte: »Die heutige Demokratie ist, als aktuelle Aufgipfelung einer jahrhundertelangen Entwicklung, die eines manipulierten, mit Hilfe von Manipulationen herrschenden Imperialismus. Ich weiß, dass ich gegen jede Etikette der heute als respektabel betrachteten Wissenschaftlichkeit verstoße, wenn ich Wörter wie Imperialismus oder Kolonialismus ohne Anführungszeichen niederschreibe. Die in der Gesellschaftswissenschaft allgemein dominierende Verachtung des 19. Jahrhunderts, die Herrschaft der Dogmen, dass die Gegenwart ihm gegenüber etwas qualitativ radikal Neues und in jeder Hinsicht Besseres vorstellt, hat gerade ideologisch in erster Linie die gesellschaftliche Aufgabe, den ökonomisch-sozialen Zustand in qualitativer Gegensätzlichkeit zu ihrer Vergangenheit herauszustellen. So wurde der Begriff von der ›pluralistischen‹ Gesellschaft im Gegensatz zu ›Totalitarismus‹, der die innere Zusammengehörigkeit von Faschismus und Kommunismus zum geistigen Gemeingut zu machen erstrebt, in die Welt gesetzt und breit propagiert. So sollte die Entwicklung großkapitalistischer Konsumindustrie und des Dienstleistungssektors wie die daraus ökonomisch folgende Interessiertheit der Kapitalisten am Proletariat als Warenkäufer, als ein Veraltetsein der Mehrwertlehre propagiert werden. Dabei handelt es sich ökonomisch doch bloß um ein Zurückdrängen des absoluten Mehrwerts durch den relativen, um einen Prozess, den Marx in der Mehrwertlehre nicht nur vorausgesehen, sondern als Ablösung der bloß formalen Subsumtion der Produktion unter kapitalistische Kategorien durch die wirkliche Subsumtion bestimmt hat. So sollte aus der modernen ›Industriegesellschaft‹ jede Spur der einstigen Klassenkämpfe verschwinden; wozu die sozialdemokratischen Parteien, die in der Tat dem Marxismus radikal den Rücken kehrten, um aktive Teilnehmer des manipulierten Establishments zu werden, vieles beigetragen haben.«[119]

Zu ergänzen wäre, dass Lukács Ansprüche an verwirklichte Demokratie als einer von unten, als einer der Räte und des Alltags nicht nur an den manipulativen Ansprüchen einer kapitalistischen Gesellschaft und ihrer herrschenden Klasse – egal, ob als »politische« oder »wirtschaftliche« apostrophiert –, scheitern mussten. Denn die muss ihre gesamtgesellschaftlichen Zielsetzungen im Interesse der Profitmaximierung durchsetzen und kann die arbeitenden Klassen nur insofern beteiligen, wie es der Sicherung des Profitsystems dient. Die Besonderheit des modernen Kapitalismus war, dass dies durchaus einen hohen Lebensstandard und damit eine bessere Manipulation der Arbeiterklasse bedeuten konnte, was auch

---

119 Georg Lukács: Sozialismus und Demokratisierung, S. 24 f.

Lukács sah. Ein solcher Demokratieansatz scheitert zwangsläufig dort, wo Basisdemokratie, wo Rätedemokratie unmittelbar wirksam werden müsste – in den Unternehmen bei der Bestimmung der Arbeitsbedingungen, der Arbeitsinhalte und vor allem der Produkte selbst. So viel Demokratie muss das Privateigentum an den Produktionsmitteln aushebeln und stellt die Systemfrage.

In dem er seine Begründung für eine erneuerte sozialistische Demokratie mit einer scharfen, marxistisch begründeten, inhärenten Kritik des Stalinismus verband, wandte er sich den Problemen seines eigenen politischen Lagers zu. Für ihn war dabei – bei aller Wertschätzung der Prozesse im Westen – wohl ausschlaggebend, dass der Erneuerungsprozess des Sozialismus wie des Marxismus im Osten beginnen musste. Ihm war bewusst, dass eigentlich die Sowjetunion das entscheidende Feld einer solchen Klärung wäre, aber es genau hier die unzureichendsten Bedingungen dafür gab und die Wirkung Moskaus gegenüber aufmüpfigen Verbündeten verhängnisvoll sein konnte. Dabei vergaß er nicht – wie einige Zeitgenossen und Nachbetrachter heute –, dass die inneren Prozesse einer Gesellschaft zwar ausschlaggebend gewesen sein mögen, dass diese Gesellschaften aber im Kontext einer erbitterten Systemauseinandersetzung existierten. Er zweifelte nicht daran, dass das kapitalistische Lager und insbesondere die USA ihre Möglichkeiten gegen sozialen Fortschritt und Sozialismus ausnutzen würden. Seine Vorstellungen von solchen Reaktionen mochten durch die offene politische Konfrontation geprägt und einseitig gewesen sein. So folgte der Vorwurf[120] schon bei Veröffentlichungen der 1980er-Jahre, der in seiner Bedrohungssicht auch eine Rechtfertigung der sowjetischen Intervention 1968 gegen den Prager Frühling sah. Damals hatte er unmissverständlich formuliert: »würde in einem Staat, der von Stalinepigonen in einen Zustand der ökonomisch-gesellschaftlichen Krisenhaftigkeit geführt worden ist, die Alternative der bürgerlichen Demokratie die Oberhand erhalten, so könnte man – ohne Prophet zu sein – mit hoher Wahrscheinlichkeit die Zukunft voraussagen: der C.I.A. würde in absehbarer Zeit ein neues Griechenland zustande bringen«.[121] Nun mag Lukács' Phantasie nur auf die Hochzeit des Kalten Krieges gezielt haben, die »feinfühligeren«, aber um so effektiveren Methoden der Wiedereingliederung des einstigen Ostblocks in einen nun weltweiten Kapitalismus, deklariert als »soziale Notwendigkeit«[122] hätten ihn bei seinem Verständnis von Manipulationsfähigkeit dieser Ausbeuterordnung gewiss nicht verwundert.

Er erklärt den Stalinismus als eine »nicht klassische Lösung des Übergangs zum Sozialismus«[123] in und nach der russischen Revolution 1917, da »die Verwirklichung des Sozialismus in einem ökonomisch und darum sozial rückständigen Land«[124] erfolgte und letztlich aus der Unfähigkeit und dem Unwillen Stalins,

---

120 Siehe István Eörsi: Das Recht des letzten Wortes, in: Georg Lukács: Gelebtes Denken, S. 25 f.
121 Georg Lukács: Sozialismus und Demokratisierung, S. 32 f.
122 Ebenda, S. 33.
123 Ebenda, S. 41.
124 Ebenda, S. 38 f.

jene Ansätze weiterzuentwickeln, die Lenin mit der *Neuen Ökonomischen Politik* (NÖP) eingeschlagen hatte. Für Lukács gab es aber keine Alternative als diese Revolution zum Sieg zu führen und zu versuchen, das Beste daraus zu machen. Gerne erinnerte er an Lenins Hinweis bei der Begründung der NÖP: »Nicht einmal Marx kam auf den Gedanken, auch nur ein einziges Wort darüber zu schreiben, und starb, ohne ein einziges genaues Zitat und unwiderlegliche Hinweise hinterlassen zu haben. Deshalb müssen wir uns selber aus der Klemme ziehen.«[125]

Lukács suchte in der Ausnahmesituation Sowjetrusslands Antworten auf das Wie einer neuen Demokratie. Er erinnerte daran, dass auch Lenin nicht abstrakt »auf das weiterweisende Problem von Marx (›Reich der Freiheit‹)« einging, dass er unter dem aktuelleren Anspruch des »Absterbens des Staates« prinzipiell »das gesamte Alltagsleben der Menschen ins Auge« fasste.[126] Lukács ging es mit Lenin um die praktische Verwirklichung und Erlebbarkeit der Gestalterfunktion der arbeitenden Klassen, nicht um parlamentarische Scheingefechte oder illusionäre Vorstellungen, dass alles und jedes sofort in der Basisstruktur, in den Räten entschieden werden könnte. Lukács unterschied peinlich zwischen einer revolutionären Situation und den Schwierigkeiten in der Konsolidierung danach. Mit Lenin betonte er, dass »die Demokratie im Sozialismus« nicht »›einfach nur eine Erweiterung der Demokratie (gemeint ist die bürgerliche, G. L.) wäre‹. Sie ist vielmehr ihr Gegenteil. Vor allem weil sie nicht idealistischer Überbau des spontanen Materialismus der bürgerlichen Gesellschaft sein soll, sondern ein materieller Bewegungsfaktor der gesellschaftlichen Welt selbst; freilich nicht mehr auf deren vielfachen Naturschranken basiert, wie in der Polis, sondern gerade auf ihr sich hier vollendendes gesellschaftlich-materielles Sein.«[127]

Gerade um das Neue, das nie Dagewesene einer sozialistischen gegenüber allen bisherigen Demokratien ging es Lukács. Insofern identifiziert er diese sozialistische mit normal gewordener Gesellschaftlichkeit in einer sozialistischen Gesellschaft, in der jedes Gesellschaftsmitglied sich angewöhnt hat, für diese Gesellschaft verantwortlich zu sein. Ihn interessierte nicht allein eine abstrakte Darstellung dieser neuen Situation, sondern vor allem ihre praktische Gestaltung. Sie erblickte er in den Räten, die sich von unten in den Revolutionen von 1871, 1905 und 1917 bildeten. Er betonte, »im Gegensatz zum idealistischen Citoyen der bürgerlichen Demokratie, auch auf dem Höhepunkt ihrer revolutionären Anfänge, ist das Subjekt der sozialistischen der materielle Mensch des Alltags. Natürlich nicht als Kanonisierung des materiellen *homme* aus der in bürgerlicher Weise unaufhebbaren dualistischen Struktur des Menschenlebens in der bürgerlichen Gesellschaft. Die sozialistische Demokratie als Gesellschaftsform des Übergangs zum ›Reich der Freiheit‹, hat hier gerade die Aufgabe, diesen Dualismus zu überwin-

---

125 W. I. Lenin: XI. Parteitag der KPR(B). 27. März - 2. April 1922. Politischer Bericht des Zentralkomitees der KPR (B). 27. März, in: LW, Bd. 33, S. 264.
126 Georg Lukács: Sozialismus und Demokratisierung, S. 47.
127 Ebenda, S. 48.

den.«[128] Die bürgerliche Demokratie brachte den Dualismus von Citoyen und Bourgeois, von Staatsbürger und Besitzbürger, vor allem aber die Sicherung der Herrschaft des Bourgeois. Nicht die Gleichheit vor dem Gesetz des Citoyens ist deshalb der Kern, sondern die sich aufhebende Machtbeziehung in der Verwaltung und Gestaltung des Alltags – mit Gramsci der Zivilgesellschaft –, die für Lukács stets auch den Produktionsprozess einschloss. Gerade weil die Produktionsmittel vergesellschaftet werden und die private Aneignung von Mehrwert unmöglich wird, ist »jedoch diese Grundstruktur der ökonomischen Reproduktion keineswegs auf(gehoben), setzt nur neue Vermittlungsformen ein, um das gesellschaftlich progressive Ausnutzen der Mehrarbeit zu ermöglichen«.[129] Genau hier sind die ökonomischen Mechanismen durch einen demokratischen Prozess zu ergänzen und zu begrenzen. An die Adresse der damaligen Reformer gewandt, macht Lukács deutlich, wo solche Grenzen einer Erneuerung der Wirtschaft liegen würden. »Das, was im Kapitalismus der Markt in einer wesentlich spontanen Weise zu leisten imstande ist, muss hier durch eine vieldimensionale, vielfach variierte Demokratisierung des Produktionsprozesses vom Planen bis zur praktischen Realisation ergänzt werden. Diese ist zunächst notwendig rein ökonomischen Charakters.«[130] Das wurde zweifellos im Prager Frühling versucht, obschon dort für Lukács' Geschmack wohl zu viel Anleihen bei bürgerlichen Ideologen aufgenommen wurden und zu wenig darüber reflektiert wurde, dass die Alternative zum Stalinismus nicht die bürgerliche Demokratie sein konnte. Obendrein sah er bei den ungarischen Reformen des *Neuen Ökonomischen Mechanismus* (und hätte es bei der Analyse der DDR-Variante *Neues Ökonomisches System* gewahren können), dass technokratisch-ökonomistische Lösungen leichter zu bekommen waren als die erhoffte sozialistische Demokratisierung: »die notwendig gewordenen ökonomischen Reformen für die sozialistischen Gesellschaften (werfen) das Problem der ihr eigenen Demokratie als reale Entwicklungsperspektive auf«.[131] Darum war er froh, dass seine Partei ihn wieder aufnahm und er wieder eine Chance bekam, der Partei bei einer marxistischen Rückbesinnung beistehen zu können. Ein Irrtum, wie sich erweisen sollte.

Hier überschneiden sich zu weitgehende Hoffnungen von Lukács mit Grenzen seiner Analyse und Kritik. Sichtlich überschätzte er die Möglichkeiten einer Selbsterneuerung der kommunistischen Parteien, ebenso die Fähigkeit der spontanen Weiterentwicklung des Rätegedankens und der Rätepraxis in möglichen Reformprozessen. Für ihn blieb die Partei Kern einer sozialistischen Demokratie, was allerdings die Anerkennung einer funktionierenden innerparteilichen Demokratie für ihn ebenso einschloss wie die Möglichkeit eines demokratischen Wettbewerbs unterschiedlicher Positionen in Partei und Gesellschaft. Eine »realisti-

---

128 Ebenda, S. 97.
129 Ebenda, S. 71.
130 Ebenda, S. 120.
131 Ebenda, S. 103.

sche Arbeitsteilung zwischen Partei und Staat«, nicht aber eine pluralistische bürgerlichen Mehrparteiendemokratie waren für ihn Antwort auf diese Herausforderungen.[132]

Den Vorwurf an Stalin gründete er genau auf diesem Verhindern solch demokratischer Strukturen durch dessen Aushöhlung der innerparteilichen Demokratie und die Einführung undemokratischer Entscheidungsstruktur. Das Verdikt, das Lukács ausspricht, wiegt für den gesamten mit Stalin einsetzenden Realsozialismus schwer, denn es zeigt, wie dieser Sozialismus zu einer entleerten Hülle verkommen musste. »Damit war für die werktätigen Massen ihr Subjektcharakter in der gesellschaftlichen Entwicklung verloren. Sie wurden wieder Objekte einer immer stärker und allseitiger aufgebauten bürokratischen Regelung sämtlicher Probleme ihres wirklichen Lebens. Damit sind praktisch alle Wege versperrt, die die Entwicklung des Sozialismus in die Richtung des ›Reichs der Freiheit‹ führen könnten.«[133]

Auch wenn es träumerisch klingt, die Ereignisse des Umbruchs von 1968 sind Ereignisse politisierter Studenten und Jungintellektueller, auch von Schülern und Arbeitern, die jenseits der ausgefahrenen Gleise der herrschenden Machtideologien, auch jenseits der kanonisierten Ideologien der Linken in all ihren etablierten Schattierungen in Ost oder West nach neuen Antworten suchten und sie in den Konzepten von geistigen Außenseitern und Dissidenten fanden. Dass die Denker, zumal die trotz ihres Außenseitertums etablierten, nicht immer begriffen, dass ihre kritischen Theorien auch kritische Handlungen, das Umschlagen der Kritik der Worte in die Kritik der Waffen – hier im euphemistischen Sinne des alltäglichen politischen Kampfes gemeint, aber von manchen in der *Roten Armee Fraktion* oder in den italienischen *Brigate Rosse* (Rote Brigaden) sehr handfest verstanden und in den Befreiungsbewegungen der Dritten Welt sowieso sehr waffenstark betrieben – gehört dazu. Daran ändert auch nichts die Tatsache, dass etwa Theodor W. Adorno als einer der Begründer der *Frankfurter Schule* seine politische Wirkung verkennt: »Ich habe neulich in einem Fernsehinterview gesagt, ich hätte zwar ein theoretisches Modell aufgestellt, hätte aber nicht ahnen können, dass Leute es mit Molotow-Cocktails verwirklichen wollen. Dieser Satz ist unzählige Male zitiert worden, aber er bedarf sehr der Interpretation.« Er stellte klar: »Ich habe in meinen Schriften niemals ein Modell für irgendwelche Handlungen und zu irgendwelchen Aktionen gegeben. Ich bin ein theoretischer Mensch, der das theoretische Denken als außerordentlich nah an seinen künstlerischen Intentionen empfindet. Ich habe mich nicht erst neuerdings von der Praxis abgewandt, mein Denken stand seit jeher in einem sehr indirekten Verhältnis zur Praxis. Es hat vielleicht praktische Wirkungen dadurch gehabt, dass manche Motive in das Bewusstsein übergegangen sind, aber ich habe niemals irgendetwas gesagt, was unmittelbar auf praktische Aktionen abgezielt hätte.«[134] Ein Lukács wie ein Marcuse hatten

---

132 Ebenda, S. 120.
133 Siehe u. a. ebenda, S. 105, 115 f., 116 f.
134 Theodor W. Adorno: »Keine Angst vor dem Elfenbeinturm«, in: ders.: Vermischte Schriften I/II. Gesammelte

ein anderes Verständnis von politischer Wirksamkeit ihrer Philosophie und Theorie. Denn Lukács wusste aus eigener Erfahrung, was er 1920 aufschrieb und was nicht wenige Studenten des Jahres 1968 auch lasen: »Viele Intellektuelle sind gute, sind mitunter die besten Vorkämpfer der Revolution. Wenn Zeitgenossen Lenins und Trotzkis, Bela Kuns und Rosa Luxemburgs dies leugnen würden, so wären sie mit Blindheit geschlagen. Aber Intellektuelle können nur als Individuen revolutionär werden; sie müssen aus ihrer Klasse austreten, um an dem Klassenkampf des Proletariats teilnehmen zu können. Dann können sie wirkliche Vorkämpfer werden; können – da sie mit offenem Bewusstsein tun, was die große Masse der Proletarier nur instinktiv tut – die besten und aufopferungsvollsten Führer werden.«[135]

Überhaupt: Wirkung erzielen jene Positionen von Frantz Fanon, Che Guevara und Mao Tse-tung, später auch Régis Debray, die die Unzufriedenheit mit Unterdrückung, Ausbeutung, nationaler Unterwerfung in einem revolutionären kämpferischen Sinne beantworteten. Konsequenterweise waren dies Fragen und Antworten, die letztlich für die Peripherie, für jene fernab der westlichen Metropolen liegenden Regionen gelten konnten, die anregten, die Unterstützung für den Befreiungskampf motivierten und gleichzeitig das eigene, das verantwortliche System anklagten. Es waren Ansätze, die mit der sozialdemokratischen Stillhalte- und Rechtfertigungspolitik nichts mehr zu tun hatte, die Ausgang der 1950er-Jahre sowieso ihren kapitalismuskritischen Stachel deutlich abgestumpft hatte. Obendrein waren es Angebote, die nicht in der stereotypen, kanonisierten Marxismus-Leninismus-Diktion der realsozialistischen Orthodoxie daherkamen, die ebenfalls durch die Anerkennung der Ordnung von Jalta, im Abschwören von der proletarischen *Weltrevolution* und in der Verweigerung einer revolutionären sozialistischen Demokratie im Innern ihre Anziehungskraft verloren hatte.

Interessant konnten nur jene Konzepte sein, die die bestehende kapitalistische Gesellschaft von innen heraus kritisch hinterfragten, die die Mechanismen der Machtzementierung und des Antisozialismus offenbarten und die nicht zuletzt auch die inneren Quellen des Faschismus als Kapitalismus entlarvten. Lukács hatte in den 1960er-Jahren die Zeichen der Zeit richtig, wenn auch nicht so tiefgehend wie etwa das Prager Richta-Team,[136] gedeutet. Für ihn war es »kein Zufall, dass das zugleich ökonomisch-soziale und individuell-menschliche Verhältnis der Entfremdung, deren Theorie Marx als Erster vor fast anderthalb Jahrhunderten formuliert hat, die im 19. Jahrhundert so gut wie vollständig hinter den Fragen der materiellen Ausbeutung zu verschwinden schien, in unseren Tagen zu einem uni-

---

Schriften, Hrsg. von Rolf Tiedemann unter Mitwirkung von Gretel Adorno, Susan Buck-Morss und Klaus Schultz, Band 20.1, Frankfurt am Main 2003, S. 402 f.

135 Georg Lukács: Zur Organisationsfrage der Intellektuellen, in: ders.: Taktik und Ethik. Politische Aufsätze I – 1918-1920. Hrsg. von Jörg Kammler und Frank Benseler, Darmstadt – Neuwied 1975, S. 171.

136 Siehe Richta-Report; zum konzeptionellen Ansatz vgl. Stefan Bollinger: Der »Richta-Report« – Vergessene marxistische Alternative in Zeiten der Produktivkraftrevolution, in: Sitzungsberichte der Leibniz-Sozietät, Bd. 76 (2005), Berlin 2005, S. 75 ff.

versellen, gesellschaftlich-menschlichen Problem geworden ist. Auf diese ihre Universalität, dass sie nämlich sowohl Ausbeuter wie Ausgebeutete des Kapitalismus erfasst, hat Marx ebenfalls bereits damals hingewiesen. Jedoch erst heute wird diese gesellschaftliche Folge des Kapitalismus als allgemeinste Menschheitsfrage erlebt. Das zeigt, dass die von Marx seinerzeit aufgedeckten Bestimmungen des menschlichen Daseins im Kapitalismus zwar in anderen Erscheinungsformen, aber ihrem Wesen nach extensiv wie intensiv das gesamte Menschenleben noch stärker beherrschen. Der Kapitalismus von heute ist mithin keine Überwindung, sondern eine Steigerung, eine Verbreiterung und Vertiefung der Problematik seines bisherigen Wesens.«[137] Dass dies etwas mit den Möglichkeiten der neuen Produktivkräfte zu tun hat, dass die Entfremdungsproblematik auch einer der Gründe für die notwendige Demokratisierung im Osten sein könnte, spielt bei ihm allerdings keine Rolle. Allerdings war er sich nicht nur für den Osten bewusst, dass »jüngeren Spezialisten in Massenmaßstab«,[138] eine neue Intelligenz genau solch radikale Anforderungen an einen gesellschaftlichen Wandel stellen wird. Zwar glaubte er eine gewisse Renaissance im marxistischen Denken besonders westeuropäischer kommunistischer Parteien auszumachen, aber ihn sorgten sowohl fatale Möglichkeiten einer statisch werdenden Kontinuität als auch deren Gegenteil. Er beschwor die »aus derselben historischen Lage unmittelbar erwachsenden Illusionen eines spektakulären, oft bloß happeningartigen, sofortigen radikal-revolutio-nären ›Umsturzes‹, wonach heute ein beträchtlicher Teil der Jugend und der linken Intelligenz eine heftige Sehnsucht empfindet. Objektiv handelt es sich jedoch – in den sozial verschiedenen Teilen der Welt natürlich in verschiedener Weise – um einen langwierigen, freilich innerlich wie äußerlich kampfvollen Prozess der Selbstverständigung über konkrete Perspektiven und Ziele, über konkrete Mittel ihrer echten Verwirklichung.«[139]

Dies alles kann heute distanzierend – unter dem Eindruck des aufgelösten Realsozialismus – betrachtet werden. Doch mit etwas mehr historischer Gerechtigkeit kann auch der Lukácssche Linksradikalismus der 1920er-Jahre und sein unerschütterlicher Glaube, ja die Gewissheit einer sozialistische Zukunft in den 1960/70er-Jahren anerkannt werden. Es sollte vielleicht die Frage gestellt werden, ob der Verlust an »utopischem Überschuss«[140] nicht generell die erklärbare, aber selbstzerstörerische Folge einer Entwicklung ist, die sich von einem radikalen Infragestellen des Bestehenden verabschiedet – durchaus radikal im Sinne von Marx.

---

137 Georg Lukács: Sozialismus und Demokratisierung, S. 28 f.
138 Ebenda, S. 182.
139 Ebenda, S. 121.
140 Frank Deppe: Ende oder Zukunft der Arbeiterbewegung? Köln 1984, S. 256.

Ein Soziologe fast auf der Barrikade

Ein anderer antifaschistischer Exilant, Herbert Marcuse, beeinflusste nicht nur mit seinen Büchern und Aufsätzen die rebellierenden Studenten in Westeuropa und besonders in der Bundesrepublik. Er war selbst immer wieder in der BRD präsent, sprach vor Studenten und unterstützte sie im Unterschied zu den legendären Mitbegründern der *Frankfurter Schule*,[141] Theodor W. Adorno und Max Horkheimer, die diese Radikalität wenig verstanden, die sich aus ihrer *Kritischen Theorie* ergab. Marcuse, einst in der Weimarer Republik ein Gestalter der *Frankfurter Schule*, der vor den Faschisten in den USA flüchtete, gegen die Nazis kämpfte und sich als Soziologe einen Namen machte, war ernüchtert ob der in der Gegenwart wohl nicht mehr tragfähigen progressiven Nutzung des Gegensatzes von Bourgeoisie und Proletariat. Im Kapitalismus seien sie immer noch die grundlegenden Klassen. Aber dessen Entwicklung habe »jedoch die Struktur und Funktion dieser beiden Klassen derart verändert, dass sie nicht mehr die Träger historischer Umgestaltung zu sein scheinen. Ein sich über alles hinwegsetzendes Interesse an der Erhaltung und Verbesserung des institutionellen Status quo vereinigt die früheren Antagonisten in den fortgeschrittensten Bereichen der gegenwärtigen Gesellschaft.« Statt um revolutionäre Explosion gehe es nun nur noch um Evolution. Für ihn hatte das zuallererst Konsequenzen in der Theorie.[142] »Da es an nachweisbaren Trägern und Triebkräften gesellschaftlichen Wandels fehlt, wird die Kritik auf ein hohes Abstraktionsniveau zurückgeworfen. Es gibt keinen Boden, auf dem Theorie und Praxis, Denken und Handeln zusammenkommen. Selbst die empirischste Analyse geschichtlicher Alternativen erscheint als unrealistische Spekulation, das Eintreten für sie als eine Sache persönlichen (oder gruppenspezifischen) Beliebens.«[143] Diese hohe Abstraktionsebene wurde zum Markenzeichen gerade der *Kritischen Theorie,* die für viele die unverständliche Sprache der Tuis ist und deren Massenwirksamkeit und Ausstrahlung auch bei den revolutionärsten Vertretern ein Problem bleibt. Zugleich begünstigt sie jene Vereinnahmungsfähigkeit durch die herrschende Ideologie und jene fast zwangsläufige Zersplitterung auch emanzipatorischer Ansätze, die diesen modernen Ansätzen die Nähe zur bürgerlichen Denkweise nicht absprechen mag.

Unser Gewährsmann Lukács hatte mit diesen »Modernen« wenig am Hut, sah sie als Vertreter einer abzulehnenden bürgerlichen Ideologie. Aber immerhin hielt er »es gar nicht (für) ausgeschlossen, dass ein heutiger Leser von Beckett morgen zu einem Kämpfer gegen die Manipulation wird. Das bedeutet aber nicht, dass wir Beckett[144] als Verbündeten zu betrachten haben. Im Gegenteil – dabei meine ich

---

141 Einen umfassenden, wenn auch tendenziösen Blick bietet Wolfgang Kraushaar (Hrsg.): Frankfurter Schule und Studentenbewegung. Von der Flaschenpost zum Molotowcocktail 1946-1995, Bd. 1: Chronik, Bd. 2: Dokumente, Bd. 3: Aufsätze und Kommentare. Register, Hamburg 1998.
142 Herbert Marcuse: Der eindimensionale Mensch, S. 15.
143 Ebenda, S. 15.
144 Nicht nur für Lukács war der Schriftsteller Samuel Beckett mit seinem »Warten auf Godot« als einer der Haupt-

jetzt gar nicht Becketts Person und Kunst –, die Verwandlung der sozialen Form der Manipulation in eine *condition humaine* ist unwahr und eine Form der die schlechte Realität unterstützenden Ideologie. In den früheren Phasen des Kapitalismus gab es ja auch immer wieder den Versuch seiner Ideologen, die Dinge, die objektiv-ökonomisch zum Klassenkampf gedrängt haben, als allgemein menschliche hinzustellen.«[145] Im gleichen Geiste kritisierte er die *Kritische Theorie* und nahm sie doch hin als ein mögliches Durchgangsstadium zu tieferen, allenfalls wirklich marxistischen Einsichten. Aber es bleibt dabei: Die Revolte der westdeutschen intellektuellen Jugend gegen den »Muff von 1 000 Jahren unter den Talaren«, gegen Vietnam-Krieg und Notstandsgesetze hatte ihre geistigen Vorläufer in Theodor W. Adorno, Max Horkheimer, Herbert Marcuse.

Jedoch, und hier greift die Kritik, eine neue Politik zu machen erwies sich augenscheinlich als schwierig und mag Gründe in der eigentümlichen theorie- wie aktionsorientierten Aktivität der antiautoritären Bewegung jener Zeit haben. Kraushaar unterscheidet drei Generationen im spannungsgeladenen Verhältnis von *Kritischer Theorie* und Politik, denen jeweils spezifische Kritikmodelle entsprachen: die Lehrer (Horkheimer, Adorno, Alexander Mitscherlich), die älteren Schüler (Ludwig von Friedeburg, Jürgen Habermas, Oskar Negt, Alfred Schmidt) und die jüngeren Schüler (Rudi Dutschke, Hans-Jürgen Krahl). Zunächst theorieimmanente Haltung, dann wissenschaftlich begründete politische Haltung und nötigenfalls »Aufklärung durch Aktion« bestimmten die jeweiligen Kritikmodelle der einzelnen Generationen.[146]

Die 68er-Studenten entstammten mehrheitlich besseren Elternhäusern, wurden mit ersten Erscheinungen einer Vermassung intellektueller Berufe konfrontiert, suchten sich zugleich von ihrer Elterngeneration und einer als ebenso muffig wie autoritär empfundenen bundesdeutschen Gesellschaft mit deren unbewältigter NS-Vergangenheit zu emanzipieren. Vietnam-Krieg und Notstandsgesetze waren die Katalysatoren ihres Aufbegehrens. Deutlich wird aber auch der Druck des eigentlichen Lebens- und Studienfeldes der Studenten – mangelnde Qualität und Reformstau an verstaubt-hierarchischen Ordinarienuniversitäten, die auch vor sozialwissenschaftlichen Fakultäten und den Vorlesungen selbst der Köpfe der *Kritischen Theorie* nicht haltmachten. Insofern ist die von Adorno angeordnete gewaltsame Beendigung einer Institutsbesetzung für viele der damaligen Protagonisten zumindest ein ebenso tiefer Einschnitt wie der Tod Benno Ohnesorgs oder das Attentat auf Dutschke. Aus dem Blick sind nicht die Ereignisse in Osteuropa, namentlich in der ČSSR, obwohl deren Ende eine entscheidende Rückwirkung auch auf das Schicksal der westeuropäischen Studentenbewegung hatte. Natürlich stand die Studentenbewegung und noch mehr die *Kritische Theorie* unter der auch

---

vertreter des absurden Theaters und des Existentialismus Synonym für die kapitalismuskritischen, aber nicht politisch links aktiven Intellektuellen. Ähnlich wie Kafka ließen sie den Leser oder Zuschauer mit einer verzweifelten, aber in die Leere gehenden Kritik der Verhältnisse zurück.
145 Gespräche mit Georg Lukács: Hans Heinz Holz – Leo Kofler – Wolfgang Abendroth (1966), S. 296.
146 Siehe Wolfgang Kraushaar: Editorial, in: ders. (Hrsg.): Frankfurter Schule und Studentenbewegung, Bd. 3, S. 12 f.

in den Protestdemos gegen die Warschauer-Pakt-Invasion in Prag getragenen Losung: »Stalinismus + Imperialismus = Feinde des Sozialismus«.[147] Diese Losung entsprach dem ursprünglichen Ansatz – auch angesichts der verklärend-romantisierenden Sympathie für die chinesische Kulturrevolution, für den Befreiungskampf Vietnams und Kubas, für die Revolutionsexportversuche Che Guevaras. Diese doppelte Frontstellung macht nicht zuletzt die Aktualität des intellektuellen Aufbegehrens von Adorno bis Dutschke gegen die westlich-kapitalistischen Gesellschaften wie gegen die stalinistisch-realsozialistische Pervertierung der emanzipatorischen Idee aus. Entsprechend kühn waren 1968 die Ideen, wenn etwa von einer Räterepublik Westberlin fabuliert wurde. Bernd Rabehl hofft, dass dieses »Modell … eine Provokation für die Bundesrepublik und auch für die DDR (wäre). Westberlin ist letzten Endes abhängig von der Entwicklung in der DDR, und wenn es zum subversiven Zentrum werden soll, zum internationalen subversiven Zentrum, sozusagen zur Metropole für statt gegen die Dritte Welt, dann hängt das davon ab, wie die DDR sich entscheidet im revolutionären Kampf und wie dieser revolutionäre Kampf in Asien, Lateinamerika und Afrika zurückwirkt auf die DDR.« Gleichzeitig vertiefte Rudi Dutschke: »Hier gibt es aber eine Wechselwirkung. Wenn sich Westberlin zu einem neuen Gemeinwesen entwickeln sollte, würde das die DDR vor eine Entscheidung stellen: entweder Verhärtung oder wirkliche Befreiung der sozialistischen Tendenzen in der DDR.«[148]

Zentral für die Studentenbewegung und die ihr vorhergehenden wie sie begleitenden theoretischen Anstrengungen war das Demokratieproblem. Weder Diktatur noch autoritäre politische Strukturen sollten es sein – sondern deren Aufhebung in Antiautoritarismus und eher basisdemokratischer Willensbildung. Die Studentenbewegung agitierte und agierte in Zeiten von KPD-Verbot, Erhards *Formierter Gesellschaft* und *Konzertierter Aktion* und erst recht Großer Koalition gegen das »Schreckgespenst einer Gesellschaft ohne Opposition«.[149] Sehr erinnert heute die einheitsdeutsche Realität mit ihrer faktischen Großen Koalition der größten Regierungs- und Oppositionsparteien an diese Starrheit. Damals wollten die Studenten aus diesem »integralen Etatismus« auszubrechen.[150] Als zentrales Dokument der Studentenbewegung interpretiert Kraushaar das *Organisations-Referat* auf der SDS-Delegiertenkonferenz im September 1967 von Dutschke und Krahl. Beide suchten bei allem verbalen Ablehnen des Realsozialismus Antworten auf den »integralen Etatismus«. »In dem Maße, in dem durch eine Symbiose staatlicher und industrieller Bürokratien der Staat zum gesellschaftlichen Gesamtkapitalisten wird, schließt sich die Gesellschaft zur staatlichen Gesamtkaserne zusammen, expandiert die betriebliche Arbeitsteilung tendenziell zu einer gesamtgesellschaftlichen.

---

147 Entnommen aus: ebenda, Bd. 1, S. 353 (Abb.).
148 Rudi Dutschke, Bernd Rabehl, Christian Semler: Ein Gespräch über die Zukunft, in: Kursbuch, H. 14 (1968), S. 174.
149 Wolfgang Kraushaar: Autoritärer Staat und antiautoritäre Bewegung, in: ders. (Hrsg.): Frankfurter Schule und Studentenbewegung, Bd. 3, S. 17.
150 Ebenda, S. 19.

Der Integrale Etatismus ist die Vollendung des Monopolkapitalismus. Außerökonomische Zwangsgewalt gewinnt im Integralen Etatismus unmittelbar ökonomische Potenz.«[151]

Sie bringen sie auf den Punkt in wahrhaft »leninistischer« Art: Die revolutionäre Bewusstseinsbildung durch eine im Sinne der *Großen Weigerung* von Marcuse sich entwickelnde Stadtguerilla, die ihre soziale Basis an den Universitäten hat und den »Kampf um den Mensagroschen und um die Macht im Staate organisiert«.[152] So soll sie als Vorhut wirken, die die Massen revolutioniert. Unabhängig davon, ob bereits hier das spätere RAF-Konzept angelegt ist oder eher metaphorische Begriffe verwandt wurden – die Antiautoritären waren sich der Tragweite ihrer neuen Lebens- und Kampfweise in bestimmter Hinsicht bewusst. Insofern war, dies machen die heutigen Kommentare deutlich, die ganze Angelegenheit zutiefst widersprüchlich. Alex Demirovic verweist auf die Orientierung an einer »negativen Dialektik«. Die Studentenbewegung stand für eine antiautoritäre Politik.»›Antiautoritär‹ hatte dabei nicht allein eine sozialpsychologische Bedeutung, wonach die StudentInnen jede Form von psychologischer Unterwerfung unter Autorität, sei es des Staates, der Professoren oder der öffentlichen Meinung, bekämpften. Es war damit vor allem eine gesellschaftstheoretische Einschätzung der historischen Bedingung sozialistischer Praxis gemeint, die sich gegen jedes Bedürfnis nach Ontologie, nach Halt an einer historischen Gesetzmäßigkeit oder einem vordefinierten kollektiven Willen, richtete. Das Pathos war also, einen Begriff von Emanzipation zu entwickeln, der sich in keiner Hinsicht mehr auf vorgegebene Maßstäbe des Handelns berufen konnte.«[153] Also, durchaus kein Orientieren am Bestehenden und seine Autorität, sondern Bereitschaft, gegen das Bestehende als kapitalistisches System wie als etablierte marxistische Theorie zu agieren. Der Marsch durch die Institutionen (ohne sich ihnen unterzuordnen, eben als Guerilla) als ewiger Weg, allerdings ohne Kompass (vielleicht doch nur als Spaß und »Selbstverwirklichung«), wie dies heute die alt gewordenen 68er als Teil der politischen Klasse beweisen?

Dabei ist wohl für manchen jene vatermörderische Kritik des Kommunarden Fritz Teufel an den *Kritischen-Theorie*-Vorläufern nicht unwesentlich: »Was soll uns der alte Adorno und seine Theorie, die uns anwidert, weil sie nicht sagt, wie wir diese Scheiß-Uni am besten anzünden und einige Amerikahäuser dazu – für jeden Terrorangriff auf Vietnam eines.«[154] Schimmert hier nicht schon jener theorie- und prinzipienlose Pragmatismus hindurch, der uns heute so unangenehm berührt?

---

151 Rudi Dutschke, Hans-Jürgen Krahl: Organisationsreferat auf der XXII. Delegiertenkonferenz des Sozialistischen Deutschen Studentenbunds. 5. September 1967, in: Wolfgang Kraushaar: Autoritärer Staat und antiautoritäre Bewegung, S. 288.
152 Ebenda, S. 290.
153 Alex Demirovic: Bodenlose Politik – Dialoge über Theorie und Praxis, in: Wolfgang Kraushaar (Hrsg.): Frankfurter Schule und Studentenbewegung, Bd. 3, S. 73.
154 Zitiert in: ebenda, S. 84.

Zwei Antworten über die Fernwirkungen der 68er-Bewegung sind bemerkenswert. Adorno schrieb 1969 Marcuse, nebenher über eine Tränengas-Attacke bei einer Klausur klagend:»Die Meriten der Studentenbewegung bin ich der Letzte zu unterschätzen: sie hat den glatten Übergang zur total verwalteten Welt unterbrochen. Aber es ist ihr ein Quäntchen Wahn beigemischt, dem das Totalitäre teleologisch innewohnt ...«[155] Frank Böckelmann konstatiert heute, dass »die Studentenbewegung ... dort gesiegt (habe), wo sie es eigentlich nicht vorhatte«. Nicht die politische Revolution, sondern bestenfalls eine Kulturrevolution (die aber auch andere Ursache gehabt hätte) sei erreicht worden.[156]

Während der deutsch-ungarische Philosoph in Budapest mit radikaler Altersweisheit die Ereignisse in der Welt kritisch begleitete, war der deutsch-US-amerikanische Herbert Marcuse derjenige, der in westdeutschen Hörsälen, die er als seine Barrikaden ansah, die revoltierenden Studenten unmittelbar geistig aufmunitionierte. Manche wie Dutschke dachten die beiden engagierten Denker zusammen. Dutschke wollte eine politische Organisation, eine Partei:»In den Diskussionen im Studentenbund herrschte weitgehende Übereinstimmung darüber, dass irgendwann eine Räterepublik das parlamentarische System ablösen sollte. Rudi agierte jedoch in der Gegenwart. Von dieser Perspektive aus sah er keinen Gegensatz zwischen Partei und Räten. Er wollte«, so erinnert sich Gretchen Dutschke,»eine neue Form der Organisation, die die Vorteile von beiden miteinander verband. Rudi stützte sich bei seinen Überlegungen zur Parteifrage auf Lukács' These, dass die linke Intelligenz in einer herrschenden Kultur immer eine Minderheit sei. Deswegen müsse sie sich mittels einer Organisation mit der unterdrückten Klasse oder, nach Marcuse, mit dem Lager der ausgegrenzten Minderheiten zusammenschließen, um die Idee einer alternativen Gesellschaft zu verwirklichen. Rudi faszinierte der Gedanke, dass eine Idee organisiert sein müsse. Eine Idee, die nicht organisiert sei, werde zu einem Vorurteil, zu einem individuellen Konzept vielleicht, das keine Wirkung habe. Und eine Idee, die nicht zur Aktion führe, sei falsch.«[157] In Frankreich wirkt Marcuse gleichzeitig auf sehr subtile Weise allein durch seinen Anspruch auf eine radikale Revolte der sich ausgegrenzt verstehenden. Ein Student in Nanterre gestand im Frühjahr 1968, dass die Sprecher der Studentenbewegung »von Marx und von einem gewissen Marcuse (reden), den ich nicht kenne. Als ich diesen Namen zum ersten Mal hörte, habe ich ihn mir buchstabieren lassen müssen ... Durch den Prüfungsboykott hatte die Bewegung ihre Wirksamkeit bewiesen. Aber die Zwischenprüfungen boykottieren, das kann jeder. Ich schwankte zwischen einer gewissen Furcht – von der Kritik der Prüfungen sollte zu einer Kritik der Gesellschaft übergegangen werden – und der Versuchung, mich der Bewegung anzuschließen, um einen guten persönlichen Grund zur Sabotage der Prüfungen zu haben. Eines Tages hat es mich plötzlich zum Red-

---

155 Theodor W. Adorno: Eilbrief an Herbert Marcuse, 6. August 1969, in: ebenda, Bd. 2, S. 671.
156 Frank Böckelmann: Bewegung, in: ebenda, Bd. 3, S. 216.
157 Gretchen Dutschke: Wir hatten ein barbarisches, schönes Leben, S. 113.

nerpult getrieben, und ich habe gerufen: ›Ich bin ein Idiot gewesen, ich habe geglaubt, die einzige Form der Revolte sei für mich die individuelle Revolte. Ihr dagegen bietet mir die Massenrevolte, das Ende der Isolierung in Nanterre, eine Bewegung, die mich zu nichts zwingt. Es gab bei uns keine Mitgliedskarten, kein Fußvolk, keine Hierarchien.‹«[158]

Das politisch eingreifende Philosophieren Marcuses ist insofern bedeutsam, als er sowohl eine kritische Einschätzung der bestehenden kapitalistischen Gesellschaft gab als auch die realsozialistische Alternative weitgehend verwarf, obschon er bereit war, mit dem offiziösen Marxismus-Leninismus theoriegerecht umzugehen.[159] Gleichzeitig bot er ein zivilisationskritisches Konzept an, das für jene erst nach den Hochzeiten der Studentenbewegung mehr und mehr relevant werdenden Fragestellungen und Bewegungen offen war, um unter dem Eindruck einer Umweltkrise und einer Ressourcenverknappung und einer dämonisch wirkenden, inhumanen Technikherrschaft vorzugehen.

Marcuse entwickelte besonders in seinen *Eindimensionalen Menschen* eine Sichtweise auf den modernen Kapitalismus und die moderne Industriegesellschaft, die zu Widerstand und systemsprengender Überwindung aufruft. Für ihn »ist diese Gesellschaft als Ganzes irrational. Ihre Produktivität zerstört die freie Entwicklung der menschlichen Bedürfnisse und Anlagen, ihr Friede wird durch die beständige Kriegsdrohung aufrechterhalten, ihr Wachstum hängt ab von der Unterdrückung der realen Möglichkeiten, den Kampf ums Dasein zu befrieden – individuell, national und international. Diese Unterdrückung, höchst verschieden von derjenigen, die für die vorangehenden, weniger entwickelten Stufen unserer Gesellschaft charakteristisch war, macht sich heute nicht aus einer Position natürlicher und technischer Unreife heraus geltend, sondern aus einer Position der Stärke. Die (geistigen und materiellen) Fähigkeiten der gegenwärtigen Gesellschaft sind unermesslich größer als je zuvor – was bedeutet, dass die Reichweite der gesellschaftlichen Herrschaft über das Individuum unermesslich größer ist als je zuvor. Unsere Gesellschaft ist dadurch ausgezeichnet, dass sie die zentrifugalen Kräfte mehr auf technischem Wege besiegt als mit Terror: auf der doppelten Basis einer überwältigenden Leistungsfähigkeit und eines sich erhöhenden Lebensstandards.«[160] Deshalb müsse das Marxsche Konzept der Entfremdung weitergetrieben werden, weil die Entfremdung eine qualitativ neue Stufe erreicht hat, die das Ausbrechen aus ihr und damit die Überwindung der gesellschaftlichen Verhältnissee, die sie hervorbringen unvergleichlich schwerer macht. Denn nun identifizieren »sich die Individuen mit dem Dasein ..., das ihnen auferlegt wird, und (haben) an ihm ihre eigene Entwicklung und Befriedigung«,[161] sie können nur noch eindimensional, im Rahmen dieses bestehenden und sie vereinnahmenden Systems denken. Die mo-

---

158 So berichtet in: Gabriel und Daniel Cohn-Bendit: Linksradikalismus – Gewaltkur gegen die Alterskrankheit des Kommunismus, S. 61.
159 So in: Herbert Marcuse: Die Gesellschaftslehre des sowjetischen Marxismus, Darmstadt – Neuwied 1974.
160 Ders.: Der eindimensionale Mensch, S. 11 f.
161 Ebenda, S. 31.

dernen Technologien und die Möglichkeiten des Wohlfahrtsstaates zementieren diese Verhältnisse. »Das eindimensionale Denken wird von den Technikern der Politik und ihren Lieferanten von Masseninformation systematisch gefördert.«[162] Marcuse hatte keinen Zweifel, dass die kommunistischen totalitären Diktaturen so funktionieren, dass sie immer wieder Denkschranken aufstellen und die Freiheitsmöglichkeiten der Menschen unterbinden, beschneiden. Ihn aber bewegt weit mehr der Totalitarismus der westlichen Gesellschaften, die nur vermeintlich diese Freiheiten einräumen. »Denn ›totalitär‹ ist nicht nur eine terroristische politische Gleichschaltung der Gesellschaft, sondern auch eine nichtterroristische ökonomisch-technische Gleichschaltung, die sich in der Manipulation von Bedürfnissen durch althergebrachte Interessen geltend macht. Sie beugt so dem Aufkommen einer wirksamen Opposition gegen das Ganze vor. Nicht nur eine besondere Regierungsform oder Parteiherrschaft bewirkt Totalitarismus, sondern auch ein besonderes Produktions- und Verteilungssystem, das sich mit einem ›Pluralismus‹ von Parteien, Zeitungen, ›ausgleichenden Mächten‹ etc. durchaus verträgt.«[163] Unter dem Denkmantel der Freiheiten lässt aber der Kapitalismus letztlich die Gesellschaftsmitglieder in einem Gestrüpp von Manipulation und Konsumzwängen verfangen. Mittels »falscher Bedürfnisse« und einer »repressiven Toleranz«[164] werden diese Freiheiten ihnen nur vorgespiegelt. In der Tat bleibt aber nur Platz für die übermächtigen und segenslosen »unternehmerischen Freiheiten«. »Als die Freiheit zu arbeiten oder zu verhungern, bedeutete sie für die überwiegende Mehrheit der Bevölkerung Plackerei, Unsicherheit und Angst. Wäre das Individuum nicht mehr gezwungen, sich auf dem Markt als freies ökonomisches Subjekt zu bewähren, so wäre das Verschwinden dieser Art von Freiheit eine der größten Errungenschaften der Zivilisation.«[165] Immer wieder bekräftigte er aufs Neue, dass die heutigen technischen Möglichkeiten längst ein »Reich der Freiheit« ermöglichen würden, in dem die Menschen befreit von physischer Not und von entfremdeten Verhältnissen ihr Leben selbst gestalten könnten.

Marcuses Problem und das der Studenten, die ihn begierig lasen und ihm gebannt zuhörten, ist nun, wie eine solche erdrückende Analyse der Gesellschaft in eine alternative politische Strategie umgesetzt werden könnte. Seine Diagnose der Fähigkeiten zur Überwindung dieser Gesellschaft seitens der alten Bewegungen der Arbeiterklasse ist vernichtend. Angesichts dieser Korrumpierungs- und Manipulierungsmechanismen verwarf er Hoffnungen auf ein »revolutionäres Subjekt« Proletariat. Die Klassenkämpfe sind abgeschwächt und die innere Einheit in den einzelnen Ländern, nicht zuletzt unter der bedrohlich ausgemalten Gefahr eines Nuklearkrieges der Systeme, wird zum bestimmenden Moment. Gerade die Nu-

---

162 Ebenda, S. 34.
163 Ebenda, S. 23.
164 Siehe ausführlich: Herbert Marcuse: Repressive Toleranz, in: ders.: Aufsätze und Vorlesungen 1948-1969. Versuch über die Befreiung, Frankfurt am Main 1984, S. 136 ff.
165 Ders.: Der eindimensionale Mensch, S. 22.

klearkriegsgefahr wird zum Mittel, die bestehende Ordnung zu zementieren.[166] Das ist übrigens eine Einschätzung, die auch auf der anderen Seite des Eisernen Vorhangs die kritischen polnischen Studenten und Kommunisten Kuroń und Modzelewski trafen, wofür sie aus der Partei flogen und eingesperrt wurden.[167]

Im Westen sah Marcuse die Sozialdemokratie im Wettstreit um »Respektabilität« in der bestehenden Gesellschaft, wo sie nach der Absage an ihre marxistischen, also klassenkämpferische Vergangenheit nur noch »bescheidene« Reformprogramme verfolgt. Das Urteil über die Kommunisten fällt nicht besser aus. Während er im Osten eine Verlagerung von der politischen, repressiven Machtumsetzung hin zu einer technokratischen ausmachte, sah er die westlichen kommunistischen Parteien »einem Minimalprogramm anhängen, das die revolutionäre Machtergreifung ad acta legt und den Regeln des parlamentarischen Spiels genügt«.[168] Sie haben auf die revolutionäre Systemüberwindung verzichtet. Dabei anerkannte er, dass diese Wandlung bei den Kommunisten (und den Sozialdemokraten) nicht allein und in erster Linie einem taktischen Kalkül oder Opportunismus folge, sondern Ausdruck für den Wandel in ihrer Klassenbasis ist, für die sinkende Bereitschaft, den erreichten Wohlstand preiszugeben infolge der ihnen suggerierten sich erfolgreich entwickelnden Gesellschaft und der positiven Veränderungen ihrer Lebenslage.[169] Angesichts des Fortbestands dieser Entwicklung – nun meist ohne nennenswerte kommunistische Kräfte – mag zu ergänzen sein, auch angesichts der Akzeptanz der nunmehr erfolgreichen Globalisierungs- und Standort-Argumente, unter deren Eindruck auch die eigentlich Ausgebeuteten sich mit ihrer Lage abfinden und sich im Zweifelsfalle mit ihren Kapitalisten »solidarisch« verhalten.

Angesichts dieser Konstellationen gab es für Marcuse nur die Chance, einen Ausbruch aus dieser kapitalistischen Gesellschaft durch die »Geächteten und Außenseiter« zu erreichen, »die Ausgebeuteten und Verfolgten anderer Rassen und anderer Farben, die Arbeitslosen und die Arbeitsunfähigen«. Sie sind der Auswurf der Gesellschaft und sie stehen außerhalb der Gesellschaft. Wenn sie sich »weigern, das Spiel mitzuspielen«, kann dies »den Beginn des Endes einer Periode markier(en).«[170] Diese »Geächteten und Außenseiter« kämpften in den 1960er-Jahren weltweit, seien es die Campesinos in Lateinamerika, die Schwarzen in den Ghettos der US-amerikanischen Städte, die vietnamesischen Guerilleros. Außerdem vergaßen auch die Studenten für einen Augenblick, dass sie meist aus »besserem Hause« kamen, sich nun aber mit ihren Vätern überworfen einer randständigen Zukunft als neuem intellektuellem Proletariat ausgesetzt sahen.

---

166 Siehe u. a. ebenda, S. 11.
167 Siehe Jacek Kuroń, Karol Modzelewski: Monopolsozialismus. Offener Brief an die Mitglieder der Grundorganisation der Polnischen Vereinigten Arbeiterpartei und an die Mitglieder der Hochschulorganisation des Verbandes Sozialistischer Jugend an der Universität. Übertragen aus dem Polnischen, herausgegeben und mit einem Nachwort versehen von Helmut Wagner, Hamburg 1969, u. a. S. 95 ff.
168 Herbert Marcuse: Der eindimensionale Mensch, S. 40.
169 Siehe ebenda, S. 41.
170 Ebenda, S. 267.

Sozialismusreformen zwischen Effizienz, Demokratisierung und Repression

Der verkürzte Westblick auf den Osten

Das Jahr 1968 war ein komplexeres Schaltjahr, als allein der Blick auf den Westen vermuten lässt. Protest und Revolte in West wie Ost sind zu ergänzen um die Reformansätze von oben in Osteuropa. Auch dort galt: Neue Produktivkräfte und ihre sozialen Träger, die Intelligenz und vor allem die Studenten, suchten Berufs-, Bildungs-, und Gestaltungschancen. Im Osten glaubten die Parteiführer – und verkündeten es durch ihre Propaganda –, der Geschichte ein Stück voraus zu sein. Aber das in Krieg und durchgepeitschter nachholender Modernisierung bewährte stalinsche Kommandowirtschaftssystem stieß an Grenzen, führte zu Beginn der 1960er-Jahre in Wirtschaftskrisen. Auswege waren notwendig. Es ist naheliegend, 1968 in erster Linie aus Westsicht[171] zu betrachten, weil hier die spektakulären, immer noch interessanten und eine Generation prägenden Entwicklungen stattfanden. Vor allem sind die tatsächlichen oder vermeintlichen Akteure der Studentenbewegung durchaus noch in der Nähe der Macht, der Mikrofone und Fernsehkameras zu finden. Sie schreiben noch an ihrem Mythos '68, auch wenn der umstritten ist. Die damaligen Reformer im Osten sind – nicht erst und nur im vereinigten Deutschland – von diesen Schalthebeln verdrängt worden oder sie haben sich als clevere Manager rechtzeitig auf die Seite der kapitalistischen Sieger der Geschichte geschlagen.

Nichtsdestoweniger führt eine westdominierte Sicht in die Irre. Denn die Produktivkraftrevolution und deren Folgen machten vor Grenzen nicht halt, auch denen der Blöcke nicht! Keineswegs nur für Prag formulierte das Richta-Team eine Erkenntnis, die auch einen Ulbricht erreichte: »Nutzung und Auswertung der Wissenschaft und Technik aufgrund einer die gesamte Gesellschaft umfassenden Einheit, Entfaltung eines wirksamen Interesses aller am Produktivitätswachstum der gesellschaftlichen Arbeit, zielbewusster Einsatz moderner Technik, Schaffung von Bedingungen dafür, dass alle menschlichen Fähigkeiten entstehen und zur Geltung kommen können – das sind die eigentlichen Reserven und einzigen Garantien eines Sieges neuer gesellschaftlicher Prinzipien unter den heutigen Zivilisationsbedingungen. Mit ihnen steht und fällt der Sozialismus und Kommunismus: alle müssen wissen, dass die neue Gesellschaft ohne die wissenschaftlich-technische Revolution unausweichlich untergehen müsste – ohne Rücksicht auf schöne Wünsche, festen Willen und die besten Absichten.«[172]

---

171 Was zeitgenössisch doch komplexer war, wenn an das aufmerksame Verfolgen der Reformansätze im Osten gedacht wird, was nicht nur die Vorgänge in Prag betraf. Siehe schon frühzeitig: Elmar Altvater: Rationalisierung und Demokratisierung. Zu einigen Problemen der neuen ökonomischen Systeme des Sozialismus, in: Das Argument, H. 4/1966, S. 265 ff.
172 Richta-Report, S. 322 f.

In landläufiger (West-)Sicht liegt es nahe, jenen Protest der Prager Studenten im November 1967, die nach »Mehr Licht« im doppelten Sinne – angesichts von Strommangel in ihrem Wohnheim und im übertragenen, gesellschaftsverändernden Sinne – verlangten, als adäquate Reaktion des Ostens auf die protestierenden Studenten im Westen zu betrachten. Unter diesen Vorzeichen würden die Havemann jr., Brasch, Wegner oder Berthold[173] als protestierende Gegner des Einmarsches in die ČSSR auch für die DDR die alleinigen Akteure einer 1968er-Darstellung von neuen sozialen Bewegungen, antiautoritärem Protest, für die Suche nach Freiheit, und auch für eine sozialistische Gesellschaft abgeben.[174] Das trifft genauso auf jene Arbeiter zu, die nochmals einen bestimmten Höhe- und Abschlusspunkt in ihrem Widerstand gegen aus ihrer Sicht zu geringe Löhne, die Hatz auf »Gammler« und zum Schluss beim Einmarsch in das südliche Nachbarland artikulierten.[175] Ja, all dies gehört auch dazu und war Ausdruck einer klimatischen Veränderung der politischen Kultur des Ostens.

Über eines muss sich eine Bilanz des Jahres 1968 und des weit komplexeren Umbruchs einer *Weltrevolution* jedoch klar werden: Die Akteure in Ost und West traten von links für eine Veränderung ihrer Gesellschaften, für ein Ende von Ausbeutung und Entfremdung, für ein Ende des Autoritarismus und für umfassende Demokratisierung, für eine Welt des gesellschaftlichen Fortschritts und ohne Dominierung durch die eine oder die andere Führungsmacht an.

Aber die Gegenüberstellung von alten und neuen Bewegungen reicht ebenso wenig für das Verständnis der damaligen Konstellation, wie die Tatsache nicht übersehen werden darf, dass die Reformansätze im Osten – bei sehr unterschiedlicher Ausrichtung und Konsequenz – aus der Mitte der kommunistischen Parteien kamen und als Reformen *von oben* mit Bewegungen von unten sich ergänzten oder zusammenstießen. Ohnedies waren alle Prozesse in Ost wie West eingebettet in eine Systemkonfrontation, die die Revolten und Reformen ebenso anfeuerten

---

173 Frank und Florian Havemann, Letzterer heute Komponist, Schriftsteller und für die Partei DIE.LINKE brandenburgischer Verfassungsrichter, Thomas Brasch, später Schriftsteller, Bettina Wegner, heute Liedermacherin und Lyrikerin, Erika Berthold und weitere kamen aus Familien bekannter SED-Mitglieder, allein die Havemanns waren durch den Parteiausschluss ihres Vaters faktisch schon in einer prosozialistischen, aber antistalinistischen Opposition zu verorten. Sie verteilten nach dem 21. August Flugblätter, wurden rasch ermittelt, verhaftet, verurteilt und nach kurzer Zeit wieder freigelassen.

174 Hier ist auf Darstellungen zu verweisen, die das Jahr 1968 in der DDR zum Gegenstand haben: u. a. Wolfgang Engler: Konträr und parallel: 1968 im Osten. Thesen, in: Etienne François, Matthias Middell, Emmanuel Terray, Dorothea Wierling (Hrsg.): 1968 – ein europäisches Jahr? S. 105 ff.; Armin Mitter, Stefan Wolle: Untergang auf Raten. Unbekannte Kapitel der DDR-Geschichte, München 1993; Erhart Neubert: Geschichte der Opposition in der DDR 1949-1989, Bonn 1998, 2. durchges. u. erw. Aufl. mit sehr schmalen acht Seiten in dem fast tausend Seiten dicken Buch zum Thema (S. 162 ff.); Stefan Wolle: Der Traum von der Revolte. Die DDR 1968, Berlin 2008; Hartmut Zwahr: Die erfrorenen Flügel der Schwalbe. DDR und »Prager Frühling«. Tagebuch einer Krise 1968 bis 1970, Bonn 2007.

175 Diese Sicht eröffnen Bernd Gehrke: 1968 – das unscheinbare Schlüsseljahr der DDR, in: ders., Gerd-Rainer Horn (Hrsg.): 1968 und die Arbeiter. Studien zum »proletarischen Mai« in Europa, Hamburg 2007, S. 103 ff.; Michael Hofmann: »Solidarität mit Prag«. Arbeiterproteste 1968 in der DDR, in: ebenda, S. 92 ff.; Gerd-Rainer Horn: The Working-Class Dimension of 1968, in: ders., Padraic Kenney (Eds.): Transnational Moments of Change. Europe 1945, 1968, 1989. Lanham – Boulder – New York – Toronto – Oxford 2004, p. 95 ff.

wie ihre Liquidierung begünstigte. Spätestens die Argumentation für das von den Hardlinern in Moskau, Berlin oder Warschau gefürchtete Verhängnis der tschechoslowakischen Reformen ist von der Furcht einer Niederlage im Kalten Krieg und dem Herausbrechen aus dem eigenen Lager geprägt. Beide Seiten wussten zudem, was es für die Vertreter der jeweiligen Ordnung bedeuten musste, die Macht zu verlieren. 1933 bis 1945 lagen ebenso wie 1956 nicht lange zurück. Machtverlust, Exil, Gefangenschaft, Gefahr für Leib und Leben waren präsent.

Zu erinnern ist allerdings auch daran, dass die überraschende westliche Zuneigung für eine sozialistische Reform – zumal aus Westdeutschland – wesentlich zu dieser unglückseligen Etikettierung und damit zum baldigen Verdikt beitrug. In Berlin wie in Moskau mussten die Alarmglocken klingeln, wenn westdeutsche Zeitungen wie die ja eher entspannungsfreundliche *Frankfurter Rundschau* schon früh titelten: »Prag strebt Öffnung nach Westen an«.[176] Wenn Abend für Abend das Westfernsehen wohlwollend aus Prag berichtete und dortige Politiker auch ihren DDR-Genossen Empfehlungen für einen besseren Sozialismus via Westfernsehen gaben, konnte dies das Misstrauen nicht nur der politischen Führungsschicht stärken. Auch wenn es im Nachhinein nicht immer leicht verständlich sein mag, für viele auch einfache Parteimitglieder war die vorherige antistalinistische Revolution in Ungarn 1956[177] vor allem erinnerlich durch Lynchmorde an ungarischen Parteimitgliedern und Sicherheitskräften. Da dominierte nicht die Sicht auf den Widerstand der ungarischen Arbeiter gegen die Sowjettruppen als einer patriotischen und prosozialistischen Tat.

Wer den *Warschauer Brief* an die Prager Führung vom Juli neben die Rede von Charles de Gaulle am 30. Mai 1968 mit dem von ihm beschworenen Gespenst einer totalitären kommunistischen Diktatur legt, weiß, wie die Systemkonfrontation wirkte und den Aufbruch aus dem eigenen Lager heraus belastete, gar unmöglich machte. Wortreich beschworen die Parteiführer des Ostens die Gefahren eines Verlassens des sowjetischen, des richtigen Weges zum Sozialismus. »Wir können … nicht damit einverstanden sein, dass feindliche Kräfte Ihr Land vom Weg des Sozialismus stoßen und die Gefahr einer Lostrennung der Tschechoslowakei von der sozialistischen Gemeinschaft heraufbeschwören! Das sind nicht mehr nur Ihre Angelegenheiten. Das sind die gemeinsamen Angelegenheiten aller kommunistischen und Arbeiterparteien und aller durch Bündnis, durch Zusammenarbeit und Freundschaft vereinten Staaten … Wir werden niemals zulassen, dass der Imperialismus auf friedlichem oder unfriedlichem Wege, von innen oder von außen eine Bresche in das sozialistische System schlägt und das Kräfteverhältnis in Europa zu seinen Gunsten verändert.«[178] Der französische General schafft es knap-

---

176 So die Hauptschlagzeile der Frankfurter Rundschau am 8. Januar 1968.
177 Siehe zu 1956 u. a. Hendrik Bispinck, Jürgen Danyel, Hans Hermann Hertle, Hermann Wentker (Hrsg.): Aufstände im Ostblock. Zur Krisengeschichte des realen Sozialismus, Berlin 2004; András B. Hegedüs, Manfred Wilke (Hrsg.): Satelliten nach Stalins Tod. Der »Neue Kurs«. 17. Juni 1953 in der DDR. Ungarische Revolution 1956, Berlin 2000.
178 Gemeinsamer Brief der Zentralkomitees der kommunistischen und Arbeiterparteien Bulgariens, Ungarns, der

per, seine Lageeinschätzung zu verkünden, und er vermochte es nach dem langen und revolutionären Mai, unmittelbar nach seiner Rede eine Million Demonstranten gegen die Linke auf die Straße zu bringen. »Was die Parlamentswahlen anbelangt, so werden sie in der von der Verfassung vorgesehenen Frist durchgeführt werden, sofern man dem französischen Volk nicht den Mund stopfen will, indem man es daran hindert, sich auszudrücken, und dies zur gleichen Zeit, da man dies Volk daran hindert zu leben, man die Studenten hindert zu studieren, die Lehrer zu lehren, die Arbeiter zu arbeiten. Die verwendeten Mittel sind diejenigen der Einschüchterung, der Vergiftung und der Tyrannei, und sie werden gehandhabt von organisierten Gruppen und einer Partei, die totalitären Charakter hat, auch wenn sie bereits von Rivalen umgeben ist.«[179] Wieder besseres Wissen macht de Gaulle die Kommunisten zum Buhmann, obwohl gerade deren versöhnliche Politik in den Verhandlungen von Grenelle[180] jene ökonomischen Zugeständnisse erst möglich machten, die den Generalstreik erledigten. »Wenn diese Situation in Frankreich anhält, so muss ich, um die Republik zu erhalten, in Übereinstimmung mit der Verfassung andere Maßnahmen ergreifen als die sofortige Volksbefragung ... Frankreich ist in der Tat von der Diktatur bedroht. Man will Frankreich zwingen, sich einer Macht zu beugen, die sich in dieser Situation der nationalen Hoffnungslosigkeit herbeidrängt. Diese Macht, die sich den Sieg zunutze machen wird, ist die des totalitären Kommunismus.«[181]

Paradoxerweise liegt das Hauptproblem des Jahres 1968 eigentlich eher in den Jahren 1973 und 1989, als die Hoffnungen auf einen demokratischen Weg zum Sozialismus im Westen ebenso platzten wie die auf eine demokratische Erneuerung des Realsozialismus im Osten – in einem faschistischen Militärputsch in Chile und dem langsamen, aber alsbald rasanten Sturmlauf der Chicago-Boys um Milton Friedman und dem Triumph einer aggressiven antisozialen neoliberalen Variante des Kapitalismus. Letztere war nach Jahr und Tag auch Sieger der zuerst antistalinistischen, am Ende antisozialistischen Umwälzungsprozesse in Osteuropa.[182]

Der Sturz der spätstalinistischen Regime konnte zwar die Linken und die Gesellschaften von Repression und Regression befreien, aber in unterschiedlicher Couleur triumphierten die kapitalistischen Restauratoren, die über den Umweg Osteuropa in den westlichen Metropolen – wie so noch nicht geschehen – den Ka-

---

Deutschen Demokratischen Republik, Polens und der Sowjetunion an das Zentralkomitee der Kommunistischen Partei der Tschechoslowakei, in: Dokumente der Sozialistischen Einheitspartei Deutschlands. Beschlüsse und Erklärungen des Zentralkomitees sowie seines Politbüros und seines Sekretariats, Bd. XII, Berlin 1971, S. 86 f.
179 Charles de Gaulle, 30. Mai 1968 um 16.31 Uhr – Radioansprache, in: Emil-Maria Claasen, Louis-Ferdinand Peters: Rebellion in Frankreich. Die Manifestation der europäischen Kulturrevolution 1968, München 1968, S. 112.
180 Im Arbeitsministerium in der Rue de Grenelle verhandelten Vertreter der Gewerkschaften, der Unternehmerorganisationen und der Regierung über die Forderungen des Generalstreiks und einigten sich am 27. Mai auf Accords de Grenelle (Vereinbarungen von Grenelle) mit einer sehr deutlichen Anhebung des Mindestlohns und der Verbesserung der Renten.
181 Charles de Gaulle, 30. Mai 1968 um 16.31 Uhr – Radioansprache.
182 Am Beispiel des Endes der DDR ausführlich dargestellt in: Stefan Bollinger (Hrsg.): Das letzte Jahr der DDR.

pitalismus neoliberalen Zuschnitts fester denn je verankerten und die Niederlage des Alternativsystems wie auch der sozialreformistischen und anarchistischen Bewegungen, oft genug Erben von 1968, mit ihrem übermächtigen TINA, *There is no alternative,* zukleisterten.

Zum Charakter der neuen Herausforderung

Die 1960er-Jahre stehen für eine Revolution der Produktivkräfte mit sozialen, geistigen und politischen Folgen, die den Fordismus in die Krise stürzten und eine neue postfordistische Betriebsweise auf die Tagesordnung setzten. Die Intelligenz erlangte eine gesellschaftliche Schlüsselrolle, und der Charakter der Arbeit konnte sich in Richtung von mehr Selbständigkeit und Selbstbestimmung öffnen. Heute ist dieser Umbruch leichter in Begriffe zu fassen, etwa als Krise und Ende des Fordismus; wir wissen nun zudem um *Grenzen des Wachstums*[183] – was den damaligen Akteuren erst später aufging. All diese Wertungen, das Setzen auf *Informations-* oder *Wissensgesellschaft* – oder eine Nummer kleiner – *Dienstleistungsgesellschaft* – sind zumindest aus einer etwas linkeren Weltsicht eher mit negativ-skeptischem Betonungszeichen versehen.

Damals, am Ende der 1950er- und in den 1960er-Jahren, war die Sichtweise noch optimistischer und scheinbar gab es Grund dazu. Während die ersten Studentenbewegungen aktiv wurden, waren in den USA Studien über das Jahr 2000 im Schwange. Sie setzten – optimistischer bei Herman Kahn,[184] skeptischer bei Daniel Bell[185] – auf die Entwicklung der westlichen Gesellschaften, hofften, am realen Risiko eines Nuklearkrieges vorbeizukommen und vertrauten auf die Wissenschaft. Prognosen sind immer schwierig, gingen aber auch damals von fortgeschriebenen Realitäten aus. So vermutete Kahn im Einklang mit der damaligen auch in der Bundesrepublik[186] laufenden Entdeckung der DDR: »Deutschland wird wahrscheinlich geteilt bleiben und Ostdeutschland mit jedem Jahr legitimer und lebensfähiger werden. Mit der Zeit wird das Ulbricht-Regime abgelöst werden, und ein neues Regime benötigt vielleicht nicht mehr die Unterstützung durch rus-

---

183 So der Titel jenes Buches, das nur vier Jahre nach 1968 zur Bibel einer neuen Ausrichtung der neuen Bewegungen werden sollte – der Umweltbewegung: Dennis Meadows, Daniella Meadows, Erich Zahn, Peter Milling: Die Grenzen des Wachstums. Bericht des Club of Rome zur Lage der Menschheit, Reinbek bei Hamburg 1973, 3. Aufl. [1972 Erstausgabe].
184 Siehe Herman Kahn, Anthony J. Wiener: Ihr werdet es erleben. Voraussagen der Wissenschaft bis zum Jahre 2000, Reinbek bei Hamburg 1971 [1968 Erstausgabe].
185 Siehe die Arbeitsergebnisse einer US-Kommission unter Leitung von Daniel Bell aus dem Jahre 1967: Robert Jungk, Hans Josef Mundt (Hrsg.): Der Weg ins Jahr 2000. Bericht der »Kommission für das Jahr 2000«. Perspektiven, Prognosen, Modelle, Stuttgart – Hamburg 1968.
186 Siehe u. a. Marion Gräfin Dönhoff, Rudolf Walter Leonhardt, Theo Sommer: Reise in ein fernes Land. Bericht über Kultur, Wirtschaft und Politik in der DDR, Hamburg 1964, 4. Aufl.; Hanns Werner Schwarze: Die DDR ist keine Zone mehr, Köln – Berlin 1970, 4. erw. Aufl.; Peter Christian Ludz: Parteielite im Wandel. Funktionsaufbau, Sozialstruktur und Ideologie der SED-Führung. Eine empirisch-systematische Untersuchung, Köln-Opladen 1968; Ernst Richert: Die DDR-Elite oder Unsere Partner von morgen? Reinbek bei Hamburg 1968; Peter Bender: Zehn Gründe für die Anerkennung der DDR, Frankfurt am Main – Hamburg 1968.

sische Truppen. Die neue Regierung macht vielleicht kluge internationale Konzessionen und kann sich schon auf einen wachsenden ostdeutschen Nationalismus berufen.«[187] Die Probleme schienen lösbar, eine Konvergenz[188] der Systeme nicht ausgeschlossen. In der Diskussion der *Kommission für das Jahr 2000* glaubte der auch heute noch bekannte US-Politologe Samuel P. Huntington, dass »künftige Historiker ... die Sowjetunion, China und die Vereinigten Staaten als die expansionistischen Mächte dieser Periode bezeichnen (werden), und zwar die USA als eine sehr erfolgreiche und die beiden anderen als verhinderte (frustrierte) Expansionsmächte«. Ferner wagte er die Hypothese, dass das »in den letzten zwanzig Jahren entstandene amerikanische Weltsystem (sich) im Jahre 2000 in einem Zustand der Auflösung und des Verfalls befinden wird.« Er ging von einem Verlust des US-Einflusses aus. China, aber auch Brasilien würden an ihre Stelle treten. Aber »der Verfall des amerikanischen Einflusses (wird) zahlreiche Kämpfe mit sich bringen, da es zwischen den USA und den neu aufsteigenden Mächten viel geringere kulturelle Beziehungen und viel weniger gemeinsame Wertmaßstäbe gibt als zwischen den USA und den europäischen Mächten ... Der Kampf, der die Auflösung der amerikanischen Weltordnung begleitet, wird eine tiefe und stimulierende Wirkung auf die teilnehmenden Staaten haben. Tatsächlich werden diese Kämpfe wahrscheinlich eine große Rolle bei der Herausbildung eines Nationalbewusstseins und der Entwicklung der staatlichen und gesellschaftlichen Institutionen spielen. Gleichzeitig wird der Niedergang des amerikanischen Einflusses große Spannungen und schwierige Situationen in der amerikanischen Innenpolitik auslösen.«[189] Die Realitäten sahen anders aus, und das Nachdenken der führenden Wissenschaftler zahlte sich für die USA und ihr Machtsystem aus, obschon deren Stärke und Weltgeltung Schwankungen unterworfen waren und sind. Das kapitalistische System hat sich augenscheinlich als fähig erwiesen, die wissenschaftlichen und technischen Herausforderungen anzunehmen. Nicht zufällig steht das Jahr 1969 mit der vollzogenen Mondlandung für den Konter zu Sputnikschock und Juri Gagarins Pioniertat. Die USA haben im internationalen Wettbewerb, gestützt auf ihre technologische Überlegenheit, bewiesen, mit Westeuropa und Japan hart konkurrieren und in einem erfolgreichen Hochtechnologie-Totrüsten gegen die andere Supermacht triumphieren zu können.

Im Osten waren jene, die die neuen Umbrüche genauer erkannten, skeptisch. Sonst dem historischen Optimismus nicht abhold, war etwa dem 1. SED-Sekretär Walter Ulbricht einsichtig, »ohne die Meisterung der wissenschaftlich-technischen Revolution können wir den heute notwendigen Zuwachs der Produktivität nicht gewährleisten und die Auseinandersetzung mit dem westdeutschen Imperia-

---

187 Siehe Herman Kahn, Anthony J. Wiener: Ihr werdet es erleben, S. 223.
188 Programmatisch für diesen Ansatz: Zbigniew K. Brzeziński, Samuel P. Huntington: Politische Macht USA/ UdSSR. Ein Vergleich, Köln – Berlin 1966; siehe auch Walt Whitman Rostow: Stadien wirtschaftlichen Wachstums. Eine Alternative zur marxistischen Entwicklungstheorie, Göttingen o. J. (1960).
189 Samuel P. Huntington: Die politische Entwicklung und der Zerfall des amerikanischen Weltordnungssystems, in: Robert Jungk, Hans Josef Mundt (Hrsg.): Der Weg ins Jahr 2000, S. 326.

lismus nicht erfolgreich führen«.[190] Darum seine Entschiedenheit in den Fragen des *Neuen Ökonomischen Systems*, das er 1962/62 initiierte.[191] Kaum war die Mauer gebaut, hatte er so eine radikale Umkehr im ökonomischen und politischen Vorgehen eingeleitet, denn die DDR – wie die anderen osteuropäischen Länder – kam ökonomisch nicht mehr so voran wie bisher.

In dem Moment, als in der Moskauer Parteizeitung *Prawda* von dem bis dahin kaum bekannten Ökonom Jewsej Liberman ein Artikel über eine veränderte Herangehensweise an eine sozialistische Ökonomie erschien, der Gewinn, Ausnutzung widersprüchlicher Interessen und Leistungsorientierung in den Mittelpunkt stellte, handelte auch die Reformgruppe um Ulbricht. Denn eine Veröffentlichung im Zentralorgan der sowjetischen Partei ließ einen Rückhalt bei Parteiführer Nikita Chruschtschow vermuten. Das extensive Wirtschaften ging so nicht mehr weiter, denn wirtschaftliche Krisensymptome waren spürbar. Da interessierte auch nicht mehr die radikale Niederhaltung vermeintlich revisionistischer Positionen, wie sie im Tauwetter nach dem XX. Parteitag der KPdSU und der – wenn auch inkonsequenten – Entstalinisierung aufgekommen waren, auch in der Ökonomie. Fehlende Perspektivplanung, zu starker Zentralismus, unzureichende wirtschaftliche Rechnungsführung, starre Preispolitik, mangelnde materielle Interessiertheit der Werktätigen wurden als begrenzende Faktoren ausgemacht. Im Kern zielte die Wirtschaftsreform (die nie so genannt wurde) in der DDR auf das Verbinden von Plan, ökonomischen Hebeln und Markt ab. Es ging darum,»den gesetzmäßigen Zusammenhang zwischen den Volkswirtschaftsplänen und ökonomischen Hebeln herzustellen, wobei der wissenschaftlich ausgearbeitete Perspektivplan das grundlegende Instrument der Planung und Leitung der Volkswirtschaft im ökonomischen System ist«.[192]

Auch in der ČSSR kriselte es zu dieser Zeit, obschon hier eine offene Grenze mit ihren Abwerbungen und Massenfluchten, ihrem Grenzgängertum und der offenen Ausnutzung des Währungsgefälles nicht als Begründung herhalten konnten.

---

190 Walter Ulbricht: Die Bedeutung des Werkes »Das Kapital« von Karl Marx für die Schaffung des entwickelten gesellschaftlichen Systems des Sozialismus in der DDR und den Kampf gegen das staatsmonopolistische Herrschaftssystem in Westdeutschland. Aus dem Referat auf der internationalen wissenschaftlichen Session: »100 Jahre ›Das Kapital‹« am 12. und 13. September 1967 in Berlin, in: ders.: Zum ökonomischen System des Sozialismus in der DDR, Bd. 2, Berlin 1968, S. 537 f.
191 Zur Gegenüberstellung der Wirtschaftsreformen in der DDR und in der ČSSR siehe Stefan Bollinger: Die DDR kann nicht über Stalins Schatten springen. Reformen im Kalten Krieg – SED zwischen NÖS und Prager Frühling. hefte zur ddr-geschichte, H. 5, Berlin 1993; Jörg Roesler: Ulbricht contra Dubček? Einverständnis und Missverständnis zwischen zwei Reformern, in: Utopie kreativ, H. 99 (1999), S. 54 ff.; zur den Wirtschaftsreformen der 1960er-Jahre siehe bes. ders.: Das NÖS als Wirtschaftskonzept. Sichten, Tatsachen, Interpretationen, in: Deutschland-Archiv, H. 3/1998, S. 383 ff.; André Steiner: Die DDR-Wirtschaftsreform der sechziger Jahre. Konflikt zwischen Effizienz- und Machtkalkül, Berlin 1999; einen aktuellen vergleichenden Blick bieten: Christoph Boyer (Hrsg.): Sozialistische Wirtschaftsreformen. Tschechoslowakei und DDR im Vergleich, Frankfurt am Main 2006; ders. (Hrsg.): Zur Physiognomie sozialistischer Wirtschaftsreformen. Die Sowjetunion, Polen, die Tschechoslowakei, Ungarn, die DDR und Jugoslawien im Vergleich, Frankfurt am Main 2007.
192 Walter Ulbricht: Das neue ökonomische System der Planung und Leitung der Volkswirtschaft in der Praxis. Wirtschaftskonferenz des Zentralkomitees der Sozialistischen Einheitspartei Deutschlands und des Ministerrates der Deutschen Demokratischen Republik Berlin, 24. und 25. Juni 1963, Berlin 1965. 4. Aufl., S. 31.

Beim südlichen Nachbarn gingen deshalb fast zur gleichen Zeit (1966/67) zunächst Wissenschaftler weiter, denn sie begriffen diese neue Situation als Herausforderung an die gesamte Gesellschaft: »Der Sozialismus öffnet hier unabsehbare Möglichkeiten, aber zugleich absolviert er seine größte geschichtliche Prüfung.«[193] Während in Westdeutschland Raubdrucke des *Richta-Reports,* so die Kurzbezeichnung einer von der tschechoslowakischen Akademie der Wissenschaft zuerst im Auftrag der KPČ[194] veranlassten Gesellschaftsstudie, Lesestoff kritischer Studenten waren und Ulbricht seine eigene Übersetzung schon früh in der Hand hielt, blieb das Buch für die meisten DDR-Bürger unbekannt.[195] Die, genauer die Ökonomen hatten dafür ein zeitgemäßes und in den ökonomischen Zielsetzungen analoges Wirtschaftslehrbuch in der Hand: Ota Šiks *Ökonomie – Interesse – Politik,* versehen mit einem Vorwort von Otto Reinhold, dem Direktor des SED-ZK-Instituts für Gesellschaftswissenschaften.[196]

Der Kalte Krieg[197] war bislang in den Metropolen überlebt worden, selbst die Krisen um Berlin und Kuba 1961 und 1962 konnten dank der Einsichten und der Furcht der Protagonisten zu einem relativ guten Ende gebracht werden. Es war eine Zeit, in der auch die Blockkonfrontation sich friedlicher gestalten mochte, zumal die genannten Krisen wie auch der Vietnam-Krieg dem kritischen Beobachter bewiesen, dass ein militärisches Austragen dieses Konflikts nicht nur inhuman, sondern selbstzerstörerisch wäre.

Sputnik 1, Juri Gagarin, schließlich Neil Armstrong auf dem Mond belegten ein neues Zeitalter der Wissenschaftsgläubigkeit und der Zukunftsvisionen. Das ging weniger von hehren Ideologien oder Religionen oder Großmachtträumen aus als von den Möglichkeiten des menschlichen Denkens, der Produktivkräfte, um an den marxistischen Jargon zu erinnern.

Diese neuen Einsichten, die die Wissenschaft und deren Macher, die Intelligenz, in eine neue Rolle drängen und die traditionellen Rückgrate der Industriegesellschaften, die Industrie und die Arbeiterklasse zunehmend in ihrer Bedeutung schwächen, breitete sich eher langsam aus. Für die meisten Akteure 1968 in Ost wie West waren sie so nicht zugegen, weil sie von anderen, näherliegenden Problemen gedrückt wurden und dahinterliegende Umbrüche nur symptomatisch Wirkung entfalteten.

---

193 Richta-Report, S. 22.
194 Die Parteiführung um Antonín Novotný hatte angesichts einer Wirtschaftskrise in der ersten Hälfte der 1960er-Jahre solche Forschungen in Auftrag gegeben. Ota Šik konzipierte eine Wirtschaftsreform, Zdenůk Mlynáři eine politische Reform. Gemeinsam mit dem Team um Radovan Richta schufen sie so das geistige Rüstzeug für die politische Wende 1967/68.
195 Siehe Stefan Bollinger: Scheideweg oder Sackgasse? Auswirkungen politischer und theoretischer Auseinandersetzungen mit Radovan Richta in der DDR, in: Clemens Burrichter, Gerald Diesener (Hrsg.): Reformzeiten und Wissenschaft, Leipzig 2005, S. 103 ff.
196 Siehe Ota Šik: Ökonomie – Interesse – Politik, Berlin 1966.
197 Siehe bes. Bernd Stöver: Die Befreiung vom Kommunismus. Amerikanische Liberation Policy im Kalten Krieg 1947-1991, Köln – Weimar – Wien 2002; ders.: Der Kalte Krieg, München 2003.

Im Kern ging es um das, was der britische marxistische Wissenschaftler John Desmond Bernal[198] als *Wissenschaftlich-technische Revolution* (WTR) charakterisierte und was in den USA Walt Withman Rostow oder nachdrücklicher Daniel Bell[199] unter den Vorzeichen einer nachindustriellen Gesellschaft fassten. Es ging um eine neue Betriebsweise, in der intelligente Arbeit dominieren würde, in der die Arbeitsteilung tiefer ginge und in der in den Metropolen ausreichender Wohlstand gesichert war. Es ging um eine Gesellschaft, in der eine neue soziale Schicht – die Intelligenz – dominieren konnten und wo vor allem ein anderer, optional befreiter Charakter der Arbeit denkbar wurde. Es ging aber auch um die Einsicht, dass die strengen Hierarchien, die vordergründigen Ausbeutungsverhältnisse zumindest in diesen wirtschaftlichen Schlüsselbereichen nicht mehr dauerndes Wachstum der Produktion und des gesellschaftlichen Reichtums garantierten – abgesehen davon, wie dieser umverteilt und in die Hände der Arbeitenden und Ausgegrenzten geriete.

Technokratische oder politische Reform?

In der westlichen Revolte spielten diese Fragestellungen kaum eine Rolle. Hier ging es um den Kampf gegen einen konkreten imperialistischen Krieg der USA in Vietnam, hier wurde um praktizierte Demokratie, idealerweise eine Rätedemokratie, gestritten. Es dominierte die Einsicht, dass die Macht des Kapitalismus durch Entfremdung und Manipulation zementiert ist, die aus den realen Kapitalverhältnissen und einer noch realeren Machtpolitik folgen. Selbst die parlamentarische Demokratie taugte nur, die Massen ruhig zu stellen. Nicht nur Rudi Dutschke hielt »das bestehende parlamentarische System für unbrauchbar. Das heißt, wir haben in unserem Parlament keine Repräsentanten, die die Interessen unserer Bevölkerung – die wirklichen Interessen unserer Bevölkerung – ausdrücken ... Aber das kann es nur verwirklichen, wenn es einen kritischen Dialog herstellt mit der Bevölkerung. Nun gibt es aber eine totale Trennung zwischen den Repräsentanten im Parlament und dem in Unmündigkeit gehaltenen Volk.«[200] Dagegen wurde angegangen, dagegen wurde auf Basisdemokratie und Antiautoritarismus gesetzt. Der

---

198 Für die DDR und die östliche marxistische Diskussion ein Schlüsselwerk seit Mitte der 1950er-Jahre: Bernal, John Desmond: Die Wissenschaft in der Geschichte, Berlin 1967, 3., bearb. Aufl.; zu den Reaktionen in der DDR: Kosel, Gerhard: Produktivkraft Wissenschaft, Berlin 1957; ders.: Unternehmen Wissenschaft. Die Wiederentdeckung einer Idee. Erinnerungen, Berlin 1989. Der WTR wurde 1965 ein ganzer Philosophiekongress gewidmet – siehe: Deutsche Zeitschrift für Philosophie. Sonderheft 1965, Berlin 1965. Zur heutigen Sicht bes. Laitko, Hubert: Produktivkraft Wissenschaft, wissenschaftlich-technische Revolution und wissenschaftliches Erkennen. Diskurse im Vorfeld der Wissenschaftswissenschaft, in: Hans-Christoph Rauh, Peter Ruben (Hrsg.): Denkversuche. a.a.O, S. 459 ff.; Jörg Roesler: Neues Denken und Handeln im Neuen Ökonomischen System (NÖS), in: ebenda, S. 7 ff.; Clemens Burrichter, Gerald Diesener (Hrsg.): Auf dem Weg zur »Produktivkraft Wissenschaft«, Leipzig 2002; dies.: (Hrsg.): Reformzeiten und Wissenschaft, Leipzig 2005.
199 Siehe vor allem Rostow, Walt Whitman: Stadien wirtschaftlichen Wachstums; Bell, Daniel: Die nachindustrielle Gesellschaft, Frankfurt am Main – New York 1985.
200 Rudi Dutschke: Eine Welt gestalten, die es noch nie gab, in: Günter Gaus: Was bleibt, sind Fragen. Die klassischen Interviews. Hrsg. von Hans-Dieter Schütt, Berlin 2000, S. 435 f.

Osten schien – von den idealisierenden Vorstellungen über die vermeintlichen sozialistischen Revolutionen in China, auch Vietnam und besonders Kuba abgesehen – wenig geeignet, ein Vorbild abzugeben. Der Kalte Krieg und der Antikommunismus hatten ihre Wirkung gezeigt. Aber auch die realen Verhältnisse, speziell in den Krisen von 1953 oder 1956, die gewaltsame Niederwerfung der ungarischen Aufständischen, endlich der Mauerbau waren ebenso wenig wie das gesamte seit 1956 auch für moskauorientierte Linke offensichtliche Desaster des Stalinismus kein Ansporn, diesem Modell nachzueifern.

Natürlich, die tätige Solidarität der Sowjetunion, der DDR und der anderen Staaten mit Kuba, Vietnam, anderen kämpfenden Völkern wurde wohlwollend anerkannt. Die Bereitschaft, für die Anerkennung der DDR als souveränen, gleichberechtigten Staat zu streiten, war bei Studenten wie bei sozialdemokratischen oder liberalen Intellektuellen und Politikern vorhanden. Die Berührungsängste in Richtung Osten, auch und gerade gegenüber der DDR und ihren politischen und, wie sich herausstellen sollte, auch geheimdienstlichen Strukturen, waren recht gering. Das hinderte nicht an massiver Kritik, dass diese Hilfe und die Unterstützung für die revolutionären Kräfte im Allgemeinen, für den Kampf der Vietnamesen im Besonderen, viel zu gering seien. Ein Rudi Dutschke war im Hinblick auf Gespräche in der Sowjetunion ob des sowjetkommunistischen Unverstandes verzweifelt: »Die vietnamesische Revolution als Moment ihrer eigenen Problematik zu begreifen, schien ihnen unmöglich. Sie waren und sind nicht fähig, die Entfremdung zwischen Partei und Massen, die Entfremdung am Arbeitsplatz, hervorgerufen durch die Trennung der Produzenten von ihren Produktionsmitteln, zu begreifen – diese Entfremdung existiert für sie nicht.«[201] Hier hoffte er auf eine neue Radikalität, eine Rückkehr zur Umwälzung aller gesellschaftlichen Verhältnisse.

Das Feld der Wirtschaft blieb – abgesehen von den ernsten Kämpfen der alten Bewegungen um mehr Lohn, bessere Arbeitsbedingungen und auch (allerdings vornehmlich aus Abwehrkämpfen sich ergebend) realer Mit- und vor allem Selbstbestimmung außen vor. »Anders als in Westdeutschland«, betonen Gerd-Rainer Horn und Bernd Gehrke in einer verdienstvollen Arbeit zum Thema der Arbeiterbewegungen und 1968, »haben in einigen Ländern Westeuropas die Arbeiterkämpfe eine herausragende und zentrale Rolle in den Konflikten um 1968 gespielt, während die politischen und sonstigen inneren Auseinandersetzungen in anderen Ländern zumeist nicht durch Arbeiter geprägt wurden.«[202] Aber immerhin gab es dieses *proletarische 1968,* obschon weniger auf dieses Datum fixiert, in dem Arbeiter selbst aktiv wurden, bis hin zur erzwungenen Bereitschaft, ihre Betriebe selbst zu verwalten. Die nationalen Unterschiede sind dabei beachtlich. In

---

201 Rudi Dutschke: Die Widersprüche des Spätkapitalismus, die antiautoritären Studenten und ihr Verhältnis zur Dritten Welt, in: Uwe Bergmann, Rudi Dutschke, Wolfgang Lefèvre, Bernd Rabehl: Rebellion der Studenten oder Die neue Opposition. Eine Analyse, Reinbek bei Hamburg 1968, S. 65.
202 Bernd Gehrke, Gerd-Rainer Horn: Leerstellen und Herausforderungen – zur Problematik dieser Anthologie, in: dies. (Hrsg.): 1968 und die Arbeiter, S. 11; siehe zur Übersicht: Gerd-Rainer Horn: Arbeiter und »1968« in Europa: Ein Überblick, in: ebenda S. 27 ff.

Frankreich 1968, danach in Italien über fast ein Jahrzehnt, aber auch in Spanien, wurden die Arbeiter und oft genug ihre basisdemokratischen Strukturen, ihre selbstbestimmten Betriebsbesetzungen zu wichtigen Faktoren des politischen Lebens ihrer Länder. Die traditionellen Parteien und Gewerkschaften der Arbeiterbewegung standen dem oft hilflos gegenüber. Oft genug holten die revoltierenden und streikenden Arbeiter aber auch nur das nach, was in denjenigen westeuropäischen Staaten, die sich frühzeitig für einen sozialpartnerschaftlichen Klassenkompromiss entschieden hatten, ihre Klassengenossen bereits besaßen. An der Abstinenz des *intellektuellen 1968* ändert dies, wie auch das in den 1970er-Jahren zu beobachtende Hinwenden zum Leben der Arbeiterklasse, das manche 68er vollzogen, wenig, denen jedoch – jenseits politischer Kurzschlüsse – auch dafür Respekt gilt.[203]

Der Osten stand in anderer Weise vor der Herausforderung der neuen Produktivkräfte – und zwar zuallererst in den Ländern und Wirtschaften, die ähnlich weit entwickelt waren wie die westlichen Pendants – in der DDR, in der ČSSR und partiell in der Sowjetunion. Leitgedanke war eine These des sowjetischen Ökonomen Jewsej Liberman in dem bereits erwähnten *Prawda*-Artikel, für den der Betrieb und sein Gewinn zum Dreh- und Angelpunkt einer Wirtschaftsreform werden sollte und die bald von Ulbricht ins neue SED-Programm formuliert wurde: »Was für die Gesellschaft nutzbringend ist, muss auch jedem Betrieb nützlich sein, und umgekehrt, was nicht vorteilhaft für die Gesellschaft ist, muss äußerst unvorteilhaft für die Belegschaft eines Betriebes sein.«[204] Es vollzog sich ein Paradigmenwechsel weg von der Überbetonung des Politischen hin zur Anerkennung der zentralen Rolle der Ökonomie und ihrer Gesetze.[205]

Überlagert war diese Situation durch die immer noch ausstehende Entstalinisierung, die in den einzelnen Ländern unterschiedlich weit vorankam, wenn man die Aufhebung der schlimmsten Repression oder zumindest ihre verbale Wiedergutmachung betrachtet. Logischerweise finden diese antistalinistischen Züge auch im Rückblick als Ausdruck eines radikalen prosozialistischen (oder antisozialistischen) Vorgehens besondere Sympathie und sind leicht für eine eher undifferenzierte Sicht auf den gesamten Realsozialismus = Stalinismus geeignet. Erinnert seien hier an die Auseinandersetzungen in der ČSSR um den Piller-Bericht über die politischen Prozesse der 1940/50er-Jahre,[206] die praktische Rehabilitierung der

---

203 Siehe bes. mit Berichten aus der Basis in den Betrieben: Jochen Gester, Willi Hajek (Hrsg.): 1968 – und dann? Erfahrungen, Lernprozesse und Utopien von Bewegten der 68-er Revolte, Bremen 2002.

204 J[ewsej] Liberman: Plan – Gewinn – Prämie. Die Leitung und Planung der Volkswirtschaft vervollkommnen, In: Presse der Sowjetunion, Berlin, H. 108/1962, S. 2333; vgl. Programm der Sozialistischen Einheitspartei Deutschlands, in: Walter Ulbricht: Das Programm des Sozialismus und die geschichtliche Aufgabe der Sozialistischen Einheitspartei Deutschlands. VI. Parteitag der Sozialistischen Einheitspartei Deutschlands Berlin, 15. bis 21. Januar 1963, Berlin 1963, S. 324.

205 Siehe Jörg Roesler: Zwischen Plan und Markt. Die Wirtschaftsreform in der DDR zwischen 1963 und 1990, Freiburg – Berlin 1990, u. a. S. 25.

206 Siehe Jiří Pelikán (Hrsg.): Das unterdrückte Dossier. Bericht der Kommission des ZK der KPČ über politische Prozesse und »Rehabilitierungen« in der Tschechoslowakei 1949-1968, Wien – Frankfurt am Main – Zürich 1970. Jan Piller war das für die Rehabilitierungen verantwortliche Mitglied des KPČ-Parteipräsidiums.

Opfer und die beginnende politische Formierung dieser Opfer in KAN oder K 231,[207] erinnert sei auch an den *Monopolsozialismus*-Vorwurf von Jacek Kuroń und Karol Modzelewski 1964[208] an die PVAP, um nur die spektakulärsten Momente zu nennen. Das konnte sich leicht mit Fragen des nationalen Selbstverständnis sowie eines latenten Antirussismus und Antisowjetismus verquicken wie in Polen im März 1968, als Studenten begeistert die *Totenfeier* (poln.: *Dziady*) des Nationaldichters Adam Mickiewicz zelebrierten. Für sie war es so oder so ein Streit gegen die Zensur, gegen die Freiheitsdefizite des vorgeblich sozialistischen Polen, in dem Teile der Parteiführung nun auch noch die antiintellektuellen und antisemitischen Karten ausspielten.

Nüchtern ist zu erinnern: Der Osten verfolgte die westlichen Diskussionen um die neue Stufe der Verbindung von Wissenschaft und Wirtschaft ebenso wie das Aufbegehren der Jugend sehr aufmerksam. Die Bereitschaft, zu lernen war dabei ebenso groß wie die Skepsis hinsichtlich einer linksradikalen Ausuferung von Demokratie und geistiger Pluralität. Noch mehr als die Anarchie fürchteten die Parteiführungen aber, dass generell ihr Führungsmonopol infrage gestellt würde. Für das Scheitern des Jahres 1968 ist eine seltsame Koalition von Konservativen in West wie Ost bemerkenswert, ebenso wie die Fähigkeit der kapitalistischen Seite, auch mit ihren Gegnern systemgemäß produktiv, d. h. vereinnahmend umzugehen, wie es Lukács oder Marcuse erahnten. Offensichtlich war und ist der Kapitalismus in der Lage, gleich Antaeus auch aus jenen Kämpfen gegen ihn, die auf seinem Terrain der ökonomischen Interessenbefriedigung und der Machtpolitik ausgetragen werden, neue Kraft zu ziehen. Das war bei den gewaltsamen Herausforderungen der Revolutionen seit 1917 so und wurde gewaltsam beantwortet, das wurde aber auch in einer sozial-marktwirtschaftlichen Antwort auf die Herausforderung de Realsozialismus seit den 1950er-Jahren praktiziert. So wurde auch mit den Umbrüchen und Revolten des Jahres 1968 umgegangen. Die französischen Soziologen Luc Boltanski und Eve Chiapello lassen sich nicht von symbolischen Aspekten dieser Ereignisse ablenken. Sie deuten die Folgen dieser Zäsur dahingehend, dass es sich »einerseits ... zwar nicht um eine Revolution (handelt), insofern sie nicht zu einer politischen Machtergreifung führt, so doch zumindest um eine tiefgreifende Krise, die die Funktionsbasis des Kapitalismus infrage stellt und von den nationalen und internationalen kapitalistischen Schutzinstanzen wie dem CNPF oder der OECD als solche interpretiert wird. Andererseits aber entschärft der Kapitalismus die Kritik, reißt die Initiative wieder an sich und profitiert von einer neuen Wirtschaftsdynamik, indem er einen Teil der Themen der Protestbewegung, die im Laufe dieser Ereignisse zum Ausdruck kamen, für sich vereinnahmt.« Sie betonen, dass »der Kapitalismus Beteiligungsformen bieten (muss),

---

207 KAN (Klub engagierter Parteiloser) und K 231 (Klub, der nach § 231 verurteilten [politischen] Häftlinge) waren neben der wiedergegründeten Sozialdemokratie aus Ostblocksicht Keimzellen der Konterrevolution in der ČSSR.
208 Siehe Jacek Kuroń, Karol Modzelewski: Monopolsozialismus.

die mit dem Stand der sozialen Welt, in die er eingebunden ist, und mit den Wünschen derjenigen Mitglieder der Gesellschaft kompatibel sind, die ihre Stimme mit dem größten Nachdruck erheben.« Hier erwies sich der real existierende Kapitalismus weit potenter als sein real existierendes Pendant.[209]

Die Reformen im Osten waren zumindest durch drei Problemfelder belastet, wobei die ersten beiden hier nur zu benennen sind und das dritte in seiner weiterreichende Dimension zumindest zu umreißen ist. Das betrifft zuerst die zumindest für die intellektuelle Sichtweise des Realsozialismus wesentliche Erkenntnis, dass der verkündete Sieg des Sozialismus vielleicht eine machtpolitischer, aber auf keinen Fall ein hegemonialer war. Ohne geistige und kulturelle Hegemonie, ohne einen umfassenden demokratischen Prozess der bewussten Gestaltung von Gesellschaft und Wirtschaft durch die Massen ist der Sozialismus noch nicht vollzogen und dauerhaft verankert. Die Auseinandersetzungen um das Entfremdungsproblem, das Einfordern eines »Visums« für Kafka[210] 1963 in Liblice stießen eine breite intellektuelle Diskussion an und liefen genau auf das Anerkennen notwendiger gesellschaftlichen Veränderungen zu. In der DDR fand dies vorzugsweise im Film[211] statt, oder genauer, ihr wurde mit den Filmverboten des Jahres 1965 das Licht abgedreht.

Dies warf zweitens die Frage nach Veränderungen des Machtsystems auf, in dem eine allmächtige Partei mit ihrem Wahrheitsmonopol ebenso kontraproduktiv war wie eine paternalistisch und patriarchal funktionierende Demokratie, die allein den Weg von oben nach unten akzeptierte. Es gehört zur Ironie der Geschichte, dass die DDR 1968 sich eine neue Verfassung[212] gab, die wesentliche und durchaus sinnvolle Elemente einer spätstalinistischen Ordnung fasste, sich real gegen die Reformen in der ČSSR instrumentalisieren ließ und gleichzeitig eine neues Selbstbewusstsein gegenüber der Bundesrepublik ausbildete. Aber eine Veränderung der Machtverhältnisse und -strukturen war damit nicht zu bekommen, obschon die NÖS-Jahre nicht frei von bedenkenswerten Elementen der Demokratieentwicklung auch in der DDR waren. Das betraf die breite Diskussion wichtiger Gesetze im Zivil- wie Arbeitsrecht, die Einführung gesellschaftlicher Gerichte, die Stärkung der Ständigen Produktionsberatungen als potentielle Basisdemokratie-Elemente in der Produktion. Dazu gehörte nicht zuletzt der Ulbrichtsche Versuch, die Allmacht des Politbüros mit einem System strategischer Arbeitskreise und anderer staatlichen Organe, auch mittels seines aufgewerteten Staatsrates, zu schwächen. In der Praxis stellten aber all diese neuen Formen nicht die Allmacht der Partei infrage.

209 Luc Boltanski, Eve Chiapello: Der neue Geist des Kapitalismus, S. 215.
210 So Ernst Fischer 1963 in Liblice – Ernst Fischer: Kafka-Konferenz, in: Reimann, Paul (Wiss. Redakteur): Franz Kafka aus Prager Sicht, S. 166; dort vor allem auch die Beiträge von Jiří Hájek, Eduard Goldstücker, Roger Garaudy.
211 Erinnert sei an die verbotenen DEFA-Filme wie *Das Kaninchen bin ich* oder *Denk bloß nicht, ich heule*.
212 Siehe z. B. Wilfriede Otto: Verfassungsdebatte und Verfassung der DDR 1968 – Ein Kernstück für relative Identifikationsmöglichkeiten und endgültigen Abbruch, in: Timmermann, Heiner (Hrsg.): Die DDR zwischen Mauerbau und Mauerfall. Münster – Hamburg – London 2003, S. 151 ff.

Ferner war es drittens die Frage, wie ein Wirtschaftsystem mit welchen Zielen ausgerichtet sein musste, um die Verbindung der Massen mit ihrer eigenen Ordnung zu sichern und in Systemkonkurrenz und -konfrontation zu überleben. Die DDR und die ČSSR waren hier Experimentierfelder, weil sie bei ihrem Stand der Wirtschaft, ihrer qualifizierten Arbeiterschaft und ihrer vergleichsweise engen Verflechtung mit der Weltwirtschaft frühzeitig an die Grenzen des Kommandosystems stießen.

In der »halben Reform«[213] des *Neuen Ökonomischen Systems* blieb eine Erneuerung des Sozialismus auf dessen Wirtschaft reduziert und Demokratisierung spielte als nicht erkanntes und akzeptiertes Problem keine Rolle. Denn die Machtfrage war geklärt, es gab lediglich Diskussionen über den Umfang der Einbeziehung der Bürger in die demokratische Umsetzung der Politik, die weise vom Politbüro entschieden wurde. Im wirtschaftlichen Bereich wurde jedoch auf eine sich ausschließende Entgegensetzung von Plan und Markt bewusst verzichtet. Es wurde vielmehr auf Plan *mit* mehr Markt gesetzt. Maßgeblich war die auch für jedes künftige sozialistische Wirtschaften relevante Einsicht, »dass der Markt keine Erscheinung außerhalb des Planes sein kann«.[214] Im Vorgehen wurde man dann allerdings widersprüchlich, weil damit ebenso einer fiktiven Marktebene das Wort geredet wurde, die die Wirksamkeit dieser ökonomischen Hebel wieder aufheben müsste. So etwa, wenn Ulbricht forderte, dass »im Plan die Wirkung der ökonomischen Hebel im Voraus annähernd richtig berechnet und bilanziert werden« sollte.[215]

Trotzdem, diese Vorstellungen der Symbiose von Plan mit Markt bei einer zentralen Rolle des Planes, waren bei Ulbricht und in der DDR-NÖS ernster gemeint als in anderen Diskussionen und Reformversuchen, die Plan und Markt vereinen wollten und wollen. Nicht nur aus Furcht, in eine revisionistische, marktwirtschaftliche Ecke gestellt zu werden, vermieden es Politiker und Theoretiker der DDR, eine Gegenüberstellung von Plan und Markt zu forcieren. Erst recht wollten sie nicht den grundsätzlichen Vorteil eines sozialistischen Systems, dass »für Rechnung der gesamten Gesellschaft und nach vorherbestimmtem Plan«[216] produziert werde und so die materiellen Grundlagen der Emanzipation der Arbeiterklasse und der ganzen Gesellschaft erreicht würde, preisgeben. Sie wollten, dass diese Planwirtschaft nun aber nicht mehr allein und in erster Linie auf der Grundlage von Befehlen und Direktiven geführt wird. Sie begriffen, dass der Ökonomie eigene Gesetzmäßigkeiten innewohnen, die durch außerökonomische Mechanismen nicht auf Dauer zu hohen Produktionszahlen und zur umfassenden Bedürfnisbefriedigung zu entfesseln waren. Gerade die Krisen 1953 und 1956 hatten in der DDR und in der ČSR, letztlich auch in Ungarn wie Polen bestätigt, dass die

---

213 So meine Charakterisierung des NÖS in: Stefan Bollinger: »Die halbe Reform – Neues Ökonomisches System: für eine effektivere Wirtschaft, aber nicht für einen demokratischeren Sozialismus«, in: Dietmar Keller, Hans Modrow, Herbert Wolf (Hrsg.): Ansichten zur Geschichte der DDR, Bd. 4. Bonn – Berlin 1994, S. 239 ff.
214 Wolfgang Berger, Otto Reinhold: Zu den wissenschaftlichen Grundlagen des neuen ökonomischen Systems der Planung und Leitung. Das neue ökonomische System der Planung und Leitung – ein wichtiger Beitrag der Sozialistischen Einheitspartei Deutschlands zur marxistisch-leninistischen Theorie, Berlin 1966., S. 95.
215 Walter Ulbricht: Das neue ökonomische System der Planung und Leitung der Volkswirtschaft in der Praxis, S. 31.
216 Friedrich Engels: Zur Kritik des sozialdemokratischen Programmentwurfs 1891, in: MEW, Bd. 22, S. 239.

Kommunisten nur dann Rückhalt im Volke hatten, wenn auch die materiellen Lebensbedingungen für die breite Bevölkerung akzeptabel waren und ein Wandel zum Besseren stetig erfolgte. Das westliche Konsumangebot, namentlich im Wirtschaftswunderland BRD tat ein Übriges.

Warenproduktion und Wertgesetz mussten auch für eine sozialistische Wirtschaft gelten, alles andere, alle kommunistischen Perspektiven – so die Erfahrung mit der bisherigen Geschichte des Realsozialismus – einschließlich der aus Sicht der Reformer ähnlich angelegten *Neuen Ökonomischen Politik* des nachkriegskommunistischen Lenin zu Beginn der 1920er-Jahre – gingen über den bisherigen Zustand hinaus. Wenn es also um Markt in diesem Sinne ging, dann um den Nutzen von Ware-Geld-Beziehungen, um ökonomisch begründete Austauschrelationen, um das Akzeptieren von Angebot und Nachfrage, um den Gewinn für die Betriebe und eine leistungerechte Entlohnung für die Arbeiter. All dies waren keineswegs Probleme einer einzelnen kommunistischen Partei, eines einzelnen Ostblocklandes – es ging um den weiteren Weg des Realsozialismus, zumindest in wirtschaftspolitischer Hinsicht. Der Wiederaufbau der Kriegszerstörungen war abgeschlossen, die radikalen sozialen Umverteilungen vollzogen, selbst die (jenseits des Vietnam-Krieges und der Rhetorik sich friedlicher gestaltende) Blockkonfrontation taugte nicht mehr für Parolen, den unerlässlichen Gürtel enger zu schnallen.

Entscheidend musste werden, ob die Wirtschaftsreformen als komplexer oder als Einzelprozess zu realisieren waren. War es denkbar, den Realsozialismus nur auf dem Felde der Ökonomie zu reformieren und zu effektivieren oder erzwang die Anerkennung ökonomischer Gesetze auch die Entfaltung von sozialistischer Demokratie und den Verzicht auf die Allmacht der Partei? Hier gab es jenseits der Vorstellungen von einem »gesellschaftlichen System des Sozialismus« in der DDR dort ein Defizit, wo die Prager Genossen erkannten, dass ökonomische Stellschrauben, dass mehr Geld an der einen oder anderen Stelle wenig helfen, wenn ein unflexibles, undemokratisches Machtsystem weiter existiert. Genau hier griffen *Richta-Report* und später das KPČ-*Aktionsprogramm* und die Dokumente des später für illegal erklärten XIV. Parteitages der KPČ[217] weiter. »Die bisherige auf die Industrialisierung ausgerichtete Orientierung hat sich offensichtlich überlebt,« schätzte nicht nur der *Richta-Report* ein.»Das alte administrativ-direktive Leitungssystem, das sie in Gang setzte und das mit ihr innerlich verknüpft war, ist zu (einem) *Hindernis* der Einordnung der Tschechoslowakei in den Strom der wissenschaftlich-technischen Revolution geworden.«[218]

---

217 Dieser Parteitag wurde ein Tag nach dem Einmarsch im Untergrund mit zwei Drittel der bereits gewählten Delegierten hinter dem Rücken der sowjetischen Truppen im Prager Arbeitervorort Vysočany im dortigen ČKD-Werk abgehalten. Mit einer Neuwahl der Parteiführung und einer Verurteilung des Einmarsches sollte die nach Moskau verbrachte KPČ-Führung um Dubček gestärkt werden. Bemerkenswert sind die vielfältigen Dokumente, die für den regulär einberufenen Parteitag vorbereitet waren, vor allem eine neues Parteiprogramm und eine neues Statut. Hier finden sich wesentliche gültige Elemente für einen demokratischen Sozialismus. Der Parteitag wurde im Zuge der »Normalisierung« für illegal erklärt. Siehe Jiří Pelikán (Hrsg.): Panzer überrollen den Parteitag. Protokoll und Dokumente des 14. Parteitages der KPČ am 22. August 1968, Wien – Frankfurt am Main – Zürich 1969.
218 Richta-Report, S. 113.

Sozialismusverständnis und intellektuelle Chancen

Hinsichtlich der Demokratisierung der Gesellschaft, der Infragestellung einer administrativ-zentralistischen und in der Praxis administrativ-repressiven Führungsrolle der Partei schieden sich die Geister in Prag und Berlin. Wirtschaftsreformen, die eine höhere Effizienz, auch ein gewisses Setzen auf die Selbständigkeit der Betriebe und ein nach unten delegiertes Gewinnstreben beinhalteten, waren seit den (verkümmerten) Kossygin-Reformen in der Sowjetunion grundsätzlich möglich. Was nicht gefiel, war das Antasten der politischen Strukturen mit der Letztentscheidungsbefugnis der Partei und ihrer Führung. Die nationalen Reformversuche durften nicht mit den sowjetischen allgemeinpolitischen und geostrategischen Interessen kollidieren. Hier hatten es Nischenstaaten wie Rumänien einfacher, hier konnten nach der bitteren Erfahrung von 1956 die Ungarn mit ihrem *Neuen Ökonomischen Mechanismus* erfolgreich agieren, und hier blieb es dem vorauseilenden Gehorsam nationaler Parteiführungen überlassen, ihre Reformen selbst zu demontieren. Typisch ist der Vorstoß der Antireformer gegen Ulbricht, die sich genau wie Breshnew an dessen Anspruch rieben, das Sozialismuskonzepts jenseits der Weisungen Moskaus weiterzuentwickeln – was nebenbei bemerkt auch schon Novotný als antisowjetisch angekreidet worden war – in Moskau.[219]

Gerade aus dieser Konstellation heraus ist es wesentlich, die Konsequenzen der Ostblockentscheidungen von 1968 zu beachten. Das Niederwalzen des Prager Frühlings führte eben auch zum Zerschlagen des Reformansatzes in der DDR und einer generellen Verkürzung reformerischer Ansätze auf wirtschaftlichem Gebiet, weil selbst ohne eine tatsächliche Demokratisierung das größere Gewicht der ökonomischen Eigendynamik immer auch eine Infragestellung der Führungsrolle der Partei bedeuten musste, in dem Politbürokraten zumindest durch Technokraten hätten verdrängt werden können.

Die Prager Reformkommunisten sahen ihre Partei in einer neuen Funktion, in einem neuen Verständnis von Hegemonie, nicht auf Macht und Gewalt beruhend, sondern auf dem ständigen Neuerringen von Überzeugungen und Vertrauen. Die kommunistische Partei »kann sich ihre Autorität nicht erzwingen, sondern muss sie immer aufs Neue durch ihre Taten gewinnen.«[220]

Erst mit Gorbatschows Perestroika wurde wieder versucht, dieses Fenster aufzustoßen. Mittlerweile, spätestens seit *Charta 77* und *Solidarność,* vollzog sich aber bei wichtigen Teilen von Intelligenz und Bevölkerung in Osteuropa die Abkehr von Hoffungen auf eine innere Reformierung der kommunistischen Parteien und damit des Realsozialismus. Bessere Lebensbedingungen und bürgerliche Freiheiten schienen wichtiger als der Streit um den Charakter der Gesellschaft – und der

---

219 Siehe Brief des SED-Politbüros an Breshnew vom 21. Januar 1971, in: Peter Przybylski: Tatort Politbüro. Die Akte Honecker, Berlin 1991, S. 297 ff.
220 Aktionsprogramm der Kommunistischen Partei der Tschechoslowakei, in: Prag 1968 – Dokumente. Eingeleitet und zusammengestellt von Michael Csizmas, Bern 1968, S. 61 f.

Westen bot eine heilere Welt. Die Perestroika konnte dies nur kurzzeitig kompensieren, angesichts ausbleibender kurzfristiger Erfolge stellte sich am Ende nicht mehr die Frage des Modell-, sondern des Systemwechsels.

Für die DDR ist die Zweischneidigkeit der Entwicklungen um das Jahr 1968 aufschlussreich. Unübersehbar waren die Fernwirkungen des kulturellen und Lebensweiseaufbruchs im Westen, der insbesondere die Jugend und die Intelligenz ansprach. Musik, lange Haare, eine offenere und tabulosere Lebensweise erreichten als kultureller Wandel auch die DDR. Die Positionen der Parteiführung waren immer zwiespältig. Sie wollte, so schon im *Jugendkommunique* von 1963, »der Jugend Verantwortung und Vertrauen« entgegenbringen. Sie wollten offen sein für neue Entwicklung, aber mit dem 11. Plenum des ZK der SED 1965[221] war dieses Tauwetter schon beendet und ein »kultureller Kahlschlag« traf nicht allein die intellektuell sich befreienden Schriftsteller und Filmemacher. Vor allem die Jugendkultur, die ersten Beatgruppen waren von dieser Entwicklung betroffen und es blieb immer ein Balancieren auf dem Grat zwischen Möglichem wie Gefördertem und dem politisch Abwegigen und zu Verbietenden. Diverse Verbote, Streite und Unruhen, selbst gelegentliche »Gammler«- oder Beataufstände wie 1965 in Leipzig[222] waren die Folgen. Gleichzeitig erhielt diese Entwicklung durch die Nachrichten über die ČSSR, Polen und Ungarn neue Nahrung, weil zumindest in der Prager Altstadt in der freien Atmosphäre des Prager Frühlings dieser kulturelle Befreiungsversuch weiter Auftrieb erhielt. In einem Aspekt hatte die DDR damals allerdings vollendete Tatsachen geschaffen, die auch in Richtung Westen als eindeutiger Modernisierungsvorsprung ausstrahlen sollte: in der Gleichberechtigung der Frau. Seit dem *Frauenkommunique* von 1961 galt die Vereinbarkeit von Arbeit und Haushalt, vor allem aber die Qualifizierung der Frauen als eine Schlüsselfrage der Entwicklung der sozialistischen Gesellschaft.

Wie noch jede Reformbewegung im Ostblock nach der des Jahres 1956 hatte auch die beim südlichen Nachbarn aufbrechende Diskussion ihre Auswirkung. Wenn auch aus extremer Position hat jüngst Helmut Zwahr dies in seinem Tagebuch überzeugend für kritische DDR-Intellektuelle belegt, die ahnten oder wussten: »In der ČSSR entscheidet sich auch unsere Zukunft, wird auch über uns entschieden.«[223] Die Offenheit für ein anderes Sozialismusmodell und Parteiverständnis sowie für einen pluralistischen Ansatz sozialistischer Demokratie, die unverzagte Öffnung für die Probleme der eigenen stalinistischen Geschichte und die Offenheit in der Diskussion über die Machtverhältnisse im Ostblock entsprachen durchaus vorhandenen intellektuellen Ambitionen in der DDR. Sie fanden auch Resonanz unter den »normalen« DDR-Bürgern, die nur die stupide Einheit ihres Systems gewöhnt waren.

---

221 Siehe ausführlich Günter Agde (Hrsg.): Kahlschlag. Das 11. Plenum des ZK der SED 1965. Studien und Dokumente, Berlin 2000, 2. erw. Aufl.
222 Siehe u. a. Michael Rauhut: Rock in der DDR 1964 bis 1989. Bonn 2002, bes. Kap. 2.
223 Hartmut Zwahr: Die erfrorenen Flügel der Schwalbe, S. 71.

Nicht übersehen werden sollte aber auch die ambivalente Position der Parteiführung, in der insbesondere Ulbricht entgegen der landläufigen Meinung eines Haupteinpeitschers zur Unterdrückung des Reformversuches zunächst durchaus Sympathien für die – vornehmlich ökonomischen – Reformen[224] der Prager Genossen hatte. Dafür wurde er später von Honecker bei den Moskauer Genossen denunziert, als Teil einer umfassenden Anklage, um ihn faktisch zu stürzen. Ulbricht zweifelte nicht nur Verbindlichkeit und Allgemeingültigkeit des sowjetischen Modells an. »Nach seiner Rückkehr im Februar 1968 aus Prag[225] äußerte er seine tiefe Befriedigung darüber, dass mit dem Einsatz A. Dubček als Erster Sekretär des ZK der KPČ die Beseitigung der Dogmatiker in der Führung der KPČ eingeleitet worden wäre. Er selbst habe Dubček, so sagte Ulbricht, den Vorschlag gemacht, weitere 5 Dogmatiker aus dem Präsidium des ZK der KPČ zu entfernen und durch junge Kräfte, aus der wissenschaftlich-technischen Intelligenz zu ersetzen.«[226] Immerhin ist der Tatsache Aufmerksamkeit zu schenken, dass Ulbricht und die Reformer des NÖS zur gleichen Zeit unter innerparteilichem und Moskauer Druck standen, sich in ihrem Ansatz zu weit vorgewagt zu haben und streng genommen auch die Allmacht des Politbüros einschränken zu wollen. Zu erinnern ist daran, dass fast im gleichen Atemzug mit der Unterstützung und Begründung des Einmarsches Ulbricht im ZK über neue kooperative Verhältnisse im Ostblock[227] sinnierte, die er erreichen wollte, um nicht 16. Sowjetrepublik zu werden: »Wir wollen uns so in der Kooperation als echter deutscher Staat entwickeln. Wir sind nicht Belorussland, wir sind kein Sowjetstaat. Also echte Kooperation.«[228]

Diese Querelen auf der Königsebene, die sich in der Folge als Machtkampf Ulbricht-Honecker weiter zuspitzen sollten, hatten auf anderer Ebene weit früher Wirkung. Noch einmal: Die DDR-Intellektuellen glaubten mit dem Mauerbau eine neue Chance für den Sozialismus zu finden, nicht mehr imperialistisch bedroht und sich zwangsläufig einigelnd. Genau diese Offenheit, dieses Gewahren

---

224 Siehe Stenografische Niederschrift des 5. Tagung des ZK der SED, 21. März 1968. Schlusswort von Walter Ulbricht (Auszug), in: Stefan Bollinger: Dritter Weg zwischen den Blöcken? Prager Frühling 1968: Hoffnung ohne Chance, Berlin 1995, S. 96 ff.; zur Auseinandersetzung in der SED-Führung siehe Monika Kaiser: Machtwechsel von Ulbricht zu Honecker. Funktionsmechanismen der SED-Diktatur in Konfliktsituationen 1962 bis 1972, Berlin 1997.
225 Ulbricht hatte dort an den Feierlichkeiten zum 20. Jahrestag der Februarereignisse teilgenommen und erstmals die neue KPČ-Führung unter Dubček kennengelernt.
226 Siehe [»Brauner Kalbslederband« mit einer Zusammenstellung von Dokumenten der SED-Geschichte durch Honecker – Arbeitsprotokoll 8. Sitzung des Politbüros vom 21.2.1989. – hier: Zur Korrektur der Wirtschaftspolitik Walter Ulbrichts auf der 14. Tagung des ZK der SED 1970 – ohne Datum (Anfang 1971), Verfasser offensichtlich Honecker, Paraphe E.H. Unterschrift Honeckers – Für das Archiv des ZK, S. 1] SAPMO-BArch, ZPA DY 30 J IV 2/2A/3196; siehe ebenda auch Brief von Mitgliedern des SED-Politbüros an das Politbüro des Zentralkomitees der Kommunistischen Partei der Sowjetunion, adressiert an Leonid Iljitsch Breshnew, vom 21. Januar 1971. Vgl. Monika Kaiser: Machtwechsel von Ulbricht zu Honecker, S. 286 ff.
227 Siehe Stenografische Niederschrift der 8. Tagung des ZK der SED, 23. August 1968. Bericht des Politbüros, Berichterstatter: Walter Ulbricht (Auszug), in: Stefan Bollinger: Dritter Weg zwischen den Blöcken? S. 121 ff.
228 Aus einem geheimen Vermerk über die gemeinsame Besprechung der Delegation des ZK der KPdSU mit der Delegation des ZK der SED am 21. August 1970 in Moskau, in: Peter Przybylski: Tatort Politbüro, S. 296.

einer *Spur von Steinen*[229] und von individuellen Opfern bei den *Mühen der Ebene* wurden schon 1965 zunichte gemacht. Insbesondere Erich Honecker tat sich hervor mit seinem Verständnis eines »sauberen«, letztlich widerspruchsfreien »Sozialismus«. Hier baute sich zwangsläufig ein Konflikt mit einem ökonomischen Reformkonzept auf, das auf ökonomische Mechanismen, auf Gewinn, auf Selbständigkeit der Wirtschaftseinheiten und den Wettstreit der unterschiedlichen Interessen setzte und setzen musste. Ohne Öffentlichkeit, Diskussion und demokratische Mechanismen zum Austragen von Interessenwidersprüchen musste jede derartige Wirtschaftreform scheitern.[230]

Ulbricht schob 1967 noch sein Verständnis nach, dass entgegen Marx (wie Lenin) und der sowjetischen Interpretation der Sozialismus »nicht eine kurzfristige Übergangsphase« ist. Vielmehr habe sich gezeigt, dass er »eine relativ selbständige sozialökonomische Formation in der historischen Epoche des Übergangs vom Kapitalismus zum Kommunismus im Weltmaßstab« sei.[231] Dies wäre aber die Begründung, mit Elementen von Staatskapitalismus, Markt und Warenproduktion arbeiten zu können, um mittels Gewinn, Leistungsprinzip und materieller Interessiertheit an der Basis für eine neue Gesellschaft zu wirken, die noch fern kommunistischer Verteilungsverhältnisse wäre. Das Begreifen des Sozialismus als einer *längerfristigen* Übergangsgesellschaft wäre für jedes Transformationskonzept, das den Kapitalismus überwinden will, auch künftig unerlässlich. Es nähme die Erfahrungen des Realsozialismus auf und erinnerte daran, dass utopische, kühne Ziele zwar wichtig sind, sie aber in der Praxis funktionieren müssen. Die Hoffnung, einen »neuen Menschen« kurzfristig erziehen zu können – Gemeingut von Generationen von Kommunisten wie von revoltierenden Studenten der 1960er-Jahre – bleibt wohl aussichtslos. Da half auch nicht, wenn Herbert Marcuse schwärmte: »Der neue Mensch, den wir möglich machen wollen – dieser neue Mensch müssen wir hier und jetzt auch schon selbst sein wollen.«[232] Dafür war die überwiegende Mehrheit auch der 68er-Generation, weder der studentischen noch der arbeitenden, nicht zu haben. Erst recht half im Ostblock nach mindestens 20 Jahren sozialistischen Aufbaus eine solche Formel nicht weiter.

Der Weg über eine längere Übergangsgesellschaft, nicht gleichzusetzen mit jener kurzen Übergangsperiode, die die marxistischen Klassiker vermuteten, war zumindest in Ulbrichts Ansatz dichter an den Realitäten. Dafür suchte er Verbün-

---

229 So der Titel eines Romans von Erik Neutsch zu den Widersprüchen des sozialistischen Aufbaus aus dem Jahre 1964. Der gleichnamige Film von Regisseur Frank Beyer mit Manfred Krug in der Hauptrolle geriet 1965 in das Visier der Ideologiewächter und des 11. (Kahlschlag-)Plenums des ZK der SED.
230 Entsprechend entwickelte sich auch die Diskussion in der DDR-Wissenschaft zum NÖS. Siehe hier bes.: Uwe-Jens Heuer: Demokratie und Recht im Neuen Ökonomischen System der Planung und Leitung der Volkswirtschaft, Berlin 1965.
231 Walter Ulbricht: Die Bedeutung des Werkes »Das Kapital« von Karl Marx für die Schaffung des entwickelten gesellschaftlichen Systems des Sozialismus in der DDR und den Kampf gegen das staatsmonopolistische Herrschaftssystem in Westdeutschland, S. 530.
232 Herbert Marcuse: Zur Situation der Neuen Linken, in: La Banda Vaga Texte II. La Banda Vaga – Freiburg i. Br. 2004 – http://labandavaga.antifa.net/IMG/pdf/marcuse-druck.pdf [12.01.2008 05:23].

dete und fand sie in einer neuen Intelligenz – die allerdings im Unterschied zu ihren Prager Kollegen und Genossen immer noch nicht frei von Schuldkomplexen für ihr Mittun in der NS-Zeit war und so disziplinierbar blieb. Ein Erich Apel, Kandidat des SED-Politbüros und Vorsitzender der Staatlichen Plankommission, mit einer Vergangenheit als V2-Ingenieur, war eben ein anderer Wirtschaftschef als ein ZK-Mitglied Ota Šik mit lupenreiner Widerstandsbiographie.

Hervorzuheben ist das Schicksal jener Wissenschaftler, die sich engagiert zu einem solchen Wandel sozialistischer Ökonomie bekannten. Zunächst waren es 1956/57 Fritz Behrens und Arne Benary, die in der DDR Pionierarbeit für einen dezentralen Wirtschaftsansatz mit basisdemokratischen Elementen[233] leisteten und dafür als Revisionisten gemaßregelt wurden. Unter dem Namen Libermans fanden einige ihrer Ideen doch Gehör und wurden Teil des Ulbrichtschen NÖS-Konzepts. Andere wie Hermann Klenner und Gunther Kohlmey, die wichtige Eckpunkte eines Wirtschafts- und Rechtssystems aufzeigten, das vielfältiger war, das Interessenwidersprüche politisch gestalten sollte und die Allmacht einer politischen Führung durch die Partei anzweifelte, wurden im Zuge der Rechtswendung nach dem Einmarsch politisch abgekanzelt und wiederum kaltgestellt.

Das war Teil jener flankierenden Sicherheitsoperation *Genesung*,[234] die parallel zur Intervention in der ČSSR anlief und von »Erfolg« gekrönt war. Demonstrationsakte und Flugblattaktionen wurden konsequent verfolgt und im Keim unterdrückt.[235] Nicht zuletzt wurde die Partei wieder diszipliniert, mindestens gegen 2.883 Mitglieder wurden Parteiverfahren eingeleitet, es gab 223 Ausschlüsse,[236] die für die Betroffenen existentielle Konsequenzen haben konnten. Nun richtete sich der offizielle Zorn gegen Gesellschaftswissenschaftler wie Karl-Heinz Schö-

---

233 Siehe den Ausgangspunkt einer kurzen, aber intensiven Diskussion im kurzen Tauwetter nach dem XX. Parteitag: Fritz Behrens: Zum Problem der Ausnutzung ökonomischer Gesetze in der Übergangsperiode, in: Wirtschaftswissenschaft, 3. Sonderheft 1957, S. 105 ff.; Arne Benary: Zu Grundproblemen der politischen Ökonomie des Sozialismus in der Übergangsperiode, in: ebenda, S. 62 ff.; zur Einordnung dieser und anderer DDR-Diskussionen: Günter Krause: Wirtschaftstheorie in der DDR, Marburg 1998.
234 Siehe Monika Tantzscher: »Maßnahme Donau und Einsatz Genesung«. Die Niederschlagung des Prager Frühlings 1968/69 im Spiegel der MfS-Akten, Berlin 1994.
235 Gehrke hat aus Analysen des MfS entnommen, dass nach dem Einmarsch 1.690 Losungen angebracht und 7.587 Flugschriften von 10.487 hergestellten in Umlauf gebracht wurden. Es wird von 74 organisierten Sympathiebekundungen sowie 294 Anrufen und Briefen gesprochen, die für die DDR-Sicherheitsorgane als »staatsfeindliche Hetze« eingestuft wurden. Siehe Bernd Gehrke: 1968 – das unscheinbare Schlüsseljahr der DDR, S. 104 f.; siehe auch Stefan Wolle: Der Traum von der Revolte, bes. S. 156 ff. Wolle hat wohl das rechte Gespür, wenn er warnt: »Die Frage drängt sich auf, ob die Staatsorgane der DDR in ihrem Eifer, selbst kleinste Delikte mit großem Aufwand zu registrieren und zu verfolgen, die Protestwelle nicht selbst produzierten. Immerhin legitimierte sich der aufgeblähte Sicherheitsapparat allein durch die Existenz eines gefährlichen und allgegenwärtigen Gegners. Könnte es sein, dass der Historiker dieser Fehlwahrnehmung zum Opfer fällt und Vorgänge erforscht, die ihre Bedeutung erst unter dem gigantischen Vergrößerungsglas der Sicherheitsorgane erhielten?« – ebenda, S. 173.
236 Siehe Thomas Klein: Zu Opposition und Widerstand in der SED, in: Andreas Herbst, Gerd-Rüdiger Stephan, Jürgen Winkler (Hrsg.): Die SED. Geschichte – Organisation – Politik. Ein Handbuch, in Zusammenarbeit mit Christine Krauss und Detlef Nakath (Gesamtredaktion), Berlin 1997, S. 211; Wilfriede Otto: Visionen zwischen Hoffnungen und Täuschungen, in: Thomas Klein, dies., Peter Grieder: Visionen. Repression und Opposition in der SED (1949-1989). Teil 2, Frankfurt an der Oder 1996, S. 350 ff.; Stefan Wolle: Der Traum von der Revolte, S. 179 ff.

neburg, Klenner, Karl A. Mollnau und Kohlmey, die über die Bedeutung von Rechtsstaatlichkeit, von Mechanismen der Austragung von Interessenkonflikten nachgedacht hatten und weniger stark die Partei in eine Schlüssel- und Wächterrolle gedrängt wissen wollten. So sprach Kohlmey[237] von einer positiven Rolle von Störungen für die Regulierung der sozialistischen Wirtschaft, was auf der 9. Tagung im Oktober 1968 ein Verdikt Günter Mittags[238] nach sich zog. Gegen Überlegungen von Mollnau und Klenner[239] kannte der damaligen Generalstaatsanwalt der DDR und ZK-Mitglied Josef Streit auf dem gleichen 9. Plenum keine Zurückhaltung.[240] Sie alle waren Bauernopfer, die schon die endgültige Preisgabe des NÖS ankündigten, der zwei Jahre später dann auch Ulbrichts Macht zum Opfer fiel.

Das Problem 1968 waren weniger die Panzer der NVA, die durch Klugheit oder Vorsicht zwar noch als Teil einer Gesamtoperation der Warschauer-Vertrags-Staaten gegen die verbündete Tschechoslowakei auffuhren, aber im Erzgebirge haltmachten, was damals wohl nur die Beteiligten wussten.[241] Entscheidender war, dass die SED und ihr Reformkopf Ulbricht nicht begriffen, dass *wirtschaftliche* Reformen für einen effizienteren Sozialismus *ohne* einen demokratischeren Sozialismus scheitern mussten. Selbst ihr Erfolg musste einen Spagat bewirken zwischen der Zunahme sozialer Spannungen und der Ebnung des Weges zur kapitalistischen Restauration, wie die partiell weitergehenden Erfolge von Wirtschaftreformen in Ungarn, Polen, vor allem in der Perestroika-Sowjetunion und – mustergültig – in der Volkrepublik China es belegten.

1968 mussten die Reformer scheitern, weil sie verschiedene Sprachen redeten, ein unterschiedliches Verständnis von Macht hatten und Moskau außen vor blieb.

Leider wurde jene Prager Wandlosung im Herbst 1968 nicht verstanden und von Kommunisten und Marxisten, die ihren Marx wie ihren Lenin in deren ganzer Dialektik begriffen hatten, zur politischen Reformtat getrieben: »Lenin erwache, Breshnew ist verrückt geworden!«

Reformer von oben blieben letztlich einsam und selbst die massenhafte Politisierung in der ČSSR war gegen Panzer und obsiegende Betonköpfe und Opportunisten aussichtslos. 1968 wurde wohl die letzte Chance für eine Erneuerung des Sozialismus zu Grabe getragen – auch, weil der Brückenschlag zu jenen anders

---

237 Siehe Gunther Kohlmey: Planen als Regeln und Steuern, in: Deutsche Akademie der Wissenschaften, Institut für Wirtschaftswissenschaften: Probleme der politischen Ökonomie, Jahrbuch des Instituts, Bd. 11, Berlin 1968.
238 Siehe Stenografische Niederschrift der 9. Tagung des Zentralkomitees vom 22. bis 25. Oktober 1968, Diskussionsbeitrag Günter Mittag, in: Stefan Bollinger: Dritter Weg zwischen den Blöcken? S. 137 f.
239 Siehe dazu Ingo Wagner: Internationale staats- und rechtstheoretische Konferenz in Budapest, Staat und Recht 6/1968, 17. Jg. S. 997 ff.; Hans Leichtfuß: Bericht. Kollegiumssitzung zu rechtstheoretischen Fragen, Staat und Recht 1/1969, S. 106 ff.
240 Siehe Stenografische Niederschrift der 9. Tagung des Zentralkomitees vom 22. bis 25. Oktober 1968, Diskussionsbeitrag Josef Streit, in: Stefan Bollinger: Dritter Weg zwischen den Blöcken. a.o.O., S. 140 ff.
241 Siehe Rüdiger Wenzke: Die NVA und der Prager Frühling 1968. Die Rolle Ulbrichts und der DDR-Streitkräfte bei der Niederschlagung der tschechoslowakischen Reformbewegung, Berlin 1995; Lutz Prieß, Václav Kural, Manfred Wilke: Die SED und der »Prager Frühling« 1968. Politik gegen einen »Sozialismus mit menschlichem Antlitz«, Berlin 1996.

laufenden Revolten im Westen und ihren Fragestellungen ausblieb. Das Jahr 1989 brachte trotz eines versuchten Revivals der NÖS-Ideen[242] keine Wiederkehr der Konstellation von 1968. Die Antworten, die sich nun durchsetzen sollten, waren die eines in der politischen Form angepassten, in der Manipulation geschickteren und ökonomisch knallhart rechnenden Kapitalismus.

---

242 Siehe z. B. Michael Heine, Hansjörg Herr, Andreas Westphal, Ulrich Busch, Rudolf Mondelaers (Hrsg.): Die Zukunft der DDR-Wirtschaft, Reinbek bei Hamburg 1990.

1968 – Revolten und Reformen am Ende alter Welten – Chancen und Scheitern

Die 68er sind an allem schuld

»Der 68er steht immer noch unter Beobachtung, mal wie ein seltenes Tier, mal wie ein gefährliches Virus. Zwischen ›nichts bewirkt‹ und ›alles ruiniert‹ schaukeln die öffentlichen Rückblicke auf das Wirken dieser Wesen, im Zehnjahresrhythmus der Gedenktage.«[243] Dieser etwas verwundert-verzweifelte Ausruf zweier Journalisten, die 40 Jahre nach ihrem 68er-Erweckungserlebnis sich und ihre einstigen Mitstreiter erneut befragen ob der einstigen Ideale und dem was daraus wurde, ist wohl symptomatisch für eine Generation West, die sich durch 1968 befreit, verbogen, geprägt fühlt. Irmela Hannover und Cordt Schnibben wissen aus ihrer Profession, »warum, wann und wie Themen in der Öffentlichkeit wichtig werden, wir kennen das Geheimnis von Moden, Kampagnen und Konjunkturen, aber die seltsame Medienkarriere des 68ers hat uns immer wieder verblüfft. Kreiert wurde der 68er erst 1977, in den ersten Rückblicken auf das Jahr 1967, das für die deutschen 68er eher konstituierend war als 1968. Sein Auf und Ab seither ist rätselhaft wie der Aktienkurs eines Dax-Unternehmens, zum Teil zu erklären aus der Rationalität der Fakten, zum Teil aus der Irrationalität der Massenpsychologie, und dennoch bleibt ein Rest von Rätsel.«[244]

Hier wird nun versucht, ein wenig zu enträtseln. Denn das Rätselhafte hat wesentlich mit den damaligen Ereignissen zu tun. Diese Zeit liegt rund 40 Jahre zurück, die Veteranen dieser Begebenheiten – die vom Historiker hassgeliebten Zeitzeugen – haben mittlerweile zumeist das Rentenalter erreichen, gehören dank ordentlicher Berufsbiographien weitgehend nicht zur neuen Altersarmut, obschon manch Aussteiger und weniger Angepasste sich am unteren Ende der Renten- oder Sozialgeldskala bewegen. Nicht wenige konnten nach 1989 im Osten reüssieren, Karriere machen. Daneben darf nicht vergessen werden, wie der französische Philosoph und Anthropologe Emmanuel Terray bemerkt, dass sich meist »die Akteure der Bewegungen – ich meine diejenigen, die die Initiative ergriffen haben und versuchten, die Führung zu übernehmen – überraschende Illusionen über sich selbst (machten), über ihre Taten, über den Sinn und die Tragweite der gelebten Ereignisse«.[245] Das ist post festum kaum besser geworden.

---

243 Irmela Hannover, Cordt Schnibben: I Can't Get No. Ein paar 68er treffen sich wieder und rechnen ab, Köln 2007, S. 14.
244 Ebenda.
245 Emmanuel Terray: 1968 – Glanz und Elend der Intellektuellen, in: Etienne Francois, Matthias Middell, Emmanuel Terray, Dorothea Wierling (Hrsg.): 1968 – ein europäisches Jahr? S. 37.

Über die Ereignisse der damaligen Zeit scheint alles[246] gesagt, es liegen sachlich-vernichtende Standardwerke etwa von Wolfgang Kraushaar[247] vor, es gibt mehr oder weniger informative Querschnittsdokumentationen,[248] selbst die abwegigsten Erfahrungswelten der *umherschweifenden Haschrebellen*[249] sind dokumentiert, zu den Jubiläen sind Erinnerungsberichte Legion.[250] Persönlich geprägte Rückblicke mittlerweile emeritierter, linkslastiger Professoren wie Uwe Wesel oder Oskar Negt[251] sind geschrieben wie auch die eher sexuell-revolutionäre Biographie einer Uschi Obermaier[252] aus der *Kommune 1*.

Vor allem wissen wir aus der jüngsten, nicht unerwarteten Verrisswelle, dass die 68er an allem schuld sind,[253] egal ob an den Kinder, Küche, Kirche verratenen Herdflüchtigen[254] oder an der allein durch antiautoritäre Erziehung zu erklärenden Kriminalisierung der Jugend.[255] Nicht wahrlich berechtigte Zweifel an manchen Ergebnissen antiautoritärer Erziehung werden geäußert, sondern eher die Rückkehr zu Zucht und Ordnung in den Raum gestellt. Noch mehr werden wir mittlerweile indoktriniert, dass es vom totalitären Anspruch der 68er[256] geradewegs zu den RAF-Terroristen[257] ging. Da muss aber seit Götz Alys Enthüllungen auch nicht mehr verwundern, dass 68er und Nazirevolutionäre Seelenverwandte seien.[258] Eigentlich ist 1968 ein abgeschlossenes Sammelgebiet, auch wenn neben den Beerdigungserklärungen und Rufmordkampagnen andere, wie der neue, der Partei DIE. LINKE nahe Studentenverband LINKE.SDS, recht unvermittelt und undifferenziert die Erbschaft antreten wollen und ein Kongress verspricht: »Die letzte Schlacht

---

246 Zum Überblick bieten sich an: Mark Kurlansky: 1968; Ingrid Gilcher-Holtey: Die 68er-Bewegung. Deutschland – Westeuropa – USA, München 2003, 2. Aufl.; dies (Hrsg.): 1968 – Vom Ereignis zum Gegenstand der Geschichtswissenschaft. Göttingen 1998; Christina von Hodenberg, Detlef Siegfried (Hrsg.): Wo »1968« liegt. Reform und Revolte in der Geschichte der Bundesrepublik. Göttingen 2006; Norbert Frei: 1968. Jugendrevolte und globaler Protest, München 2008; Chris Harman: 1968 – Eine Welt in Aufruhr, Frankfurt am Main 2008.
247 Siehe u. a. Wolfgang Kraushaar (Hrsg.): Frankfurter Schule und Studentenbewegung; ders.: 1968: das Jahr, das alles veränderte, München 1998; ders.: 1968 als Mythos, Chiffre und Zäsur.
248 Siehe Rudolf Sievers: 1968. Eine Enzyklopädie, Frankfurt am Main 2004; auch schon Carsten Seibold (Hrsg.): Die 68er. Das Fest der Rebellion.
249 Siehe Bernd Kramer (Hrsg.): Gefundene Fragmente. Die umherschweifenden Haschrebellen & Peter Handke, Hartmut Sander, Rolf Dieter Brinkmann, Rudi Dutschke, Rainer Langhans, Fritz Teufel u. a. 1967-1980, Berlin 2004.
250 Siehe z. B. Jochen Gester, Willi Hajek (Hrsg.): 1968 – und dann?; Daniel Cohn-Bendit, Rüdiger Dammann (Hrsg.): 1968 – Die Revolte, Frankfurt am Main 2007.
251 Siehe Oskar Negt: Achtundsechzig. Politische Intellektuelle und die Macht. Göttingen 1995; Wesel, Uwe: Die verspielte Revolution. 1968 und die Folgen, München 2002.
252 Siehe Uschi Obermaier, Olaf Kramer: High Times.
253 Penetrant bei Kai Diekmann: Der große Selbstbetrug. Wie wir um unsere Zukunft gebracht werden, München – Zürich 2007.
254 Siehe Eva Herman: Das Eva-Prinzip. Für eine neue Weiblichkeit. Unter Mitarbeit von Christine Eichel, München – Zürich 2006.
255 Siehe Bernhard Bueb: Lob der Disziplin. Eine Streitschrift, Berlin 2006; Udo Di Fabio: Die Kultur der Freiheit, München 2005.
256 Siehe exemplarisch Wolfgang Kraushaar: Linke Geisterfahrer.
257 Siehe ebenfalls Wolfgang Kraushaar: Die Bombe im Jüdischen Gemeindehaus; ders., Karin Wieland, Jan Philipp Reemtsma: Rudi Dutschke, Andreas Baader und die RAF; Wolfgang Kraushaar (Hrsg.): Die RAF und der linke Terrorismus.
258 Siehe Götz Aly: Unser Kampf. 1968 – ein irritierter Blick zurück; ders.: Machtübernahme.

gewinnen wir.«[259] Eine »nächste«, gar eine »letzte Schlacht« wird es in der Nachfolge von 1968 nicht geben, oder bestenfalls gemäß der Marxschen Prophetie, »dass alle großen weltgeschichtlichen Tatsachen und Personen sich sozusagen zweimal ereignen ... das eine Mal als Tragödie, das andere Mal als Farce«.[260]

Das Ausblenden der östlichen Reformen

Dieser kurze Blick auf die aktuelle Forschungs- und Diskussionslandschaft lässt uns zumindest im Osten aufmerken. Denn das Jahr 1968 wird als westliches Ereignis vereinnahmt, in dessen Mittelpunkt – je nach Penetranz der Darsteller – allein die alte Bundesrepublik (inklusive Westberlin) steht. Stehende Rede ist, »dass die DDR eine deutsche Gesellschaft minus 1968 war«,[261] obschon das eben nur die für den Westen als erfolgreich angesehene kulturell-zivilisierende Seite betraf. Gerechterweise besinnen sich dann viele doch darauf, dass es in Frankreich[262] weit radikaler und umfassender zuging, dass die Ursprünge der Bewegung wesentlich jenseits des Großen Teichs in der Bürgerrechts- und Anti-Vietnam-Kriegs-Bewegungen seit Beginn der 1960er-Jahre lagen, dass sich auch sonst in Westeuropa[263] einiges tat.

Neuerdings wird immerhin anerkannt, dass es Studentenproteste und Aktivitäten junger Leute auch im Osten gab, insbesondere in Polen und in Jugoslawien.[264] Auch die DDR wird als potentieller Hort von 68ern ausgemacht, wo nur die geringe Zahl der festzustellenden und festgenommenen Akteure verwirrt. Stets ist der Einmarsch in Prag gegen die Prager Reformer präsent – wobei die Ideen eines *Sozialismus mit menschlichem Antlitz* hier schon recht verloren erscheinen und eher die Betonköpfe der sowjetrussischen Supermacht und in der DDR bewegen, obschon auch hier kräftig und realitätsfern schwarz-weiß gemalt wird.[265] Bei dem südlichen Nachbarn ist die Vorgeschichte des 21. August inzwischen sowieso auf dem Altar der neoliberal-nationalistischen Unwissenheit geopfert.

Ein solches Resümee lässt Defizite erkennen, ohne deren ernsthafte Beachtung aber ein Verständnis für das Jahr 1968, gar die Akzeptanz einer *Weltrevolution* unmöglich wird. Immanuel Wallerstein und Kollegen haben richtig beobachtet: »In unserer Argumentation war das zentrale Charakteristikum von 1968 als ›Weltrevolution‹ – eine Revolution, die eigentlich in der frühen Mitte der sechziger Jahre begann und ungefähr zehn Jahre andauerte – eine das ganze System umfassende

---

259 Siehe den Programmflyer unter http://1968kongress.de/spip.php?article13 [13.03.2008 05:22].
260 Karl Marx: Der achtzehnte Brumaire des Louis Bonaparte, in: MEW, Bd. 8, S. 115.
261 Wolfgang Kraushaar: 1968: das Jahr, das alles veränderte, S. 313.
262 Siehe instruktiv Ingrid Gilcher-Holtey: »Die Phantasie an die Macht«. Mai 68 in Frankreich, Frankfurt am Main 1995.
263 Siehe Thomas Etzemüller: 1968 – Ein Riss in der Geschichte? Gesellschaftlicher Umbruch und 68er-Bewegungen in Westdeutschland und Schweden. Konstanz 2005.
264 Siehe Boris Kanzleiter, Krunoslav Stojakovic (Hrsg.): »1968« in Jugoslawien. Studentenproteste und kulturelle Avantgarde zwischen 1960 und 1975. Gespräche und Dokumente, Bonn 2008 (im Erscheinen).
265 Siehe ausgewogen Lutz Prieß, Václav Kural, Manfred Wilke: Die SED und der »Prager Frühling« 1968; dagegen Hartmut Zwahr: Die erfrorenen Flügel der Schwalbe; Stefan Wolle: Der Traum von der Revolte.

Rebellion, die gleichzeitig auf zwei Ziele gerichtet war. Auf der einen Seite richtete sie sich gegen die bestimmenden Kräfte des kapitalistischen Weltsystems und integrierte aus diesem Grunde theoretische Voraussetzungen älterer antikapitalistischer Bewegungen in ihre eigene Ideologie. Auf der anderen Seite war – im Vergleich zu früheren gegen das System gerichteten Umwälzungen – die *differentia specifica* [der eigentümlicher Unterschied – St. B.] von 1968 ihr heftiger Angriff auf die Leistungen der historisch ›alten Linken‹ – der Sozialdemokraten im Westen, der Kommunisten im Osten, der nationalen Befreiungsbewegungen im Süden – mit der Begründung, dass diese Bewegungen nachgiebig, korrupt und arrogant seien, sie die herrschenden Kräfte stillschweigend duldeten und sich gleichgültig gegenüber den wirklich rechtlosen Schichten verhielten.«[266] Aber auch bei ihnen bleiben die DDR-, ČSSR- oder Ungarn-Erfahrungen Blindstellen. Der Wirtschaftshistoriker Christoph Boyer bleibt einsam, wenn er bescheinigt: »Staatssozialistische Systeme sind nicht starre, zu jeder Entwicklung unfähige Reiche des Bösen. Sie besitzen die Fähigkeit, inhärente Problemlagen zu bearbeiten und sich, zumindest für eine gewisse Zeitspanne, durch Umbauten zu stabilisieren. Staatssozialismen sowjetischen Typs sollten also nicht als Fehlkonstruktionen ex tunc [von Anfang an – St. B.] mit einer notwendigen, mehr oder weniger geradlinigen Verfallsgeschichte behandelt werden, sondern als soziale und politische Gebilde mit gewissen Möglichkeiten der Überlebenssicherung durch Wandel.«[267]

In den 1960er-Jahren bedeutete das die Durchführung von in den einzelnen Ländern sehr unterschiedlich gearteten Reformen zunächst von oben, aus dem Herzen der Führungen und der prosozialistischen Intelligenz für einen effizienteren und vielleicht auch demokratischeren Sozialismus. Dies ist der springende Punkt bei der Einordnung und Bewertung jener Ereignisse, die unter der *Chiffre 1968* gefasst werden, die in der westlichen Bewertung rasch auf die Ebene Generationskonflikt, Beginn neuer sozialer Bewegungen und vor allem Kulturbruch reduziert wird. Dabei zeigt die tschechoslowakische Erfahrung, dass die Reform von oben sehr schnell durch Initiative von unten ergänzt wurde, dass es einen Diskussions- und Erneuerungsprozess in der Partei gab, der kaum noch zu steuern war. Die Delegiertenkonferenzen in Vorbereitung auf den Außerordentlichen XIV. Parteitag der KPČ waren Teil dieser Entwicklung, und es war kein Zufall, dass der Einmarsch der Verbündeten genau diesen Parteitag noch verhindern sollte. Schließlich geriet die Gesellschaft in Bewegung, wobei offen blieb, in welche Richtung sie sich entwickeln würde. Nicht zuletzt erwiesen sich die vom Schriftsteller Vaculík verfassten und breit akzeptierten *2 000 Worte*[268] als Ausdruck dieses umfas-

---

266 Arighi, Giovanni, Hopkins, Terence, Immanuel Wallerstein: 1989 – Die Fortsetzung von 1968, in: Etienne François, Matthias Middell, Emmanuel Terray, Dorothea Wierling (Hrsg.): 1968 – ein europäisches Jahr? S. 147.
267 Christoph Boyer: Einleitung, in: ders. (Hrsg.): Zur Physiognomie sozialistischer Wirtschaftsreformen. Die Sowjetunion, Polen, die Tschechoslowakei, Ungarn, die DDR und Jugoslawien im Vergleich, Frankfurt am Main 2007, S. IX.
268 Siehe Ludvík Vaculík: Zweitausend Worte, in: R. Cousins, H. Kuehl, J[an] Skála, M[anfred] Wilke (Hrsg.): ČSSR – Fünf Jahre »Normalisierung«. 21.8.1968/21.8.1973. Dokumentation. Hamburg o.J. (1973), 2. Aufl., S. 29 ff.

senden gesellschaftlichen Aufbruchs für antistalinistische Reformen, der die kommunistische Partei unter Druck setzte, noch weiter zu reformieren und sich von der realsozialistischen Umwelt nicht einschüchtern zu lassen. Genau dort wurde eine solche Einmischung in das heilige inner- und zwischenparteiliche Leben der Kommunisten als eine tödliche Bedrohung sozialistischer Machtverhältnisse interpretiert.

Die Tiefe eines Bruchs

Wogegen in West wie Ost angetreten wurde, war für die damaligen Akteure klar und teilweise blockübergreifend. Sie wollten mehr Demokratie, die unmittelbare Beteiligung des Bürgers, des Studenten, des Arbeiters an der Selbstverwaltung der ihn betreffenden Prozesse, solidarische Verteilung, letztlich oft sozialistische Ziele. Sie fanden sich nicht mehr mit Unterdrückung und Ausbeutung, mit Hierarchien und Bevormundungen ab. Entfremdete gesellschaftliche Verhältnisse und zunehmend (im Westen einsichtig) die manipulierende geistige und materielle Bedürfniswelt von Konsum und Massenkultur wurden als Bedrohung empfunden. Nicht zuletzt wurden jene Intellektuellen und künftigen Intellektuellen aktiv, die nun massenhaft gebraucht, nachgefragt, tendenziell proletarisiert wurden.

Dahinter stand ein grundlegender Bruch gesellschaftlicher Entwicklung, auf den wir bereits hingewiesen haben. Mit der wissenschaftlich-technische Revolution stand die *Zivilisation am Scheideweg*. Nicht nur die eine oder andere technische Neuerung galt es zu meistern, es ging und geht um eine andere Weise zu produzieren, um mögliche neuartige sozialstrukturelle Konstruktionen. Eine Herausforderung, der sich beide Systeme zu stellen hatten und in der für die tschechoslowakischen Wissenschaftler klar schien, »dass die gegenwärtigen Veränderungen in der materiellen Grundlage des menschlichen Lebens (die ›kybernetische Revolution‹) eine neue Qualität gewinnen, die Grenzen der heutigen Industriezivilisation und die Möglichkeiten des kapitalistischen Industriesystems zu sprengen«.[269] Übrigens sahen das manche der studentischen Akteure im Westen ebenso, wenn sie vom »Aufstand der lebendigen wissenschaftlichen Produktivkraft gegen ihre Fesselung« sprachen.[270]

Diese Einsichten waren keineswegs Privileg von nur und zuallererst realsozialistischen und marxistischen Akteuren – umso weniger, wenn über den Kreis um die Reformer so konträrer Provenienz wie Walter Ulbricht oder Ota Šik, Zdeněk Mlynář und Radovan Richta hinausgeblickt wird. Die meisten Ostblockpolitiker fürchteten wie Erich Honecker und der sowjetische Parteiführer Leonid Breshnew Veränderungen. Nicht umsonst warnte Ulbricht kurz vor seinem Sturz: »Die wis-

---

[269] Richta-Report, S. 17.
[270] So in einer Kapitelüberschrift – Wolfgang Lefèvre: Reichtum und Knappheit. Studienreform als Zerstörung gesellschaftlichen Reichtums, in: Uwe Bergmann, Rudi Dutschke, Wolfgang Lefèvre, Bernd Rabehl: Rebellion der Studenten oder Die neue Opposition, S. 128.

senschaftlich-technische Revolution hat tiefere, gefährlichere Wirkungen, als wir anfangs einschätzten. Nicht nur die Werktätigen müssen die neuen Aufgaben lernen, die Führung muss lernen. Das gilt es auszuarbeiten, aber nicht darüber zu klagen.«[271]

Die Geschichte des Realsozialismus kann als eine Geschichte der Krisen geschrieben werden – oder als eine der Reformen. Gerade in den hier interessierenden 1960er-Jahren erlebten Letztere einen Höhepunkt. Sie offenbarten die Krise des stalinistischen Sozialismusmodells, der sowjetischen Großmachtambitionen und des Einigelns während der Systemauseinandersetzung. Nicht zuletzt waren NÖS, NÖM oder eben die Prager Reformen auch Herausforderungen an Theorie, Ideologie und Lebensweise einer alternativen Gesellschaftsordnung. Wie kann eine sozialistische Gesellschaft funktionieren, wenn sie noch sozialistisch, solidarisch, gerecht sein will und kann, aber gleichzeitig die ökonomischen Gesetze einer Warenwirtschaft mehr oder minder noch politisch gefesselt, doch umfassend genutzt in den Mittelpunkt rückt?

Die 1960er-Jahre brachten dabei die spannendste Periode praktizierten Sozialismus, weil nach der Entstalinisierung – bei aller Verschiedenheit und Inkonsequenz – der Staatssozialismus sich bewegte und bewegen konnte. Die Entscheidung für eine neue Rolle der Wirtschaft, für den Verzicht auf ein allein politisch motiviertes Umgehen mit der Ökonomie, der Verzicht auf einen umfassenden – und in der Praxis starren – Plan ohne die Interessenunterschiede und -widersprüche auszunutzen, eröffnete die Möglichkeit für einen Abschied vom durch Stalin verewigten »Kriegskommunismus«. Moderne Technik, Wissenschaft, intelligenzintensive Arbeit waren nur durch neues Wirtschaften – und möglicherweise auch endlich praktizierte Demokratie zu bekommen. Angesichts der wirtschaftlichen Fortschritte und des nun möglichen Konsums geriet der Osten darüber hinaus in Zugzwang. Denn es gelang dem Westen mit seinen Metropolen in den USA und in Westeuropa, die Richtung und den Umfang der Bedürfnisse zu bestimmen. Per Fernsehschirm und Radiowellen lockte eine bunte Konsumwelt, wenngleich sie auch im Westen keineswegs allen zuteil wurde.

Alsbald geriet der Realsozialismus so in eine Konsumismusfalle, die zunehmend auch durch die westliche Politik mit ihren Krediten gegen politisches Wohlverhalten vertieft werden sollte. Das Problem jeder sozialistischen Gesellschaft besteht aber darin, wie viel Konsum – individuell und/oder gesellschaftlich – funktionieren kann. Das Kurzhalten der Bevölkerung, das Vertrösten auf eine bessere Zukunft – so die Erfahrungen der 1950er-Jahre, aber nicht zuletzt auch der polnischen Krisen, belegten die geringe Chance für einen asketischen Sozialismus mit einer neuen Lebensweise. Hier wurde die Suche nach dem »neuen Menschen« und einer neuen Lebensweise akut. Hier konnten eher die Funktionärskinder mit den elterlichen Sonderprivilegien, die Studenten und die künstlerische Intelligenz

---

271 Aus einem geheimen Vermerk über die gemeinsame Besprechung der Delegation des ZK der KPdSU mit der Delegation des ZK der SED am 21. August 1970 in Moskau, S. 295.

kühne Ideen entwickeln. Die anderen, vor allem die Arbeiter wussten, dass das Sein sehr wohl das Bewusstsein bestimmte und hauten im Zweifel mit der Faust auf den Tisch. Mehr Lohn ja, aber nicht unbedingt Verzicht auf die mit dem Ende des Kapitalismus möglich gewordene Solidarität, die sich oft genug als Gleichmacherei buchstabierte.[272] Gerade hieraus resultierten die Reformersatze in Polen, der DDR oder der ČSSR in den 1970er-Jahren – nur waren die auf Pump und letztlich ohne die geistige und auch geographische Freiheit, die Intellektuelle und die Jugend bewegten in Zeiten, da Krieg und Kalter Krieg zunehmend als Abgrenzungsargument ausschieden.

Auch im Westen spüren Theoretiker wie Walt Rostow, Daniel Bell oder Herman Kahn diesen Umbruch und theoretisierten in dieser Zeit über *eine nachindustrielle Gesellschaft,* in der nicht mehr Tonnen Stahl zählten, sondern wissenschaftlich-technische Leistungen und Lebensstandard. Andere, wie Jean-Jacques Servan-Schreiber und noch mehr Franz Josef Strauß sahen diesen wirtschaftlichen und politischen Umbruch als Gelegenheit, auch in Europa-West einen Neuanfang zu versuchen. Sie wollten das Zerwürfnis zwischen Moskau und Peking nutzen, sahen die Möglichkeiten der technologischen Entwicklung. Aber sie begriffen, dass dies nicht mehr allein durch Nationalstaaten, sondern durch ein gemeinsam handelndes (West-)Europa geleistet werden musste. Es würde Bindekraft und Potenzverstärkung nach innen bieten, auch Dank der Entwicklung des Lebensstandards Chancen aufzeigen, die die Schwächung der Blockbindungen an die jeweiligen Supermächte mit einer Lockerung der Situation im Osten ermöglichten. Für Strauß lag hier die Chance einer neuen, sicher eingebundenen, aber starken Rolle (West-)Deutschlands.[273] Nur wenige Jahre später reagierte Milton Friedman – zunächst im Gefolge des Putsches in Chile – mit seiner Antwort auf die neue Runde sozialer Kämpfe und Emanzipationsbewegungen. Er leitete die Hinwendung zu einem neoliberalen Konzept des Kapitalismus ein, das die individuelle Befreiung für radikalen Marktegoismus nutzen würde. Die schon zitierten Boltanski und Chiapello unterstreichen die verschobene Reaktion des Kapitalismus auf die Welle von Kritik und Protest, wie sie im eher intellektuellen Aufbegehren der 1960er-Jahre und der anschließenden Schwächung der traditionellen Arbeiterbewegung zu beobachten sind. Der »Sozialkapitalismus« wird verabschiedet. Man mag anmerken, er kann aufgrund des recht hohen Lebensstandards in den westlichen Metropolen auch als erfolgreich abgehakt werden. Die Kritik an zu viel Plan, Bürokratie, Gängelei dieses sozial gebändigten Kapitalismus wird wirksam, obschon er erst in den 1970er-Jahren – zumindest in Deutschland und Westeuropa – seinen Höhepunkt erreicht hatte. Es wird die »Künstlerkritik«, der Begriff der beiden Autoren für die von den unmittelbaren sozialen Problemen abgehobenen Intellektu-

---

272 So die Tendenz in vielen Beiträgen zur Lage und zum Verhalten der Arbeiter in den realsozialistischen Staaten – siehe z. B. Christiane Brenner, Peter Heumos (Hrsg.): Sozialgeschichtliche Kommunismusforschung. Tschechoslowakei, Polen, Ungarn und DDR 1948-1968, München 2005.
273 Siehe Jean-Jacques Servan-Schreiber: Die amerikanische Herausforderung. Hamburg 1968, 5. Aufl., Franz Josef Strauß: Herausforderung und Antwort. Ein Programm für Europa, Stuttgart 1968.

ellendiskurse in Richtung »Autonomie und Kreativität« aufgegriffen. Diese Neubewertung des Kapitalismus, sein »neuer Geist« »nimmt ... nach der Krise in den 60er- und 70er-Jahren allmählich Gestalt an«. Dieser »neue Geist wendet sich ab von den Sozialforderungen, die in der ersten Hälfte der 70er-Jahre noch dominant gewesen waren. Er öffnet sich gegenüber einer Kritik, die die Mechanisierung der Welt (postindustrielle versus industrielle Gesellschaft) und die Zerstörung von Lebensformen denunziert, die der Ausschöpfung der eigentlich menschlichen Potenziale und insbesondere der Kreativität förderlich sind. Zudem verweist diese Kritik auch auf die unerträglichen Unterdrückungsformen, die sich zwar nicht unbedingt direkt aus dem historischen Kapitalismus ableiten lassen, aber doch von einer kapitalistischen Arbeitsorganisation genutzt worden waren.«[274]

Der Wandel in der Systemauseinandersetzung

Zugleich ist eine weitere Komponente zwar nur anzudeuten, aber wesentlich für den Verlauf und die damalige Zukunft der beiden Systeme – der Wandel der Systemauseinandersetzung von einem Kalten Krieg des Roll back und des drohenden nuklearen Systemkrieges hin zu einem *Wandel durch Annäherung* und zur *indirekten Strategie*.[275] Viele vermuten wie Bell: »Wenn sich ein einzelner Faktor als Katalysator der sozialen Spannungen in den Vereinigten Staaten – vielleicht auch in der ganzen Welt – benennen lässt, so ist es der Krieg in Vietnam. Dieser Krieg war ohne Parallele in der amerikanischen Geschichte. Ein großer Teil, vielleicht gar die Mehrheit der Bevölkerung, empfand ihn als moralisch unklar, wenn nicht gar zweifelhaft. Und durch die Kriegführung stellte sich das kritische Problem der Glaubwürdigkeit, das schließlich sogar die Legitimität des Präsidentenamtes bedrohte.«[276] Der Vietnam-Krieg war für die USA eine als kommunistisch klassifizierte nationale Befreiungsrevolution, gleichzeitig aber auch der letzte offene militärische Angriff gegen einen Staat des Ostblocks. Dieser Krieg mit seinen unterschiedlichen Schauplätzen, dem umkämpften Süden und dem aus der Luft permanent angegriffenen Norden, belegte nach der Kuba-Krise, aber auch nach dem Sechstage-Krieg 1967, dass eine aussichtsreiche militärische Konfrontation der Supermächte irreal, weil selbstmörderisch war. Zugleich wurde die Unmöglichkeit manifest, dass eine Supermacht oder ihre Verbündeten einen Vernichtungssieg über ein kleines, aber motiviertes Volk, zumal unterstützt durch die andere Supermacht, erringen konnte. Spätestens mit dem *Harmel-Bericht*[277] von 1967 hatte die NATO ihre Strategie angepasst. Das westliche Militärbündnis akzeptierte eine ge-

---

274 Luc Boltanski, Eve Chiapello: Der neue Geist des Kapitalismus, S. 257.
275 Siehe Bernd Stöver: Die Befreiung vom Kommunismus; ders.: Der Kalte Krieg.
276 Daniel Bell: Die kulturellen Widersprüche des Kapitalismus, Frankfurt am Main –New York 1991 (1976 1. Aufl.), S. 225.
277 1967 unter Leitung des belgischen Außenministers Pierre Harmel erstellter Bericht an die NATO, der zur Ablösung der Strategie der Massive Retaliation (Massiven Vergeltung) durch die der Flexible Response (Flexible Antwort) führte.

wandelte Blockkonfrontation, in der bei durchaus vorhandener Bereitschaft zum eventuellen großen Krieg das entscheidende Feld die ökonomische und ideologische Auseinandersetzung sein sollte. Für die deutsch-deutsche Konfrontation hatten dies schon 1963 in Anlehnung an John F. Kennedys Einsichten Egon Bahr und Willy Brandt als das Konzept eines *Wandels durch Annäherung*[278] formuliert. Selbst ein einstiger Scharfmacher wie Franz Josef Strauß sah ein, »dass der Krieg die Funktion eines brauchbaren Werkzeugs für den Verkehr zwischen den Staaten eingebüßt hat«.[279] Flexiblere Umgangsweisen mit dem Blockgegner, das differenzierte Eingehen auf einzelne Ostblockstaaten, auch die versuchte Isolierung der DDR waren Elemente dieser Strategie.

Gerade dieses Heraustreten aus den Schützengräben des Kalten Krieges erlaubte Reformern und Revoltierenden in beiden Lagern einen größeren Spielraum im Innern. Nicht zufällig begriffen ebenso wie Herbert Marcuse im Westen[280] auch östliche Antistalinisten wie Jacek Kuroń und Karol Modzelewski: »Die Drohung mit der Atombombe ist eine moderne Zugabe zum traditionellen Arsenal anti-revolutionärer Argumente. In einer Zeit, da der Vorrat an nuklearen Waffen mehr als ausreichend ist, um unseren Planeten zu vernichten, sind Revolutionen angeblich nicht nur Verbrechen gegen den inneren Frieden, sondern auch gegen die Menschheit. Dieses Argument wird auf die eine oder andere Weise von den in den beiden großen Blöcken herrschenden Eliten, die sich die Macht über die Welt teilen, wiederholt.«[281]

Dessen ungeachtet wirkte immer noch die Jalta-Ordnung, akzeptiert von beiden Blöcken trotz der Sympathien für diejenigen, die die Ordnung des Kontrahenten antasten. Für die innenpolitische Auseinandersetzung war die Drohung mit einem Bürgerkrieg und dem Sieg der Kommunisten oder der Kapitalisten ein probates Mittel, um jeden Wandel letztlich wieder zu stoppen. Sowjetische Panzer in den Straßen Prags konnten so die Bedrohung des stalinistischen Systems ebenso beenden wie der weit blutigere Putsch in Griechenland 1967 die des Kapitalismus. Selbst de Gaulles markige Rede war nicht nur von einer gaullistischen Massenmobilisierung begleitet, sondern auch vom Brummen der Panzer-Motore[282] und dem Einsatz der CRS gegen die noch weiter Streikenden. Das Massaker auf der *Plaza Tlatelolco* im Mexico City am Vorabend der Olympischen Spiele,[283] später Pinochets Putsch in Chile 1973 erinnerten daran, dass der Versuch eines linken Aufbruchs gegen den Kapitalismus blutig enden konnte. Es war auch die Hochzeit der politischen Morde, deren prominenteste Opfer Martin Luther King, Robert Kennedy oder Ernesto Che Guevara waren. Nötigenfalls gab es auch die Bereitschaft,

---

278 Siehe Bahr, Egon: Wandel durch Annäherung. Ein Diskussionsbeitrag in Tutzing, in: Uschner, Manfred: Die Ostpolitik der SPD. Sieg und Niederlage einer Strategie, Berlin 1991, S. 210.
279 Franz Josef Strauß: Herausforderung und Antwort, S. 53.
280 Siehe u. a. Herbert Marcuse: Der eindimensionale Mensch, S. 11 f.
281 Jacek Kuroń, Karol Modzelewski: Monopolsozialismus, S. 95.
282 Siehe den bebilderten Aufmacher der Pfingst-Ausgabe der Frankfurter Rundschau: Truppenteile und Panzer um Paris zusammengezogen, in: FR vom 1. Juni 1968, S. 1 f.
283 Siehe Armin Kuhn, Juliane Schumacher: Geschichte – Macht – Politik. Ein Schwerpunkt zur Erinnerung an 68 in Mexiko, in: Lateinamerikanachrichten, H. 406 (2008), S. 26ff und weitere Beiträge in diesem Heft.

mittels Geheimdiensten und der Stay-behind-Geheimarmee *Gladio*[284] im Bedarfsfall Rechtsputsche gegen legal gewählte Linksregierungen in Westeuropa auszulösen oder zumindest terroristische Aktivitäten (oft genug der Linken untergeschoben) auszulösen. In diesem Kontext ist der Kampf gegen die Notstandsgesetze in der BRD besser zu begreifen, aber auch der durchaus nicht grundlose Aufschrei westdeutscher Linker und Liberaler angesichts des Putsches in Chile.[285]

Die Vielfalt von Revolte und Reform

Eine Würdigung unseres Gegenstandes muss berücksichtigen, dass das Jahr 1968, geschweige denn jene mit dieser Chiffre versehene Umbruchsepoche, sich aus mannigfachen Komponenten und Akteuren und Ereignissen zusammensetzt. Sie sind unterschiedlich zu bewerten und gehören keineswegs immer zusammen. Die Ereignisse des eigentlichen Jahres 1968 mit seiner unmittelbaren Vorgeschichte von 1966/67 und der unmittelbaren Nachgeschichte von 1969/71 vollzogen sich vielfältig. Die Begebenheiten, die den eigentlichen Kern der *Weltrevolution* mit der *Chiffre 1968* ausmachen, das Doppeljahrzehnt der langen 1960er (ab 1956) und der 1970er bis zum Ausbruch der Ereignisse in Polen (1980/81) und Afghanistan (1979) mit den Folgewirkungen bis 1989/91 sind leicht zu erschließen. Die heute gern gebrauchte These von »der« *globalen* sozialen Bewegung ist aber trotz ähnlicher Ziele und dem gegenseitigen Lernen, auch des Verwendens ähnlicher neuer Kampfformen, zumindest irreführend.

Für das Jahr 1968 und sein Umfeld kommen global vielfältige und unterschiedliche Schauplätze zusammen, die damals die Schlagzeilen und die Diskussionen beherrschten. Ebenso vielfältig sind die sozialen und politischen Bewegungen, die nur gelegentlich unmittelbar zusammenwirken, sich in der Regel »lediglich« befruchten, die gleiche Begriffe und Kampfformen hochhalten. Es war eine frühe, aber umso nachdrücklichere Form von Globalisierung der politischen Kämpfe, deren Berührungspunkte – tatsächlich oder auch nur vermeintlich – Zeitungsleser wie Demonstranten bewegen konnten:

• Der Realkapitalismus mit seinen revoltierenden Jungintellektuellen gegen Krieg, repressiv-manipulierenden Kapitalismus und für eine sozialistische, aber antirealsozialistische Perspektive;

• die Reformversuche in Osteuropa für einen effizienteren, teilweise einen demokratischen Sozialismus, partiell begleitet von Studentenprotesten mit radikal sozialistischen Vorstellungen wie in Belgrad, allgemeindemokratischen und anti-

---

284 Siehe Daniele Ganser: Nato-Geheimarmeen in Europa, inszenierter Terror und verdeckte Kriegsführung. Zürich 2008 u. a. zu Italien S. 111 ff., zu Frankreich S. 142 ff.

285 Siehe z. B. Wilfried von Bredow: Möglichkeiten des innenpolitischen Einsatzes bewaffneter Einheiten in der BRD, in: Lothar Brock, Egbert Jahn, Christiane Rajewsky, Reiner Steinweg (Redaktion): Rüstung und Militär in der Bundesrepublik Deutschland, Opladen 1977, S. 80 ff.; Theodor Ebert: Widerstandsmöglichkeiten gegen innenpolitisches Eingreifen mit bewaffneten Einheiten, in: ebenda, S. 92 ff.; Lutz Mez: Schlussfolgerungen aus dem Putsch in Chile für westdeutsche Verbände und Parteien, in: ebenda, S. 116 ff.

sowjetischen Positionen wie in Warschau oder von demokratisch-sozialistischen, pluralistischen Ideen wie in Prag – übrigens nicht immer frei von Instrumentalisierungen für Machtkämpfe innerhalb der kommunistischen Parteien;
• die sich wandelnde Systemauseinandersetzung, in der nationale Befreiungsbewegungen und linke Bewegungen an der Peripherie erfolgreich (Vietnam), erfolglos (Palästina) oder unentschieden (z. B. Bolivien) agierten und nicht selten trotz zeitweiliger Erfolge wie dem Wahlsieg von Salvador Allende und der *Unidad popular* schließlich gewaltsam niedergeworfen wurden;
• dazu parallel Bürgerrechtsbewegungen besonders in den USA gegen die Rassendiskriminierung;
• zudem Machtkämpfe, deren Formen und Erscheinungen in Gestalt der chinesischen Kulturrevolution wiederum vor allem die Jugend im Westen inspirieren konnten.

Damit drängen sich letztlich auch die relevanten oder nicht relevanten Ereignisse dieser Zeit auf, bei denen das Bürgerrechts-Manifest von Port Huron 1962, der Vietnam-Krieg und der Widerstand dagegen ab 1964, der 2. Juni 1967 mit dem Tod Benno Ohnesorgs, die Tet-Offensive, der Vietnam-Kongress und das Attentat auf Dutschke, der Pariser Mai, zudem der Einmarsch in die ČSSR, aber auch die polnischen Krisen von 1968 und vor allem 1970/71, die italienische Variante des Jahres 1968 mit den politisierten Fiat-Arbeitern 1969, am Ende Chile relevant sein sollten.

Es ist ein Zeitabschnitt, der geistige und politische Köpfe hervorbrachte oder wiedererweckte, von denen einige erst in der Revolte zu Politikern werden. Zu ihnen gehörten Alexander Dubček, Daniel Cohn-Bendit, Rudi Dutschke, zugleich viele Namenlose. Die linke Literatur und Dramatik von Bert Brecht bis Peter Weiss gewannen neuen Zuspruch. In erster Linie war es eine Zeit der Renaissance linker, durchaus marxistisch beeinflusster Theorien und Theoretiker – mit direkter oder indirekter Wirkung von Karl Marx und Wladimir Iljitsch Lenin bis Rosa Luxemburg und Mao Tse-Tung, die Wiederentdeckung verfemter Linker der 1910-1930er-Jahre von Leo Trotzki über Nikolai Bucharin bis zu Karl Korsch[286] oder Alexandra Kollontai, weit stärker die der Zeitgenossen um Ernst Bloch, Herbert Marcuse, Georg Lukács, Jean-Paul Sartre, oder die *Frankfurter Schule* mit Theodor W. Adorno und Max Horkheimer, ebenfalls auch Simone de Beauvoir. Allein die politökonomischer Linie bleibt wenig belebt, wiewohl Ernest Mandel, Paul Mattik oder Paul Sweezy eine tonangebende Rolle spielen.

Gerade in letzterer Gruppe der Zeitgenossen sind die Argumente für die kritische Stoßrichtung der westlichen Bewegungen wie auch Ansätze zu vermuten, die ihr schlussendliches Scheitern erklären. In Osteuropa sind es die staatsnahen Konzepte eines Ulbricht ebenso wie die demokratisch-sozialistischen Ansätze der Prager Reformer mit Richta, Mlynář, Šik und den Parteidokumenten, die konzeptionell relevant waren, auch die Antworten von Kuroń und Modzelewski aus War-

---

286 Siehe neuerdings: Christoph Jünke: Sozialistisches Gedankengut. Leo Kofler – Leben und Wirken (1907-1995). Hamburg 2007.

schau auf einen *Monopolsozialismus*[287] oder die Erweiterung des marxistischen Denkens durch die *Praxis-Philosophen* in Jugoslawien. Was in der Aufzählung unverfänglich nebeneinandersteht, war in der politischen Praxis aber oft verfeindet. Anzumerken bleibt, dass der Marxismus zwar nach 1968 nicht tot ist, aber wirkliche Diskussion – nach der Hochkonjunktur der beginnenden 1920er-Jahre – findet nun nur noch im Westen statt. Doch hier zerfasern die Debatten bald, geht im Streit gegen den orthodoxen Ostblock-Marxismus-Leninismus, den eigenen radikalen Interpretationen und der Allgegenwart einer Entideologisierung die soziale Wirksamkeit der Theorie verloren. Nicos Poulantzas, Louis Althusser, Étienne Balibar, Rudi Dutschke, Wolfgang Fritz Haug schließlich mit seinem *pluralen Marxismus* sind noch Ideengeber. Der Osten hatte nicht mehr wirklich etwas beizusteuern – mit Ausnahme weniger Dissidenten wie Rudolf Bahro oder Exilanten wie Adam Schaff. Mit der tschechoslowakischen *Charta 77* und der polnischen *Solidarność* ist der intellektuelle Abschied vom Sozialismus weitgehend vollzogen. Darum gab es auch 1989 keine wirkliche marxistische Zukunftsdiskussion, abgesehen von begrenzten Wirkungen der Perestroika, die aber kaum noch Parteimitglieder, geschweige denn die Massen erreichen und begeistern können.

1968 – Radikaler Bruch und die Erbschaften

Das Jahr 1968 ist das Jahr vieler breiter Bewegungen *gegen* die Macht, nicht nur der realen der bürgerlichen Regierungen und der alten Politbüros, sondern auch *der* Macht und *des* Staates schlechthin. Endlich sollte für nicht wenige die anarchistische Forderung gelten: Die *Phantasie an die Macht.* Die Macht sollte wieder zum Volk zurückkehren, obschon das eher die revoltierenden Studenten in Paris, Frankfurt am Main oder Belgrad, gar in Westberlin forderten, die »Brecht dem Schütz die Gräten, alle Macht den Räten!« skandierten. Sie erlebten, dass sich das Establishment, der Staat, die Besitzbürger wehrten, dass sie aber auch jenen Arbeitern gegenüberstanden, die von der *Bild-Zeitung* zur Dutschke-Hatz aufgeputscht wurden. Bei aller Perspektive des späteren *Demokratie-Wagens* von Willy Brandt darf nicht vergessen werden, dass es Sozialdemokraten wie die jeweils mit absoluter Mehrheit gewählten Regierenden Bürgermeister Heinrich Albertz beim Schah-Besuch 1967 und danach Klaus Schütz 1968 in Westberlin waren, die gegen die Studenten mit aller Macht Ruhe und Ordnung wollten. Transparente mit »Dutschke, Volksfeind Nummer Eins« oder »Bauarbeiter, seid lieb und nett, jagt Dutschke und Konsorten weg!«[288] waren auf der Westberliner Senatskundgebung am 21. Februar 1968 noch die sachlichsten Meinungsäußerungen. Die Studenten wehrten sich, provozierten, wollten eine soziale wie politische Maßregel allerdings schon jetzt – und erst recht nach dem Attentat auf Dutschke: *Enteignet Springer!*

---

287 Siehe Jacek Kuroń, Karol Modzelewski: Monopolsozialismus.
288 Nachzulesen in: Rudi Dutschke: Mein langer Marsch, S. 126.

Immerhin, die Studenten praktizierten ihre Vorstellung von Demokratie und Meinungsbildung für ihren universitären Bereich. Nach 1968 sollten Arbeiterräte bei den Betriebsbesetzungen in den romanischen Ländern eine Rolle spielen. In den Reformversuchen Osteuropas war von einer solchen rein basisdemokratischen Aufhebung der Macht weniger die Rede, selbst die Prager Reformer blieben im Rahmen einer Verbindung klassischen Parlamentarismus mit funktionierenden Betriebsräten und Rechtsstaatlichkeit, nun allerdings tatsächlich mit Leben erfüllt.

Nicht zufällig begann am 30. Mai 1968 der Bruch, als nach einer Rückversicherung bei General Jacques Massu, dem kolonialkriegs- und putscherprobten »Helden von Algier«, in Paris de Gaulle mit der Diktatur drohte und Bonn die Notstandsgesetze verabschiedete und wenige Wochen später in Chicago der Parteitag der Demokraten im Belagerungszustand stattfand, während die Panzer der Warschauer Paktes rollten. Die Konservativen in beiden Blöcken zeigten die Zähne und wiesen die Phantasie in ihre Grenzen, zumal es gelang, die alten Bewegungen gegen die neuen auszuspielen. Die Studenten fuhren in die wohlverdienten Semesterferien und die Revolte begann zu versanden.

Dass manche Studentenbewegte aus dieser Gegen-Entwicklung ihre immer radikaler werdenden Schlüsse zogen und diverse Geheimdienste ihre Finger im Spiel hatten, gehört zu den Fernwirkungen des Jahres 1968. Für sie war es die Flucht von Aktivisten in den Widerstand und in einen bewaffneten Angriff auf die übermächtige Macht – seien es die Weatherman, die Black Panther, die RAF oder die Roten Brigaden. Jenseits dieser Irrwege, die letztlich der Reaktion die Chance für den Gegenschlag öffneten, war es die unauffällige *repressive Toleranz* einer integrierten und prokapitalistisch instrumentalisierten Protestbewegung, die wirkte.

Sartre hat recht: »Im Mai 1968 waren Partei und Gewerkschaften nicht bloß keineswegs an der Macht, sondern auch sonst weit davon entfernt, eine vergleichbare Rolle zu spielen. Das Element, das den Kampf vereinte, ist etwas, das meiner Ansicht nach von weither kommt: eine Idee, die aus Vietnam zu uns gelangt und von den Studenten in der Formel ›L'imagination au pouvoir‹ [Die Phantasie an die Macht – St. B.] ausgedrückt wurde. Mit anderen Worten: Das Feld des Möglichen ist sehr viel größer, als die herrschenden Klassen uns glauben gemacht haben.« Er verdeutlichte das umfassende Szenario der damaligen Situation: »Wer hätte es für möglich gehalten, dass vierzehn Millionen Bauern der größten Industrie- und Militärmacht der Welt widerstehen können? Genau das ist aber geschehen. Vietnam hat uns gelehrt, dass das Feld des Möglichen unermesslich ist, dass man nicht zu resignieren braucht. Dies war der Hebel der Studentenrevolte, und die Arbeiter haben es verstanden. In der gemeinsamen Demonstration vom 13. Mai war es diese Idee, die mit einem Male beherrschend wurde: ›Wenn ein paar tausend Jugendliche die Universitäten besetzen und die Regierung in Schach halten, warum sollten wir das nicht auch können?‹ So kam es dazu, dass die Arbeiter vom 13. Mai an und nach einem Vorbild, das zu dieser Zeit von außen zu ihnen gekommen war, zu streiken begannen und die Fabriken besetzten. Es war nicht ein

Forderungskatalog, was sie mobilisierte und vereinigte; der kam später, um den Streik zu rechtfertigen, und Motive dafür gab es gewiss genug. Interessant ist aber, dass die Forderungen erst nachträglich kamen, als die Fabriken bereits besetzt waren.«[289] Oder wie Rudi Dutschke im Glücksgefühl der Revolte betonte: »Geschichte ist machbar!«[290]

Trotzdem ist nicht zu übersehen, dass viele der Ideen und Ansätze des Jahres 1968 nur Imagination blieben. Insofern ist es nicht abwegig, von einer *miss- oder unverstandenen Revolte* und ihren Weichenstellungen zu sprechen. Das betrifft
- die Einordnung als Generationen- oder Kulturrevolte,
- ihre Reduzierung auf eine Revolte der Studenten und der Jugend,
- ihre Einengung auf den Westen,
- die Abkoppelung von den Unruhen in der Dritten Welt,
- vor allem das Ausblenden der osteuropäischen Entwicklungen
- und deren Reduzierung auf die revoltierenden Studenten in Prag, Warschau oder Belgrad bzw. die Proteste gegen die sowjetischen Interventen.

Das betrifft nicht zuletzt
- das Ignorieren der Reformen von oben im Osten wie deren politisch motivierte weitgehende Liquidierung auch außerhalb von Prag,
- das schließt den fehlenden Blick hinsichtlich der am Ende erfolgreichen neoliberalen Reaktion auf diesen Umbruch ein.

Ohne das Begreifen des radikalen Bruchs im Charakter der Arbeit, später wird vom *Ende des Fordismus* gesprochen werden, der neuen Rolle von Wissenschaft und Intelligenz, die nicht allein Studenten und Jugendliche unzufrieden machte und Industrie und Arbeiterschaft entwertete, kann diese *Weltrevolution* kaum richtig gewürdigt werden. Auch wenn hier genauer sortiert werden könnte und jede der genannten Sichtweisen ihre historische und politische Begründung findet, so verweisen sie doch auf eine in den Folgewirkungen und Folgedeutungen unübersehbare Einäugigkeit, die den damaligen Akteuren ebenso wenig gerecht wird wie den heutigen und künftigen Überlegungen und Erfordernissen für eine antikapitalistische Emanzipationsbewegung.

Hier wurde gezeigt, dass der Osten sich unterschiedlich radikal zu reformieren suchte. Es wurde erinnert, dass in Frankreich und Italien, aber auch in Spanien die Arbeiter einen wesentlichen Teil der Unruhen ausmachten und mit ihren Streiks und Betriebsbesetzungen tatsächlich an den Grundfesten des Kapitalismus rüttelten.[291] Das Zusammenwirken und die Konkurrenz alter wie neuer sozialer Bewegungen waren immer wieder vorhanden, wobei die Arbeiter keineswegs immer – wie die Westberliner Arbeiter – reaktionär oder – wie die Pariser Arbeiter – vordergründig komsumorientiert sein mussten.

---

289 Das Risiko der Spontaneität, die Logik der Institution. Ein Gespräch mit Jean-Paul Sartre (27. August 1968), in: Rossana Rossanda: Über die Dialektik von Kontinuität und Bruch. Zur Kritik revolutionärer Erfahrungen – Italien, Frankreich, Sowjetunion, Polen, China, Chile, Frankfurt am Main 1975, S. 137 f.
290 Siehe Rudi Dutschke: Geschichte ist machbar.
291 Verdienstvoll zeigen das Bernd Gehrke, Gerd-Rainer Horn (Hrsg.): 1968 und die Arbeiter.

Entscheidend ist das Begreifen der Ursachen dieses Umbruchs, der Durchmarsch der politischen und ökonomischen Folgen der neuen Produktivkräfte mit ihren Möglichkeiten für eine Aufhebung der Entfremdung der Arbeit und für die Befriedigung der materiellen Bedürfnisse. Mit genau dieser Ebene werden aber die Breite des Umbruchs und die beteiligten sozialen Kräfte anders zu bestimmen sein und es ist nach den Resultaten zu fragen.

Damit verliert sich der alltagskulturelle und der politisch-kulturelle Bruch und sichtbar wird ein Sieg der Konservativen, die allein im Westen eben nicht stagnativ konservativ waren, sondern dort das politische und soziale wie kulturelle Leben pluralisierten und zugleich die Macht des Kapitalismus auf eine modernere, individuellere, egoistischere Art zu begründen vermochten.

Ihre vermeintliche Pluralisierung der Ideologien, der Lebensweisen, der Kulturen erweist sich als Triumph jener wachsenden Manipulation und Entfremdung, deren Erkenntnis ursprünglich zumindest im Westen die Studenten auf die Straße trieb.

Es bleibt die übergreifende Fragestellung, ob und welcher Sozialismus gewollt wird. Eine Demokratisierung der Demokratie ist abhängig von den Ausgangsbedingungen unterschiedlich möglich. Klassisch parlamentarische oder parlamentarisch-plebiszitär-basisdemokratische wie rein rätedemokratische Wege bieten sich an. Sie können theoretisch begründet werden, Experimente gab es und sind immer wieder möglich. Der wirkliche Praxistest steht aber aus, weil es dann um einen größeren Zeithorizont ebenso geht wie um die Resultate. Dann tauchen auch die Probleme auf, wenn es um das Formulieren von übergreifenden, gesellschaftlichen Interessen geht. Widersprüche und Konflikte sind unvermeidlich. Technisch kann heute über alles abgestimmt werden, die Kompetenzen für diese Entscheidung (oder die mundgerechten Häppchen, die Politiker oder Medien anbieten) werden ausschlaggebend sein. Gerade hier stellt sich die Frage nach der Notwendigkeit einer Partei oder einiger konkurrierend-zusammenwirkender Parteien neu.

1968 war der Verriss der bürgerlichen wie der kommunistischen und sozialdemokratischen Parteikonzepte und vor allem der Praxis in West wie Ost eine wichtige Triebkraft der Unruhen. Die Konfrontation mit dem Stalinismus, eventuell auch eine verkürzte Parlamentarismuskritik führten aber ebenso wie 1989 möglicherweise in die Irre. Wobei die Grenzen des Parlamentarismus allerdings auch bedacht werden sollten – er schützt nicht vor Imperialismus, Kolonialismus, Faschismus und der erfolgreichen *repressiven Toleranz,* die auch die Studentenbewegungen des Westens mit manch ihren Ideen zu neuen Lebensspendern eines sich immer wieder modernisierenden kapitalistischen Systems macht.

Geschichtspolitik in Zeiten des Endes der Geschichte

Es müssen Schneisen durch das Dickicht der Überlieferungen und der Interpretationen des Phänomens 1968 geschlagen werden, zumal wenn Lehren aus dieser Geschichte gezogen werden sollen. Lehren ziehen verlangt aber zuerst zu begreifen, zu erfassen, herauszufinden was geschah und warum es geschah. Sonst ist die Gefahr jener historischen Neuverkleidung groß, von der Marx sprach, die Tragödien zur Farce verkommen zu lassen. Gleichzeitig ist es ein zumindest doppelter Kampf sowohl gegen die Interpretation der Herrschenden und ihrer bezahlten Klopffechter, nicht zuletzt der Renegaten, die ihr einstiges Denken und Handeln vergessen lassen wollen und jenen Apathischen, die nicht mehr wissen wollen, wofür sie einst aufstanden und bereit waren, etwas zu riskieren. Aber es ist auch eine Auseinandersetzung mit jenen, die mit dem revolutionären oder reformerischen Pathos der alten Zeiten hausieren gehen und sich ob manch erfreulicher Seite dieser Dinge verirren in der Illusion, eine verbindliche Sichtweise auf das damals und das heute Gültige gefunden zu haben.

Jenen, die das Jahr 1989 als Niederlage erlebt und akzeptiert haben, aber nicht an die Niederlage der sozialistischen Sache glauben, fällt es wohl leichter als jenen, die 1989 als die Zeit des Triumphes der Demokratie und der ewigen allgemeinmenschlichen Interessen missverstanden haben. Wobei dies nicht die Ablehnung der notwendigen, überfälligen antistalinistischen Revolution hin zum demokratischen Sozialismus im Osten bedeutet, sondern – lediglich – das Eingeständnis, dass auch diese Revolution gescheitert ist und der Kapitalismus obsiegte. Immerhin tat er dies politisch mit freundlicheren Mitteln als mit jenen, die einst die Kommunarden, die Aufständischen im Berliner Zeitungsviertel oder auch die Opfer der peripheren Schlachten des Kalten Krieges zwischen den beiden Blöcken erleiden mussten. Aber die Niederlage, die dem Jahre 1989 vorherging, war die Niederlage des Jahres 1968 – trotz Pille, Woodstock, neuen sozialen Bewegungen und der unendlichen Vielfalt des Denkens. Diese Niederlage hat Namen und Orte – ob den 21. August in Prag oder den 30. Mai in Paris mit de Gaulles »La réforme oui, la chienlit non« (»Reformen ja, Saustall nein«). Die Verlierer von 1989 wissen auch (oder sollten es wissen): Die Sieger wollen keinen Sozialismus, weder in Moskauer noch in Pariser Gestalt.

Ja, das Jahr 1968 und sein Umfeld war eine Zeit der geistigen Befreiung aus den Zwängen des Kalten Krieges und des Antikommunismus, noch einmal eine Welle sozialer Emanzipationsgedanken und – sehr begrenzter praktischer Emanzipation. Eric Hobsbawm wird heute gerne zitiert, weil er zutreffend, aber resignierend in seinem *Zeitalter der Extreme* feststellt: »Der Studentenaufstand der späten sechziger Jahre war das letzte Hurra der alten Weltrevolution. Er war revolutionär im Sinne der alten Utopie, eine permanente Umkehr der Werte zu erreichen und eine neue, perfekte Gesellschaft zu erschaffen; er war revolutionär im operativen Sinne, dieses Ziel durch Aktion auf den Straßen, mit Barrikaden und durch Bomben und Überfälle aus dem Hinterhalt zu erreichen. Er war global, nicht nur weil die Ideologie der revolutionären Tradition von 1789–1917 universell und internationalistisch gewesen war – selbst eine derart ausschließlich nationalistische Bewegung wie die separatistische baskische ETA, ein typisches Produkt der sechziger Jahre, behauptete in gewisser Hinsicht, marxistisch zu sein –, sondern weil die Welt, jedenfalls die Welt, in der die studentischen Ideologen lebten, zum ersten Mal wirklich global war.«[292]

Ja, es war eine Zeit der neuen Ideen, zumindest der entschiedenen Modifizierung der alten klassenkämpferischen Ideen eines Marx und Lenin, nun bereichert wie verwässert durch Psychoanalyse, Massenpsychologie, *Kritische Theorie* und diverse neue -ismen. Ja, es war eine Zeit neuer Organisationsformen und Bewegungen, die Massen zu mobilisieren vermochten, die kulturelle Wendungen und Öffnungen bewirkten und die in ihrer politisch relevanten Dimension ebenso rasch zerstoben. Dies meist weniger vor dem Widerstand der Mächtigen als in eigener Bequemlichkeit und Alltagstrott oder im Kampf der einen Organisation gegen die andere wie der permanenten Spaltungssehnsucht und -praxis.

Eine kritischere Sicht auf die Ereignisse, Bewegungen, Personen und Ideen, die mit dem Jahre 1968 verknüpft sind, müsste erkennen, dass es eine unverstandene Weichenstellung war. Es ging auch um kulturelle Befreiung, um Entdogmatisierung, um neue soziale Bewegungen und den Bruch mit der verbürokratisierten Arbeiterbewegung, es ging um den Bruch mit dem Parteikommunismus stalinistischer Provenienz ebenso wie mit der zahm gewordenen Sozialdemokratie. Es war die Zeit der revolutionären Romantik, die mit Revolutionären und Revoluzzern fern der heimischen Klassenkämpfe mitfieberte und mitkämpfte, nicht immer deren Tragweite erkennend. Es war sicher ein Bestandteil des internationalen Kampfes gegen die westliche, weniger die östliche Vormachtstellung einer Supermacht und deren Bereitschaft, diese Dominanz jeweils gewaltsam zu verteidigen – sei es gegen ein kleines südostasiatisches Volk in einem blutigen Vernichtungskrieg, sei es in einer polizeilichen Strafaktionen mit hunderttausenden Soldaten gegen ein kleines mitteleuropäisches Volk.

Die Auseinandersetzung kam daher als eine der neuen Bewegungen, der neuen sozialen Schichten gegen die bestehende Ordnung und Autorität, vor allem aber gegen die alten, verknöcherten, immobil gewordenen Bewegungen, Parteien und Ideologismen der Linken. Nichtsdestoweniger ging es um mehr, wenn die Bandbreite der Ereignisse des Jahres 1968 und ihres Umfeldes Revue passieren, wenn auf die Vielfalt der Akteure jenseits der Basisrevolutionäre und Revoluzzer auf den Straßen der westlichen Metropolen und Universitätsstädte, selbst jenseits der Studenten im polnischen März 1968 oder jener gegen die sowjetischen Panzer auf dem Prager *Václavské náměstí* (besser bekannt als Wenzelsplatz) geblickt wird. Es ging um eine nicht geschmiedete Einheit von kommunistischen Reformern und li-

---

292 Eric Hobsbawm: Das Zeitalter der Extreme. Weltgeschichte des 20. Jahrhunderts, München – Wien 1995, S. 554.

bertären Studentenbewegungen gegen eine Wirtschafts- und Gesellschaftsstruktur des verfallenden Fordismus, die mit ihrer Entfremdung und Hierarchisierung, ihrer sozialen Immobilität und politischen wie sozialen Stagnation sichtbar an die Grenzen der Produktivkraftentwickelung in Marx' Sinne gestoßen war. Eine Technologie-, eine Produktivkraftrevolution zwang zu neuen Antworten auf die Frage nach den Subjekten gesellschaftlichen Wandels, ihren Ideologen und Avantgarden und drängte nach den Antworten, wie eine nicht- und antikapitalistische Gestaltung von Produktionsverhältnissen und wie die Rolle der Produktivkraft Mensch in ihr aussehen konnte und musste.

Wogegen alle sein wollten, war – zu unterschiedlichen Zeiten, an unterschiedlichen Orten und von unterschiedlichen Akteuren meist nur abstrakt, und wenn politisch, nur ungleichzeitig ausgesprochen: gegen Entfremdung, gegen Gängelung, gegen Konsumdiktatur, gegen Entmündigung. Die Alternativen blieben vage – Demokratisierung, Pluralität, Rätemacht und Mitbestimmung, kulturelle und geistige Freiheit. Noch vager blieb das ökonomische Konzept, in dem selbstverwaltete Betriebe, in dem marktwirtschaftliche Elemente einen dritten Weg jenseits Profimaximierung und Kommandowirtschaft ermöglichen sollten. Man verzettelte sich in einzelne Kampffelder und war von den disziplinierenden wie irritierenden Wirkungen der Blockkonfrontation gebannt. Gleichzeitig verriet der Osten sein eigenes Entwicklungspotential, beendete in Prag mit Panzern, in der DDR mit Intrigen und im gesamten Block mit einem weitgehenden Reformverzicht die Hoffnungen und Chancen, die Produktivkraftrevolution für einen demokratischen Sozialismus zu nutzen.

Konservative waren ebenso erfolgreich wie die radikalen Vereinfacher, und Revolte wie Reform brachen zusammen, bevor sie auch nur einen Zipfel eines neuen Sozialismus, eines demokratischen Sozialismus erreichen konnte. Jenseits des Kampfes um die Macht begann sich jene Tendenz zur Machtsicherung der Herrschenden durchzusetzen, die seit Jahrhunderten erfolgreich auf Egoismus, Neid, Unterdrückung und Ausgrenzung gesetzt hatte. Langsam, aber sicher werden die in der Nachkriegszeit abgetrotzte und zugestandene breite Sozialstaatlichkeit und – beginnend bei der terroristischen Gefahr und der Ausländerfeindlichkeit – demokratische Errungenschaften zurückgedreht. Das Fazit: Ein Neoliberalismus wurde zum Sieger des Jahres 1968, der zuerst in Chile fünf Jahre später seine politische Bewährungsprobe fand – statt der Verheißungen einer Basisdemokratie, statt der Verheißungen einer sozialen Gerechtigkeit und Gleichheit die Chance für jeden, um das goldene Kalb zu tanzen und sein eigenes Glückes Schmied zu sein, ohne nach links oder rechts zu schauen, ohne – jenseits der allgemeinen Barmherzigkeit – die neben ihm Fallenden und am Boden Liegenden zu beachten.

Unbekannte, ausgeschlagene, missbrauchte Erbschaften

Im Schaltjahr

Das Jahr 1968 bedeutete Aufruhr in der Welt. In Saigon standen Kommandoeinheiten der vietnamesischen Befreiungsfront auf dem Boden der festungsgleich ausgebauten US-Botschaft und lieferten den Besatzern einen verzweifelten, erbitterten Kampf. Der Saigoner Polizeipräsident erschoss auf offener Straße einen gefangenen Befreiungskämpfer. Wenige Monate später wurde Son My/My Lai dem Erdboden gleichgemacht und eine US-Kompanie massakrierte hunderte Zivilisten. In Paris gingen im Mai im Quartier Latin die Studenten auf die Barrikaden, Tage später schlossen sich die Arbeiter mit einem großen Generalstreik an, Präsident de Gaulle floh zu seiner Armee in Südwestdeutschland, um sich Rückendeckung für den Machtkampf zu holen. In Westberlin, Frankfurt am Main und München lieferten sich Studenten Straßenschlachten mit der Polizei, blockierten Vorlesungen, organisierten alternative Lehrveranstaltungen, klagten auf dem *Vietnam-Kongress* die USA an und drohten mit der Machtübernahme durch Räte. In Prag löste eine Parteiführung eine Reform für einen *Sozialismus mit menschlichem Antlitz* aus, Parteimitglieder und Bürger fanden sich in einer beispiellosen Politisierung wieder, die von Panzern der Warschauer Pakt-Truppen am 21. August gestoppt wurde. Am 2. Oktober, von der Welt kaum bemerkt, richteten mexikanische Sicherheitskräfte unter Studenten das Massaker von *Tlatelolco* an, nur zwei Wochen später übertrugen die Fernsehstationen der Welt den stummen Protest zweier schwarzer US-Athleten auf dem olympischen Siegerpodest in Mexiko gegen die Rassendiskriminierung in ihrem Land. Ein breites Spektrum von Aktivitäten, von sozialen Bewegungen, alsbald auch von Niederlagen.

Heute ist zu fragen, was bleibt – wohl wissend, dass zwei Jahrzehnte nach dem Schaltjahr 1968 wieder ein Schaltjahr stattfand, das eine ganze Staatengruppe und eine Supermacht von der Weltoberfläche fegte, fast ohne dass ein Schuss fiel. Es geht um eine »Erzählung« dieses Jahres, die sich schnell als Erzählung eines ganzen Zeitabschnitts erweist. Es wird hier von einem deutschen, zumal ostdeutschen Standpunkt aus erzählt, durchaus aber die weltweite Dimension in den Blick genommen – in der Überzeugung, dass die wesentlichen Zwischenentscheidungen im Herzen Europas fielen und die Erfolge der Studenten, die sich zumindest eines politisch-kulturellen Umbruchs sicher schienen, ebenso fraglich sind wie die Strategien, die einem de Gaulle und der politischen Klasse Frankreichs die Macht sicherten, oder die Retuschen und Wandlungen des westdeutschen Staates oder der Triumph der Panzerkommandeure von Moskau oder Berlin, Hauptstadt der DDR.

Wie jede Sicht und jede Erzählung über historische Prozesse ist auch die hier vorzunehmende eine subjektiv gebrochene. Der Fernsehpublizist Günter Gaus konnte in seiner Reihe *Zur Person* im Herbst 1967 noch Rudi Dutschke begrüßen:

Die »Studenten sind eine kleine Minderheit. Darüber kann der Lärm, den sie machen, nicht täuschen. Der größere Teil der Studenten ist wahrscheinlich noch immer apolitisch, nicht einmal an Hochschulreformen in dem Maß interessiert, wie wir es uns wünschen sollten.«[293] Aber Gaus brachte den Studentenführer und seine Bewegung ins Fernsehen, genauso wie sie der *Spiegel* oder die *Frankfurter Rundschau* bekannt machten und der *Rowohlt-* oder der *Luchterhand-Verlag* ihre Lektüre massenhaft druckte. Das Jahr 1968 regte die Zeitgenossen auf, aktivierte nicht wenige, aber keine Mehrheiten. Die ließen noch Tom Jones mit *Delilah* und Heintje mit *Du sollst nicht weinen* in den Charts führen. Erst zehn Jahre später setzte die gezielte Geschichtsschreibung ein, begann die Suche nach Legenden. Sebastian Haffner, der unbestechliche Publizist, hatte wohl recht, wenn er auf die begrenzte Sichtweise der Zeitgenossen verweist. »Nicht alles, was je geschehen ist, wird Geschichte, sondern nur das, was Geschichtsschreiber irgendwo und irgendwann einmal der Erzählung für wert erachtet haben«, gibt er uns auf den Weg. »Geschichte wird nach literarischen Gesichtspunkten geschrieben, bestenfalls. Schlimmerenfalls und oft genug wird sie nach politischen Gesichtspunkten geschrieben und ist einfach stehen gebliebene Propaganda.«[294]

So wird Geschichte zu einer Erzählung, die neu mit Figuren und Ideen konfrontiert ist und die sich bewusst ist, dass sie immer mindestens von zwei Seiten geschrieben und gelesen wird – aus der Sicht der Akteure mit ihren Kenntnissen, ihrem Wissen und ihren Ängsten – und aus der Sicht der Zeitgenossen des Geschichtenerzählers, die oftmals besser als der Historiker Bescheid meinen zu wissen.

Geschichtspolitik und professionelle Zeitgeistbetrachtung sichern eine dritte und besonders wirksame Ebene, auf der Geschichte aus dem Blickwinkel der Sieger der Geschichte geschrieben werden soll. Es gilt gegenzuhalten durch diejenigen, die historisch eine Niederlage erlitten haben. Erst recht müssen jene dagegenhalten, die die historischen Erfahrungen auch aus Sackgassen und Niederlagen nutzen wollen – vielleicht gar im utopisch-emanzipatorischen Sinne –, um den Jahrtausende alten Kampf gegen Ausbeutung und Unterdrückung fortzusetzen. Das ist also eine Herausforderung für die unverzichtbare Geschichtspolitik derjenigen, die an dem Ziel der menschlichen Emanzipation, am sozialistischen Ziel festhalten.

In unserem Selbstverständnis geht es keineswegs allein um das Jahr 1968, das Jahr einer *Weltrevolution,* die nicht zuletzt die »Rebellion gegen die dominierenden Kräfte des Kapitalismus und der Protest gegen die Schwäche und Korruptheit, gegen die politischen Versäumnisse und die Arroganz der antikapitalistischen Kräfte der Vergangenheit« war, wie Wallerstein verallgemeinert. Sie »variierte von Ort zu Ort in Abhängigkeit von den Umständen, die zu den einzelnen Bewegungen führten, aus denen sich die Weltrevolution 1968 zusammensetzte«.[295]

---

293 Rudi Dutschke: Eine Welt gestalten, die es noch nie gab, S. 435 f.
294 Haffner, Sebastian: Was ist eigentlich Geschichte, in: ders.: Im Schatten der Geschichte. Historisch-politische Variationen aus zwanzig Jahren, München 1988, 2. Aufl., S. 15.
295 Giovanni Arighi, Terence Hopkins, Immanuel Wallerstein: 1989 – Die Fortsetzung von 1968, S. 147.

Hier ist ein komplexer Umbruch zu sehen, der streng genommen die Jahrzehnte zwischen der Katharsis, der möglichen Reinigung der kommunistischen Bewegung vom Stalinismus im Jahre 1956 und dem Auslaufen der sozialen Kämpfe im Gefolge der 68er und im Bruch der Ereignisse in Polen und Afghanistan 1980/81 (mit den Folgewirkungen von 1989/91) einschließt. Die Reduzierungen des Jahres 1968 allein auf dieses, allein auf ein westliches, allein auf ein studentisches oder Generationenereignis oder allein die Übersetzung in eine kulturelle Revolution sind dazu angetan, die Geschichte umzuschreiben und zu verkürzen. Denn nicht allein die Betonung aller Disziplinmängel, Nachwuchsverweigerung oder alle Gleichstellungen mit der NS-Vergangenheit tragen dazu bei, das Jahr 1968 als positiven Bezugspunkt für jene sozialen Bewegungen und kritischen Intellektuellen zu zerstören, die, wenn sie von der Notwendigkeit einer emanzipatorischen Überwindung des Kapitalismus ausgehen, trotz der Ambivalenzen der damaligen Ereignisse an einem festhalten müssen: am Jahr 1968 als Symbol eines Aufbruchs, eines Widerstehens gegen die herrschende, überlebte, verknöcherte Ordnung.

Im Kern ging es um einen Umbruch, eine Revolution der Produktivkräfte, die eine neue Struktur der Gesellschaft mit neuen Gewichtungen von Intelligenz zu Lasten der Arbeiterklasse, die eine Betriebsweise durch eine mögliche intelligenzintensive Arbeit mit ihren Folgen für die nationalen und die internationalen Wirtschaften auslöste, aber auch jenen Wandel der Destruktionskräfte und der möglichen Strategien einer Systemauseinandersetzung, die tatsächlich neuartige Kämpfe und Kompromisse ermögliche. So oder so sollte er sich als ein Wandel herausstellen, der keineswegs 1968 und auch nicht, wie manche hoffen, 1989 abgeschlossen war.

Hier kann nur versucht werden, den interessierten Leser an die Hand zu nehmen und mit ihm in die Situation einzutauchen, hinter der Vielzahl von Ereignissen den prägenden Zusammenhang zu suchen und die vielfältigen ideologischen, theoretischen Reflektionen jener zur Kenntnis zu nehmen, die in dieser Umbruchssituation eigentlich die Vordenker eines neuen emanzipatorischen Weges hätten sein sollen.

Von langen Märschen und vertanen Chancen

Naturgemäß steht heute die Frage, wie ernsthaft die Akteure 1968 ans Werk, an den Streit gingen. Maßstab können kaum allein die damaligen Losungen sein, wie sie etwa an der Sorbonne ebenso spontan wie alsbald auch organisiert entstanden: »Besetzung der Fabriken!«, »Alle Macht den Arbeiterräten!«,»Abschaffung der Klassengesellschaft!«, »Nieder mit der spektakulären Warengesellschaft!«, »Abschaffung der Entfremdung!«, »Ende der Universität!«, »Tod den Bullenschweinen!« und gar »Die Menschheit wird erst an dem Tag glücklich sein, an dem der letzte Bürokrat mit den Gedärmen des letzten Kapitalisten aufgehängt worden ist!«[296] Zustimmendes Nicken wie Kopfschütteln waren und sind hier gewiss. Allein, Losungen sind keine Bewegung, kein Programm.

---

296 Zitiert in: Simon Ford: Die Situationistische Internationale. Eine Gebrauchsanleitung. Hamburg 2007, S. 143.

Die Beobachtungen sind widerstreitend und die Antworten fallen unterschiedlich aus, und Letztere sind wohl kaum allein aus heutiger Sicht zu geben. Wie so oft wandeln sich die Menschen, die Rahmenbedingungen sind andere geworden, der innere Schweinehund hat dafür gesorgt, dass Ideale relativiert, vertagt, in die Weiten der Utopie verabschiedet wurden und werden. Die wundersamen Folgen der *langen Märsche durch die Institutionen* sind wohlbekannt. Die Hoffnung eines Rudi Dutschke, dass sich die Institutionen wandeln und nicht die Aktivsten, hat sich in den seltensten Fällen erfüllt. Es wäre so schön gewesen, wenn es funktioniert hätte, »ohne Illusionen und ohne Skepsis ... in den verschiedensten Widerspruchsebenen der Gesellschaft (Schule, Berufsschule, Universitäten, stagnierende Produktionszweige etc.) die Widersprüche zu vertiefen, Abteilungen und Fraktionen aus der repressiven Totalität des Institutionswesens herauszusprengen und für das antiautoritär-revolutionäre Lager zu gewinnen. Der lange Marsch durch die Institutionen ist die subversive Verwertung der Widersprüche und Möglichkeiten in- und außerhalb des staatlich-gesellschaftlichen Gesamtapparats, um diesen innerhalb eines langen Prozesses zu zerstören.«[297]

Damals, 1968, waren die Studenten ernsthaft am Werke, sahen die Gräuel des schmutzigen Vietnam-Kriegs der USA, den Bonns und Westberlins Offizielle von CDU bis SPD guthießen. Auch schon damals wurde die »Freiheit« anderswo, nämlich am 17. Breitengrad verteidigt. Studenten stritten über die Grenzen moralischer Entrüstung und die Notwendigkeit, die *Waffen für den Viet Cong* (so eine damalige Losung) zu finanzieren, lehnten faschistische Altlasten in der Politik ebenso ab wie die akute Bedrohung der Demokratie in Gestalt der Notstandsgesetze. Sie erlebten, dass die Nachfrage nach akademischen Arbeitskräften jenseits bisheriger intellektueller Elitenschaft wuchs,[298] dass in den USA oder in Frankreich schon massiv neu immatrikuliert wurde, während in der Bundesrepublik noch Georg Picht die »Bildungskatastrophe«[299] beschwor. Die unzureichenden Studienbedingungen an den Universitäten bewegten sie in vielen Ländern, ebenso die borniert Art der Herrschenden in den Hierarchien. Sie wollten selbst gestalten, eine bessere, eine ausbeutungs- und unterdrückungsfreie, demokratisch verfasste Gesellschaft. Und doch fiel damals wie heute die Leichtigkeit vieler der studentischen Aktionen auf. Sie propagierten *Phantasie an die Macht,* bastelten Pudding-Bomben gegen US-Vize-Präsident Hubert Humphrey, testeten neue Lebensformen in *Kommunen.* Waren es nur Sex, Drugs and Rock'n'Roll oder war es der Vorabend einer – gar *proletarischen* Revolution? Sie praktizierten das, was einige ihrer eher theoretisierenden Mitstreiter von der Revolution hofften, dass diese »Feten sein (werden) oder sie werden nicht sein, denn das von ihnen angekündigte Leben wird

---

297 Rudi Dutschke: »Arbeiter und Studenten im Spätkapitalismus«, FU-Spiegel Nr. 62, Januar 1968, in: ders.: Mein langer Marsch, S. 22 f.
298 Siehe z. B. Alfons Kenkmann: Von der bundesdeutschen »Bildungsmisere« zur Bildungsreform in den 60er-Jahren, in: Axel Schildt, Detlef Siegfried, Karl Christian Lammers (Hrsg.): Dynamische Zeiten. Die 60er-Jahre in den beiden deutschen Gesellschaften, S. 402 ff.
299 Siehe Georg Picht: Die deutsche Bildungskatastrophe: Analyse und Dokumentation, Olten 1964.

selbst unter dem Zeichen der Fete geschaffen werden. Das Spiel ist die letzte Rationalität dieser Fete, Leben ohne tote Zeit und Genuss ohne Hemmnisse sind seine einzig anerkannten Regeln.«[300] Bei den Traditionslinken, so in der Pariser KP-Zeitung *L'Humanité,* waren solche Party-Träume kaum wohlgelitten. Die Skepsis war so abwegig nicht. Nicht nur Frankreich war weit weg von wirklicher Revolution. Den Kommunisten waren die Risiken in einer immer noch am Rande der Katastrophe laufenden Blockkonfrontation ebenso klar wie wohl auch die Risiken einer einfachen gewaltsamen inneren Lösung, die sie gerade in Jakarta und Athen erlebt hatten. Staatsmännische, revolutionäre Weisheit oder bereits die vollzogene Anpassung an ein System, in dem mittlerweile auch Kommunisten ihren geachteten und finanzierten Platz hatten?

Die Skepsis musste auch ihren Grund in der Sozialisation und Politisierung der neuen Revolutionäre finden. So schnell, wie die alten linken Klassiker und ihrer modernen Ergänzungen und Fortschreibungen angeeignet wurden, so schnell sollten sie in die hinteren Reihen der Bücherschränke verschwinden, weil etwas Neues angesagt war – seien es Ökologie, Esoterik, Managementlehren ... Es war das Ende eines »Selberdenken«, das die damaligen Akteure »schön und strahlend« machte. Resigniert stellt die heutige Filmemacherin Helke Sander, die 1968 die Frauensache im SDS durch einen legendären Tomatenwurf geschichtsmächtig machte, fest: »Das hielt leider nicht lange an. Den meisten wurde das Selberdenken bald zu anstrengend und sie suchten sich wieder einen Halt. Die einen wurden hundertprozentige Parteibonzen, andere wurden religiös, Esoteriker, Veganer, Hare-Krishna-Anhänger, Manager, Aussteiger, Drogensüchtige.«[301]

Symptomatisch waren die drei *Karl-Marx-Universitäten* des Jahres 1968. In Frankfurt am Main war die studentische Umbenennung der Bruch mit dem Tabu des Antikommunismus, Zeichen eines radikalen Protestes gegen eine spätkapitalistische Gesellschaft, die reif schien für ihre revolutionäre Überwindung. In Belgrad provozierten die linken Studenten mit dieser Namenswahl für ihre Universität eine kommunistische Regierung. Sie forderten die Rückbesinnung auf einen humanistischen und radikalen Marx. Allein in Leipzig hieß die Uni schon seit jenem denkwürdigen Jahr 1953 so, und die dort Studierenden wie Lehrenden rangen um eine 3. Hochschulreform.[302] Die versprach eine leistungsfähige und pra-

---

300 Zitiert in: Simon Ford: Die Situationistische Internationale, S. 131.
301 Helke Sander: Brief an Sani. »Ob schwarz, ob braun, ob Henna, wir lieben alle Männer«, in: Daniel Cohn-Bendit, Rüdiger Dammann (Hrsg.):1968 – Die Revolte, S. 105.
302 Siehe u. a. Andreas Malycha: »Produktivkraft Wissenschaft« – Eine dokumentierte Geschichte des Verhältnisses von Wissenschaft und Politik in der SBZ/DDR 1945-1990, in: Clemens Burrichter, Gerald Diesener (Hrsg.): Auf dem Weg zur »Produktivkraft Wissenschaft«, S. 39 ff.; ders. (Hrsg.): Geplante Wissenschaft. Eine Quellengeschichte zur DDR-Wissenschaftsgeschichte 1945-1961. o. O. (Leipzig) 2003; Matthias Middell: 1968 in der DDR: Das Beispiel der Hochschulreform, in: Etienne François, Matthias Middell, Emmanuel Terray, Dorothea Wierling (Hrsg.): 1968 – ein europäisches Jahr? S. 125 ff.; Agnes Charlotte Tandler: Geplante Zukunft. Wissenschaftler und Wissenschaftspolitik in der DDR 1955-1971, Freiberg 2000. Vgl. auch: Stefan Bollinger: Das zerstörte Kettenglied. Brüche und Verluste in den Sozial- und Geisteswissenschaften zwischen der untergegangenen DDR und dem vereinigten Deutschland«, in: Meyer, Hansgünter (Hrsg.): Der Dezennien-Dissens. Die deutsche Hochschul-Reform-Kontroverse als Verlaufsform, Berlin 2006, S. 431 ff.

xisnahe Universität, die aber ebenso für eine noch engere Bindung von Intelligenz und SED sorgte, so dass auch die Sympathien mit den Prager Reformern rasch unterdrückt werden konnten, wo sie denn auftraten. Gerade um die Missverständnisse über das Jahr 1968 und seine Bewegungen aufzudecken, ist eine Versicherung der Tatsachen unerlässlich. Es war ja leider nicht so, dass 1968 die drei Westalliierten »einige Sondermaschinen für den Abtransport der funktionslosen Politiker und Bürokraten« der bürgerlichen Altparteien bereitstellen mussten, um diese aus Westberlin in Richtung Bonn auszufliegen.[303] Denn in der bisherigen Frontstadt des Kalten Krieges hatte keine sozialistische Räte-Republik gesiegt. Dabei war dieser Gedanke in seiner Zeit eben so bestrickend, wie er im Rückblick wirkt. »Ein von unten durch direkte Rätedemokratie getragenes Westberlin, in der freie Individuen in direkter Wahl in allen Bereichen des gesellschaftlichen Lebens die ständig rotierende und nur temporäre – jederzeit durch Räteversammlungen absetzbare – Führung wählen, so in den Betrieben, den Schulen, Universitäten, Verwaltungen etc. könnte ein strategischer Transmissionsriemen für eine zukünftige Wiedervereinigung Deutschlands sein.« Für Rudi Dutschke war es verlockend, die Westberliner Insellage als Basis eines »beispielhafte(n) Modell(s) eines dezentralisierten real-demokratischen Lebens« zu sehen, es als solches »für die anderen beiden Teilstaaten, für die ganze Welt« zu betrachten. Hier könnte, so der Studentenführer ironisch, auch der Ausruf des »Exrevolutionär(s) Friesland Reuter« einen neuen Sinn bekommen: »Schaut auf diese Stadt«.[304]

Ja, es wäre eine Provokation für beide Systeme gewesen, wie die Ereignisse in West wie Ost tatsächlich eine Provokation auch dann schon waren, als sie die Macht nur touchierten, nicht wirklich erschütterten. Dazu das erschreckende Phänomen in der Analyse des Scheiterns, des Niederwerfens, des im Westen erfolgreichen repressiv-toleranten Einebnens des Protests. Dort hatten die Herrschenden die Möglichkeiten der Korrumpierung und Manipulation wohl erkannt und ausgeschöpft, auch durchs Weitergeben materieller Wohltaten für die von dieser Herrschaft ausgeschlossenen. Herbert Marcuse hatte eingesehen: »Unter der Herrschaft eines repressiven Ganzen lässt Freiheit sich in ein mächtiges Herrschaftsinstrument verwandeln. Der Spielraum, in dem das Individuum seine Auswahl treffen kann, ist für die Bestimmung des Grades menschlicher Freiheit nicht entscheidend, sondern was gewählt werden kann und was vom Individuum gewählt wird. Das Kriterium für freie Auswahl kann niemals ein absolutes sein, aber es ist auch nicht völlig relativ. Die freie Wahl der Herren schafft die Herren oder die Sklaven nicht ab. Freie Auswahl unter einer breiten Mannigfaltigkeit von Gütern und Dienstleistungen bedeutet keine Freiheit, wenn diese Güter und Dienstleistungen die soziale Kontrolle über ein Leben von Mühe und Angst aufrechterhalten – das heißt die Entfremdung.«[305]

---

303 Rudi Dutschke: Zum Verhältnis von Organisation und Emanzipationsbewegung. Zum Besuch Herbert Marcuses, in: Bernd Kramer (Hrsg.): Gefundene Fragmente, S. 77.
304 Ebenda, S. 71.
305 Herbert Marcuse: Der eindimensionale Mensch, S. 27 f.

Aber weder in Westberlin noch in Paris übernahmen linke Studenten und Arbeiter die Macht, weder in Prag noch im kulturrevolutionären Peking hatten demokratische Sozialisten eine Erfolgsaussicht. In diesem Jahr und in dieser Zeit verschränken sich unterschiedliche Ursachen und soziale Akteure und parallele Bewegungen, die sicher auf verbindende Momente hin geprüft werden können, die aber jeweils ein eigenes Gesicht und eine eigene Linie der gesellschaftlichen und historischen Entwicklung verkörpern. Marx und Engels mögen recht haben, wenn sie den Zusammenhang zwischen der Entwicklung der Produktivkräfte und den Zwängen zur Revolution aufzeigen. Es sei dahingestellt, ob nun gerade 1968 die Revolution auf der Tagesordnung stand, oder nicht vielmehr ein Punkt erreicht war, an dem wesentliche Bedingungen vorhanden waren, aber doch nicht die für eine Explosion notwendige Zuspitzung erfolgte. Immerhin traf damals auf die linken Akteure zu, dass sie diesen Basiskonflikt in den »verschiedene(n) Nebengestalten« aufgriffen, »als Totalität von Kollisionen, als Kollisionen verschiedener Klassen, als Widerspruch des Bewusstseins, Gedankenkampf etc., politischer Kampf etc. Von einem bornierten Gesichtspunkt aus kann man nun eine dieser Nebengestalten herausnehmen und sie als die Basis dieser Revolutionen betrachten, was umso leichter ist, als die Individuen, von denen die Revolutionen ausgingen, sich je nach ihrem Bildungsgrad und der Stufe der historischen Entwicklung über ihre eigne Tätigkeit selbst Illusionen machten.«[306]

Praktisch stellte sich diese unterschiedliche Daseinsweise dar eben als ein Augenblicksausschnitt aus einer grundlegenden Produktivkraftrevolution, die aber gleichzeitig mit einer entscheidenden Veränderung in den Formen und Methoden der Blockkonfrontation weg von der vormaligen eliminatorischen Grundausrichtung sich vollzog. Die Entscheidung über den Triumph eines der beiden Kontrahenten wurde in deren Fähigkeit verlagert, die Massen für sich zu gewinnen, weniger durch Ideologie-Konstrukte als durch gewährtes Wohlleben und Freiheiten, vielleicht auch nur Freiräume in einer funktionierenden Gesellschaft.

Gleichzeitig vollzog sich ein Wandel in den sozialen Kräften, die die Intelligenz zur Massenschicht beförderte und ihren exklusiven Charakter infrage stellte, sie in die Situation von formal zwar teilweise noch unabhängigen, aber faktisch abhängigen Beschäftigten brachte und gleichlaufend die Arbeiterklasse und ihre Organisationsformen angesichts des beginnenden Abbaus der Industrialisierung als Rückgrat der nationalen Volkswirtschaften schwächte. Trotzdem war das Geschehen der Endsechziger Jahre durch eine sich nur gelegentlich – besonders in Frankreich und noch mehr in Italien – verbindende soziale Bewegung von Studenten gegen Macht und Hierarchie, für verbesserte Studienbedingungen, demokratische Gestaltungsmöglichkeiten, aktuell oft gegen den Vietnam-Krieg und gegen Repression mit der Arbeiterbewegung geprägt. Denn parallel zum studentischen Aufbegehren erlebten die Gesellschaften der romanischen Staaten im weitgehend

---

306 Karl Marx, Friedrich Engels: Die deutsche Ideologie, in: MEW, Bd. 3, S. 74.

wilden Generalstreik im Mai/Juni 1968 in Frankreich und im *Heißen Herbst* 1969 in Italien nochmals eine kampfbereite Arbeiterklasse, die für bessere materielle Bedingungen, die Sicherung und Verbesserung ihres Lebensstandards, aber auch für mehr Mitgestaltung ihrer Arbeitsprozesse eintrat.

Zu diesen Vorgängen gehört aber auch jener allgemeindemokratische Kampf namentlich in den USA, die sonst der große Exporteur und Vorkämpfer für *Freedom and democracy* sein wollten, der Kampf um die Gleichberechtigung der schwarzen und farbigen Bevölkerung. Ein wesentliches Ziel der demokratischen Kämpfe der 1960er-Jahre war der Kampf gegen die bestehenden faschistischen und halbfaschistischen Diktaturen, die in Europa immer noch Spanien und Portugal beherrschten. Mit dem Putsch der Obristen in Griechenland gegen eine drohende sozialistische, sozialdemokratische Regierung war dieser Kampf, aber auch die Bedrohung von progressiver politischer Veränderung unmittelbar manifest. Dazu kamen die Erfahrungen mit den Diktaturen im Iran und seit 1965 die brutale Abrechnung mit hunderttausenden chinafreundlichen Kommunisten in Indonesien. Überhaupt war es die Zeit der Militärdiktaturen, die meist in enger Verbindung mit den USA in Lateinamerika, Asien und Afrika als fester Bestandteil der »freien Welt« der von dieser versprochenen Verteidigung der Menschenrechte und der Freiheit Hohn sprachen.

Vor allem waren diese Länder Schauplatz jener tatsächlichen, oft auch nur vermeintlich erfolgreichen Guerillabewegungen, die einen Weg zu Demokratie, zum Sozialismus gar einläuten sollten. Revolutionäre Romantik und die Unkenntnis der Gegebenheiten bestimmten gerade diese Solidarität mit dem Trikont, in dem allein der Erfolg der kubanischen Revolution von 1959 und ihr Bestehen gegen Schweinebucht-Invasion und in der Kuba-Krise, nun aber fest eingebunden in die Blockkonfrontation und deren Logik auch in der weiteren Wahl des inneren Weges des Sozialismus unterworfen, scheinbar Beispiel abgaben. Auch der Kampf des vietnamesischen Volkes gegen die US-Besatzer taugte nur aus der Ferne zu einem romantischen Partisanenbild, das aber gerade durch die Tet-Offensive[307] widerlegt wurde. Denn hier traten letztmals die recht starken Guerillaeinheiten der südvietnamesischen Nationalen Befreiungsfront (FNL) zum Kampf an, aber schon massiv unterstützt durch reguläre Verbände der (nord)vietnamesischen Volksarmee. Der Krieg war nur durch reguläre, gutgedrillte und hochgerüstete Truppen zu gewinnen. Das war auch eine Lehre aus der Tet-Offensive. Deren strategischer Plan für den *Allgemeinen Volksaufstand,* gleichzeitig die Zerschlagung der US-Truppen und vor allem ihrer südvietnamesischen Verbündeten, ging nicht auf.[308] Die Angreifer erlitten nach spektakulären Teilerfolgen schwere Verluste. Aber es war trotzdem ein großer strategischer Erfolg, der die USA zu einer Wende in der

---

307 Siehe u. a. Marc Jason Gilbert, William Head (Ed.): The Tet Offensive. Connecticut – London 1996; James H. Willbanks: The Tet Offensive: A Concise History, New York 2007.
308 Siehe ebenda, S. 79 ff.

öffentlichen Meinung[309] und die politischen Führung mit Lyndon B. Johnson, der auf eine weitere Präsidentschaftskandidatur verzichtete und eines Verteidigungsministers Robert McNamara, der zurücktrat, langfristig zur Beendigung dieses Krieges veranlasste. Der Krieg war in Vietnam nicht mehr zu gewinnen, Washington musste mit den vietnamesischen Seiten verhandeln und das US-amerikanische Volk kehrte den eigenen Kriegstreibern den Rücken.

Die Verklärung Che Guevaras als Führer der Befreiungs-Guerilla und zum Ideal einer neuen sozialistischen, aber undogmatischen Führerpersönlichkeit übersah schon frühzeitig, dass dessen Weg in den Kongo und danach in das Desaster von Bolivien zur Mythenbildung, aber nicht zu einer revolutionären Taktik und gar Strategie taugte. Daran änderte auch der politische Dolmetscher-Dienst des Franzosen Régis Debrays[310] nichts. Er suchte mit dem Ausarbeiten einer Focus-Theorie dem revolutionären Konzept der Guerilla auch eine allgemeingültige und weltweite Interpretation zu geben. Eine kleine Gruppe Revolutionäre könne eine Gesellschaft zum gerechten Kampf entzünden. Neben den Dschungelerfahrungen waren es die Impressionen aus dem Kampf der *Tupamaros,* der Stadtguerilla in Uruguay, die einen Eingang in das Denken jener vor allem westdeutschen und italienischen Aktivisten eröffneten, die am Ende im geheimdienstverseuchten Milieu der westeuropäischen Terroristen der 1970er-Jahre endeten.

Schließlich bleibt die staatssozialistische Reformdimension: Als am 20. März 1968 Prager Intellektuelle im Fučik-Park mit tausenden jungen Leuten, landesweit vom Rundfunk übertragen, die Zukunft ihres Landes und des Sozialismus diskutierten, ereilte sie ein Grußwort Westberliner sozialistischer Studenten: »Uns eint mehr, als der Reaktion lieb ist. Allerdings unterscheidet sich unser Kampf an einem wesentlichen Punkt: während ihr die sozialistische Basis zu einem freiheitlich-kommunistischen System zu erweitern sucht, arbeiten wir in den kapitalistischen Ländern auf dem Vorfeld dieser Möglichkeiten.«[311] Es war einer der seltenen Fälle, in denen realistisch der Zusammenhang der Ereignisse des Jahres 1968 begriffen wurde. Nicht die Nachahmung von studentischen Protesten mit ihren Kampfformen von Westberlin, Paris, Berkeley bis Warschau oder Belgrad waren die Klammer, die weltweit Revolten und Reform-Bewegungen verband. Sie setzten sich für eine demokratischere, oft ausdrücklich für eine sozialistische Gesellschaft ein. Nicht nur Ausbeutung und Unterdrückung des Kapitalismus, sondern die Entfremdung in jeder hierarchisch organisierten Gesellschaft wurden angesichts der Möglichkeiten der Produktivkraftrevolution und des wachsenden Gewichts der Intelligenz aktuell für abschaffbar gehalten. Die verknöcherten alten Linksbewegungen, ob Sozialdemokraten oder stalinistisch geprägten Kommuni-

---

309 Siehe u. a. David F. Schmitz: The Tet Offensive. Politics, War and Public Opinion. Lanham – Boulder – New York – Toronto – Oxford 2005.
310 Besonders wirkungsvoll: Régis Debray: Revolution in der Revolution, Köln 1967, 2. Aufl.
311 Berliner Extra-Dienst vom 27. März 1968, zit. in: Wolfgang Kraushaar: 1968 – Das Jahr, das alles veränderte, S. 85.

sten, wurden als unfähig angesehen, diese erneuerte sozialistische Perspektive anzugehen.

Aber immerhin, Anfang der 1960er-Jahre begriffen die tschechoslowakischen Kommunisten wie andere osteuropäische Parteien, so die SED und die USAP in der DDR und Ungarn, dass ein radikaler Wandel zumindest der Ökonomie weg von starren Kommandovorgaben auf der Tagesordnung stand. Flexiblere, die Interessenlagen der unterschiedlichen wirtschaftlichen Subjekte und der Gesellschaft berücksichtigende Mechanismen waren notwendig. Gewinn, Selbständigkeit der Betriebe, Markt und Plan müssten verbunden werden. Auf Prag lasteten eine Wirtschaftskrise, eine verschleppte Rehabilitierung der Opfer der 1950er-Jahre, ebenso der latente Konflikt der Tschechen mit den benachteiligten Slowaken. Intellektuelle hatten all das früh kritisiert. Im Sommer 1967 forderten Schriftsteller eine öffentliche Diskussion zu den Entwicklungsproblemen des Sozialismus und das Ende der Zensur. Bemerkenswert: In Westberlin hatten im Juni unzufriedene Jungintellektuelle einen Toten im Kampf gegen die Polizei zu beklagen. In Prag hatten nicht nur gestandene Alt-Intellektuelle dies aufmerksam verfolgt. Sie hofften nach 1948 auf den Sozialismus und erlebten einen immer noch unbewältigten Stalinismus. »Zu sehen, wie sich eine solche humanistische Bewegung in etwas Gegenteiliges umkehrt und alle menschliche Tugend mit sich reißt, wie sich die Liebe zur Menschheit in Grausamkeit den Menschen gegenüber wandelt, die Wahrheitsliebe in Denunziation usw. usw., das eröffnet unglaubliche, unmittelbare Ausblicke auf das Wesen menschlicher Werte und Tugenden«,[312] kritisierte Milan Kundera. Ludvík Vaculík sekundiert: »Die soziale Revolution ist bei uns gelungen – das Problem der Macht besteht weiter. Obwohl wir ›den Stier bei den Hörnern gepackt‹ haben und ihn festhalten, tritt uns währenddessen irgendjemand dauernd in den Hintern und hört nicht auf damit.«[313] Pavel Kohout bezog sich auf die Ereignisse um den Schah-Besuch in Westberlin und den Tod eines Studenten. Er mochte nicht an staatlichen Interessenlagen zweifeln, aber er verwies darauf, dass Westberlins Studenten aus der Presse erfahren konnten, was das Schah-Regime bedeute und sich frei für eine Demonstration auch mit dem Risiko ihres Zusammenprügelns entscheiden konnten.[314]

Dieses Recht wollten auch die Prager Studenten. Im November protestierten sie gegen schlechte Lebensbedingungen in den Studentenheimen und für einen Sozialismus, in dem dies diskutiert werden konnte. Allerdings, bereits seit mehreren Jahren arbeiteten im Auftrage der alten KPČ-Führung um Novotný staatliche und Parteikommissionen für eine Wirtschafts- und, wie sich bald aus Sicht der Reformer als unerlässlich erwiesen sollte, eine politische Reformierung. Hier gingen sie weiter als all ihre Genossen in Osteuropa und weiter als ihr ursprünglicher Auftrag.

---

312 Milan Kundera, in: Reden zum IV. Kongress des Tschechoslowakischen Schriftstellerverbandes Prag, Juni 1967, Frankfurt am Main 1968, S. 18.
313 Ludvík Vaculík in: ebenda, S. 107.
314 Siehe Pavel Kohout in: ebenda, S. 26 ff.

Den Durchbruch erzielten die Reformer mit dem Januar-Plenum, das den Kompromisskandidaten Alexander Dubček als 1. Sekretär in die Verantwortung brachte, der glaubhaft einen neuen, volksnahen, lernenden, kompromissbereiten Politikertyp verkörperte, dessen Weichheit allerdings auch die Führung seiner Partei gefährden musste. Nicht zufällig zum Jahrestag des Programms von Košiče von 1945 stellte das ZK der KPČ am 5. April 1968 ein *Aktionsprogramm* vor, in dem die Vorschläge der Reformwegbereiter um Ota Šik, Zdeněk Mlynář und Radovan Richta ebenso Aufnahme fanden wie die anlaufende öffentliche Diskussion. Sie zielten auf einen zu erneuernden Sozialismus, »konsequent von tschechoslowakischen Verhältnissen«[315] ausgehend. Betont wurde, dass aus einer »tiefen gesellschaftlichen Krise« heraus die ČSSR zu verändern sei. Die neue Etappe sei charakterisiert nicht von antagonistischen Klassen, sondern von der Annäherung aller sozialen Gruppen. In ihr seien »die bisherigen Methoden der Leitung und Organisation der Volkswirtschaft überlebt ... und (bedürfen) dringender Änderungen« durch ökonomische Mechanismen zur Durchsetzung eines intensiven Wachstums. Fällig werde die »Eingliederung ... in den Prozess der wissenschaftlich-technischen Revolution« mit umfassender »Anwendung der Wissenschaft« und einer neuen Rolle der Intelligenz. Schließlich: »ein breiter Spielraum der gesellschaftlichen Initiative, offener Meinungsaustausch und Demokratisierung des gesamten gesellschaftlichen und politischen Systems (wird) buchstäblich zur Voraussetzung einer dynamischen sozialistische Gesellschaft ... – zur Voraussetzung, dass wir im Wettbewerb vor der Welt bestehen und ehrenhaft unsere Verpflichtungen gegenüber der internationalen Arbeiterbewegung erfüllen«.[316]

Mit diesem *Aktionsprogramm* überschritten Prags Kommunisten den Rubikon, den ihnen die Verbündeten zwei Wochen zuvor in Dresden aufzeigten und den SED-Ideologie-Sekretär Kurt Hager Ende März auf dem DDR-Philosophiekongress noch vertieft hatte. Nicht die Wirtschaftsreform, die Leistungsorientierung, selbst nicht ein eher direktiver Plan und mehr Rechte für die Betriebe regten auf. Auch nicht die überfälligen abschließenden Rehabilitierungen der Opfer von Schauprozessen und Repressionen bewegten. Aber die KPČ stellte zumindest indirekt das sowjetische Modell infrage. Überdies verband sie es – in den Augen der Hardliner in Berlin, Moskau oder Warschau wahrlich »antileninistisch« und potentiell »konterrevolutionär« – mit der Neudefinition der Partei und ihrer Führungsrolle. Eine kommunistische Partei, die erklärt, dass sie »sich auf die freiwillige Unterstützung durch die Menschen« stützen wolle (und dies im Jahre 1968 auch konnte), und die führen wollte »nicht dadurch, dass sie die Gesellschaft beherrscht, sondern dadurch, dass sie der freien, fortschrittlichen und sozialistischen Entwicklung am treuesten dient«[317] und dies in einer plural gestalteten sozialisti-

---

315 Aktionsprogramm der Kommunistischen Partei der Tschechoslowakei, S. 44.
316 Ebenda, S. 61.
317 Ebenda, S. 49.

schen Demokratie immer wieder neu zu erringen sucht, konnte nur mit der Macht spielen. Das Rollen der Panzer war programmiert.

Übrigens hatte das Demokratiekonzept der KPČ, ihre Vorstellungen von einem funktionierenden sozialistischen Parlamentarismus beginnend bei der Nationalausschüssen bis zum föderalen Parlament, die Mitbestimmung durch Arbeiterräte wenig mit den radikalen rätekommunistischen Ideen der Studenten im Westen zu tun. Hier dominierte ein Bekenntnis zu einem sozialistischen, auch föderativen Parlamentarismus und zu Arbeiterräten, die wesentlich an der Leitung der Betriebe beteiligt werden und auch Direktoren wählen konnten, sich aber schlussendlich auch diesen unterzuordnen hatten. Die Vorstellung lief darauf hinaus, dass »in den Räten der Werktätigen ... die Tatsache zum Ausdruck (kommt), dass die arbeitenden Menschen nicht nur Arbeitnehmer, sondern auch sozialistische Produzenten und Mitunternehmer darstellen, die an der Prosperität des Unternehmens direkt materiell interessiert sind und die deshalb auch an der Orientierung seiner Wirtschaftspolitik teilnehmen.«[318]

Die osteuropäischen Überlegungen blieben im Rahmen des Erfahrungshorizonts aus gescheiterter und repressierter Demokratisierung im bisherigen stalinistischen Modell, einem aufmerksamen Blick auf die Möglichkeiten parlamentarisch-demokratischer Mechanismen und zumindest in der ČSSR-Variante einer Mitbestimmung, die über das westdeutsche Modell hinausging, dem jugoslawischen ähnelte, aber keineswegs frei von technokratischen Sicherungen und unbekannten Konsequenzen aus einer Verselbständigung der kollektiven Interessen von Betriebsbelegschaften war. Der Osteuropaexperte Peter Heumos schätzt ein: »Die Vorstellungen der KPČ-Führung des Jahres 1968 über Partizipation zielten nicht auf ein qualitativ neues gesellschaftliches Strukturelement. Vorherrschend war die Tendenz, Partizipation zunächst im Hinblick auf die möglichen sozialen Folgen der Wirtschaftsreform, dann auf das Gelingen der Reform überhaupt zu funktionalisieren.«[319] Es waren bodenständige Ansätze, wobei das Rätemodell auch in der ČSSR nur schleppend verwirklicht wurde, was nicht allein an der Präsenz der Warschauer-Pakt-Truppen lag, sondern auch an der Skepsis der Arbeiter für ein solches eher leistungsorientiertes, nicht mehr gleichmacherisches Herangehen.[320] Sie interessierte, was in ihre Lohntüte kommen würde und wie sie ihre Arbeitsbedingungen verbessern könnten. Der große Gesellschaftsentwurf mit einem ganz anderen Weg der Demokratie als neue Struktur, die sie täglich mit Leben zu erfüllen hätten, war ihr Ding (noch) nicht. So weit ging der Bruch im Osten nicht

---

318 Die Demokratisierung der Leitung der Betriebe. Vorläufige Rahmengrundsätze für die Gründung von Räten der Werktätigen, in: Helmut Dahm: Demokratischer Sozialismus. Das tschechoslowakische Modell, Opladen 1971, S. 73.
319 Peter Heumos: Betriebsräte, Betriebsausschüsse der Einheitsgewerkschaft und Werktätigenräte. Zur Frage der Partizipation in der tschechoslowakischen Industrie vor und im Jahr 1968, in: Bernd Gehrke, Gerd-Rainer Horn (Hrsg.): 1968 und die Arbeiter, S. 153.
320 Zur Problematik der Gleichmacherei von unten als einer Errungenschaft der Arbeiter in den realsozialistischen Gesellschaften siehe u. a. die verschiedenen Studien in: Christiane Brenner, Peter Heumos (Hrsg.): Sozialgeschichtliche Kommunismusforschung.

und so nah hatten auch die westlichen Linken noch nicht an einem praktikablen Sozialismus vor Ort und nicht in Utopia gebaut.

Die Bilanz des Jahres 1968 (und der Zeit der studentischen Revolte, des zugespitzten proletarischen Kampfes und der osteuropäischen Reformversuche) ist nur in ihrer Widersprüchlichkeit zu begreifen. Sie bedeutete den Durchbruch eines basisdemokratisch orientierten, zivilgesellschaftliche Reformpotentials in den westlichen Metropolen und die Verankerung demokratischer und zivilgesellschaftlicher Strukturen, auch das Ende eines offenen Antikommunismus und Antimarxismus. Gleichzeitig beförderte diese Entwicklung den Wandel eines Teils der kommunistischen Parteien hin zum Eurokommunismus, der den Verzicht auf das sowjetische Modell einer revolutionären Machteroberung und des Konzeptes von der Diktatur des Proletariats einschloss. Diese Anpassung an die neuen Gegebenheiten hatte in den 1970er-Jahren zumindest für die FKP und IKP einen Ausbau ihrer Positionen gebracht. Aber angesichts der Krise des Ostblocks und einer zunehmenden Annäherung kommunistischer und sozialistisch-sozialdemokratischer Positionen gerieten die kommunistischen Parteien verstärkt in die Bedeutungslosigkeit (Frankreich) oder kippten in Richtung einer radikalen Sozialdemokratisierung (Italien).

Mit der Unterdrückung des Prager Frühlings und dem Abbruch des Wirtschaftsreformexperiments NÖS in der DDR vernichtete der Realsozialismus seine Chance zur Reformierung und Weiterentwicklung, und zwar sowohl in Richtung der Verbreiterung seiner politischen, demokratischen Fundierung wie seiner ökonomischen Effektivierung, d. h. seiner Fähigkeit zur sozialen Einbindung der Bevölkerung. Erst in dem Moment, da Moskau und die dortige Parteiführung selbst sich entschlossen, auf eine Reformierung zu setzen und ähnlich wie die Prager Reformer politische und wirtschaftliche Reformen zu verbinden, da geriet der Ostblock noch einmal in Bewegung.

Trotzdem, »von einem breiteren Gesichtspunkt aus gesehen, übte ... der ›Prager Frühling‹ einen tiefen und dauerhaften Einfluss in der internationalen Arbeiterbewegung aus. Er ist zu einer Art Laboratorium für demokratischen Sozialismus geworden und wird dies ... in Zukunft in noch größerem Maße werden, und zwar für demokratischen Sozialismus in einem industriell entwickelten Lande, ähnlich wie es die Pariser Kommune für die Arbeiterbewegung der Anfänge des Sozialismus war.«[321] Diese Voraussage Jiří Pelikáns, des einstigen tschechoslowakischen Fernsehchefs der Reformzeit, kann nur scheinbar überraschen. Sie erinnert aber daran, dass im Unterschied zu allen westlichen basisdemokratischen und rätedemokratisch-anarchistischen Vorstößen allein in Prag tatsächlich die Kapitalisten lange in die Wüste geschickt worden waren und nach dem stalinistischen Umweg der Versuch einer demokratisch verfassten und auf wirtschaftliche Lei-

---

321 Jiří Pelikán: Internationale Arbeiterbewegung, »Prager Frühling« und weitere Reformversuche am sowjetischen Gesellschaftsmodell, in: Zdeněk Mlynář (Hrsg.): Der »Prager Frühling«. Ein wissenschaftliches Symposium, Köln 1983, S. 259.

stungsfähigkeit orientierten Gestaltung der sozialistischen Gesellschaft unternommen werden sollte. Die Panzer stoppten ein solches Experiment. Die Parteifunktionäre an Machthebeln hatten damit bewiesen, dass ihre Angst vor den unzweifelhaften Risiken eines radikalen Wandels des Staatssozialismus größer war als die Einsicht in seine notwendige Entwicklung. Das Richta-Team hatte vor dem Jahr 1968 geahnt: »unsere Zeit kann nur derjenige verstehen, der den Sinn der großen, außergewöhnlichen Wandlungen zu begreifen vermag«.[322] Der Ostblock bestätigte in seinen Machtstrukturen, dass er die Zeichen der Zeit, des Wandels und der eigenen Veränderung nicht begriffen hatte und vor seiner größten geschichtlichen Herausforderung versagte.

Marx ständig im Munde führend, war man schlichtweg antimarxistisch und antidialektisch geworden. Der hatte gemeinsam mit Friedrich Engels gewarnt: »Der Kommunismus ist für uns nicht ein *Zustand,* der hergestellt werden soll, ein *Ideal,* wonach die Wirklichkeit sich zu richten haben [wird]. Wir nennen Kommunismus die *wirkliche* Bewegung, welche den jetzigen Zustand aufhebt.«[323]

Die fast 20-jährige Verspätung und der inzwischen recht erfolgreiche Weg des Westens in seine wirtschaftliche und politisch-soziale Beherrschung einer Gesellschaft moderner Produktivkräfte ließen im Osten das gesamte System aus den Fugen gehen. Nicht ein Modellwechsel, sondern ein radikaler Systemwechsel zurück zum Kapitalismus, oder genauer zu einem neoliberalen und im Vergleich zu den 1950-1970er-Jahren sozial entsicherten Kapitalismus war das Resultat. Denn im Unterschied zu den Erwartungen der Zeitgenossen und den positiven Einschätzungen der Akteure und vermeintlichen Erben von 1968 brachte die Gegenreaktion der Kapitaleigner, der Manager und bürgerlichen Politiker wie Ideologen eine Machtsicherung durch das Aufsaugen der Protest- und Emanzipationshülle, gar ihre Kommerzialisierung hervor. Sie sicherten eine gnadenlose Effektivierung des kapitalistischen Wirtschaftssystems, das im Weiteren auch die Entgrenzung des kapitalistischen Weltmarktes nach dem Fall des östlichen Konkurrenz- und Alternativsystems nach sich zog.

Nichtsdestoweniger ist dieses Resultat der Machtsicherung zwiespältig ob der benannten demokratischen Potentiale und Strukturen. Eine Option für einen erneuerten antikapitalistischen Ausbruchsversuch bleibt. Einmal hatte es ja – fast – geklappt. Nicht nur eine Rudi Dutschke wollte die Welt verändern, menschlicher gestalten: »Wir sind nicht hoffnungslose Idioten der Geschichte, die unfähig sind, ihr eigenes Schicksal in die Hand zu nehmen. Das haben sie uns jahrhundertelang eingeredet. Viele geschichtliche Zeichen deuten darauf hin, dass die Geschichte einfach nicht ein ewiger Kreisel ist, wo nur immer das Negative triumphieren muss. Warum sollen wir vor dieser geschichtlichen Möglichkeit haltmachen und sagen: Steigen wir aus, wir schaffen es doch nicht. Irgendwann geht es mit dieser

---

322 Richta-Report, S. 23.
323 Karl Marx, Friedrich Engels: Die deutsche Ideologie, in: MEW, Bd. 3, S. 35.

Welt zu Ende. Ganz im Gegenteil. Wir können eine Welt gestalten, wie sie die Welt noch nie gesehen hat, eine Welt, die sich auszeichnet, keinen Krieg mehr zu kennen, keinen Hunger mehr zu haben, und zwar in der ganzen Welt.«[324]

Unverstandene Weichenstellungen

Geschichtliche Prozesse müssen nicht zwangsläufig so verursacht sein oder laufen, wie Beteiligte und Betroffene glauben. Für die *Weltrevolution* von 1968 trifft mehr als für andere Schlüsselzeiten zu, dass es sich, wie wir schon betont haben, um eine »unverstandene Weichenstellung« handelte. »Missverständnisse« und »Illusionen« sind für die Analyse mancher euphorischer Selbstbestimmung ebenso wichtig wie für das Relativieren der vorgebrachten Selbstkritiken und Kritiken. Revolutionskenner und -akteur Engels hatte schon für frühere Revolutionen und ihre ideologische Widerspiegelung vermutet, dass manche »Ideologen ... leichtgläubig genug (sind), alle Illusionen für bare Münze zu nehmen, die sich eine Epoche über sich selbst macht oder die die Ideologen einer Zeit sich über diese Zeit machen«.[325] Dieses Missverständnis, diese Illusion bezieht sich z. B. sowohl auf die zeitgenössische Reflexion einzelner positiver Bezüge, wie sie die studentischen Proteste in der chinesischen Kulturrevolution als einer vermeintlich antibürokratischen Neuerfindung des Sozialismus sahen, als auch auf die sich mit dem *Mehr Demokratie wagen* der deutschen Sozialdemokraten verbindenden Hoffnungen hinsichtlich einer erneuerten, demokratischeren und sozialeren Bundesrepublik. Das bezieht sich aber genauso auf die Fehlwahrnehmungen der tschechoslowakischen Reformer und ihrer Sympathisanten, das sowjetische Modell eines repressiven Sozialismus von der Peripherie des Blocks her überwinden zu können. Hier kollidieren und trennen sich dann auch praktisch beide 1968-Erfahrungen und -Zusammenhänge, die jeweils einen Antikapitalismus und einen Antistalinismus wollten, aber dafür unterschiedliche Antworten fanden und keineswegs die Besonderheiten des jeweils anderen Vorgehens begriffen. Diese Fehleinschätzungen setzen sich aber eben auch in der Geschichtsbetrachtung dieser Ereignisse fort. Das berührt sowohl die hier immer wieder angemahnte notwendige verbindende Sichtweise auf die Ereignisse in West wie Ost wie die Suche nach den tieferen, tektonischen Ursachen, die weltweit direkt und indirekt die bestehenden Ordnungen in eine Krise stürzten und Widerstand wie Reformwille produzierten.

In der neuen weltpolitischen und militärstrategischen Situation der 1960er-Jahre war es in beiden Blöcken vom Grundsatz her möglich Systemkritik zu üben. Allerdings blieb der Vollzug eines Bruchs mit dem bestehenden System zunächst noch außerhalb der Akzeptanz durch die jeweilige Führungsmacht und die entscheidenden Teile der politisch in beiden Gesellschaften Verantwortlichen. Im Zweifelsfall galt der Vorrang der Konservativen, die im Rahmen der Ordnung von Jalta

---

324 Rudi Dutschke: Eine Welt gestalten, die es noch nie gab, S. 445.
325 Friedrich Engels: Der deutsche Bauernkrieg, in: MEW, Bd. 7, S. 342.

partielle Reformen zulassen mochten, aber keine Infragestellung der jeweils konstituierenden Grundstrukturen. Eine drastische Verkürzung all der damals im Schwange befindlichen Ideen von Revolte und Reform liefen auf eine linke Gesellschaftsalternative hinaus, die die Kontrapunkte mit Prag gleich Marktsozialismus und Paris gleich anarchistischem, libertärem Rätesozialismus setzten. Beide waren konfrontiert mit dem Widerstand der alten, besonders der traditionalistischen kommunistischen Parteien und beide standen im Widerspruch zu jeglichen Rechtfertigern einer kapitalistischen Ordnung.

Auffällig ist aber auch der Gegensatz dieser Konzepte und ihrer Vertreter damals wie heute, der sich in der Frage zeigt, wie ein Staat und wie die Organisation alternativer Kräfte funktionieren sollen. Heute postuliert der linke Politikwissenschaftler John Holloway, dass »die Vorstellung der Einnahme von Machtpositionen, seien dies nun Regierungsposten oder aber breiter in der Gesellschaft verteilte Machtpositionen, das Ziel der Revolution (verfehlt), nämlich die Auflösung der Machtverhältnisse und die Schaffung einer Gesellschaft, die auf gegenseitiger Anerkennung der Würde der Menschen aufbaut. Die Vorstellung, dass die Revolution die Einnahme der Macht zur Abschaffung der Macht bedeutet, ist fehlgeschlagen.«[326] Es könnte allerdings leicht sein, dass ein Sozialismus künftig auf *beides* nicht zu verzichten vermag: Auf eine staatliche Struktur, die umfassende basisdemokratische Elemente besitzt *und* umfassende Freiheiten bei gleichzeitiger längerfristiger Akzeptanz seiner auch staatlichen Organisation und einer mit Marktelementen verfeinerten planwirtschaftlichen Ausrichtung. Das hieße, dieser demokratische Staat mit breiter zivilgesellschaftlicher Einbindung muss für die widersprüchlichen Interessen und ihren Konflikten, muss für die notwendige Austragung dieser Widersprüche entsprechende demokratische, politische Strukturen bereithalten. Es stünde dann die schwierige politische Frage der Dosis beider Elemente und das Problem einer offensichtlich längerfristigen Übergangsgesellschaft. Offen bleibt der internationale Rahmen für eine solche prosozialistische Umwälzung.

Die 68er-Prozesse in West wie Ost brachten nochmals eine Belebung, eine Renaissance, vielleicht aber auch nur ein Aufflammen des Marxismus als einer entwicklungsoffenen Lehre, die die wissenschaftliche Begründung für Ausbeutung, Unterdrückung, undemokratische Machtausübung durch eine ökonomisch herrschende Klasse und ihre politischen Agenten, für Imperialismus und Expansionismus liefert. Im gleichen Atemzug bietet oder böte sie aber auch die wissenschaftliche Begründung für eine Gesellschaft, in der »an die Stelle der alten bürgerlichen Gesellschaft mit ihren Klassen und Klassengegensätzen ... eine Assoziation (tritt), worin die freie Entwicklung eines jeden die Bedingung für die freie Entwicklung aller ist«.[327] Die vulgärmarxistische und dogmatische Verflachung eines vermeintlichen Marxismus in den Zeiten der I. und II. Internationale und dessen stalinistischen Vereinnahmung und Verkürzung wurden in den Dis-

---

326 John Holloway: Die Welt verändern, ohne die Macht zu übernehmen. Münster 2002, S. 31.
327 Karl Marx, Friedrich Engels: Manifest der kommunistischen Partei, in: MEW, Bd. 4, S. 482.

kussionen der 1960er-Jahre aufgebrochen: Im Westen in Richtung einer stärkeren Individualisierung des Widerstands gegen unterdrückerische, mehr und mehr als entfremdet wahrgenommenen Strukturen. Im Osten als eine Weiterentwicklung der theoretischen Grundlagen eines praktizierten, aber als unvollkommen und repressiv erlebten Sozialismus, zudem in seiner sowjetischen, administrativ-zentralistischen Ausgestaltung eines historisch rückständigen Teils dieser Welt.

Die westliche Interpretation begeisterte sich an Revolutionsromantik und den – meist dann gar nicht mehr so marxgeprägten – Ideen einer basisdemokratischen, rätedemokratischen, eher anarchistischen Selbstorganisation der Unterdrückten dieser Welt. Für viele blieb es eine Episode, nicht nur für die einstige maoistische KBW-Aktivistin und heutige grüne Spitzenpolitikerin Krista Sager, die sich erinnert, in ihrer Gruppe »mit psychologischen Schriften« angefangen zu haben. »Wir haben eigentlich zuallererst in der Psychologie Antworten gesucht, bei Freud. Ich auch bei Adler, bei Mitscherlich, bei Jung, bei Reich. Wir haben eigentlich gedacht: Wenn wir den Menschen begreifen, dann verstehen wir auch, was in der Gesellschaft passiert. Da war ja dieser Widerspruch, dass diese Leute, die uns diese ganze verrückte Welt nicht erklären konnten, weder die Vergangenheit noch die Gegenwart, dass die aber uns genau sagen wollten, was sonst richtig ist. Und das ist, glaube ich, so ein Punkt gewesen, wo bei uns was ausgehakt ist, dass genau dieselben Leute uns sagen wollen, ab wann man Sex haben darf, mit wem man Sex haben darf, unter welchen Bedingungen man Sex haben darf, wie man die Haare tragen muss, wie man sich benehmen muss.«[328] Aber immerhin: Sie »hatte einen Leidensdruck (,) ... vor dem Fernseher gesessen und Schnodden und Tränen geheult über die Bilder aus Vietnam (,) ... Bücher über den deutschen Nationalsozialismus und die Judenverfolgung gelesen ... Das Interessante ist: Als wir dann von Freud übergingen zum Marxismus, hatten wir plötzlich eine Erklärung für beides.«[329]

Das Denken, Fühlen, Handeln aus Betroffenheit blieb die Konstante. Letztlich blieb so nur ein Umweg über marxistische Literatur und Interpretation, um dann doch wieder bei einem Denken, einer Politik der persönlichen Betroffenheit und der kleinen Schritte stehen zu bleiben. Eines Weges allerdings, der zumindest für die eigene Situation gut sein konnte und ein gutes Gefühl vermittelte, auch für andere etwas zu bewirken.

Für die »alte Linke« waren diese Jahre vor allem durch den Prager Reformversuch, die Infragestellung des ökonomischen, warenproduktionsfeindlichen Ansatzes bei Marx für eine sozialistische Gesellschaft des Übergangs ebenso wichtig wie die zunächst theoretische, dann auch praktische Korrektur der Irrwege, Verbrechen der sowjetischen Entwicklung mit ihren Auswirkungen auf die Verbündeten. Es war eine Rückkehr zu einem noch unbefleckten Marx – die ähnlich wie die im Westen – auch eine Rückkehr zu einem frühen Marx der ersten Hälfte der

---

328 Krista Sager, in: Irmela Hannover, Cordt Schnibben: I Can't Get No, S. 123.
329 Ebenda, S. 125.

1840er-Jahre war, wo er noch philosophierend über die Entfremdung nachdenken mochte, noch nicht über die politischen Implikationen gestolpert war. Rossanda Rossana, die linke Kritikerin der IKP, hat beim Verfolgen des dann von einigen westeuropäischen und der japanischen kommunistischen Partei eingeschlagenen Wege des Eurokommunismus eine bedenkenswerte Beobachtung gemacht: »Der Verzicht auf die unglückselige Formel des ›Marxismus-Leninismus‹ bedeutete keine Rückkehr ... zu Marx, um ihn am Heute und das Heute an ihm zu messen; die PCI fühlte sich vielmehr uneingestanden angezogen von der Fähigkeit der Bourgeoisie, eine eigene Welt zu schaffen, die nicht ganz und nicht allein aus Ausbeutung besteht. Die Entwicklung der Produktivkräfte hat ihren Reiz, warum auch nicht? Es war noch nicht Mode, die vorkapitalistischen Gesellschaften als Muster an Authentizität zu betrachten – erst in den siebziger Jahren schwankte man zwischen ihrer Verurteilung und ihrer Verherrlichung, cuius regio, eius religio [Wessen Gebiet, dessen Religion – St. B.]. Wir waren an den Gedanken gewöhnt, es gebe keine Revolution ohne Repression, und wo die Revolution nicht so brutal war – sondern ›nur‹ Entfremdung des Menschen von sich selbst, Verdinglichung, Verwandlung in Ware, also alles das, was ich von Marx gelernt hatte –, da sprang uns die Unhaltbarkeit der existierenden Verhältnisse wegen unserer national-populären Kurzsichtigkeit nicht ins Auge. Wenn die Entfernung von Marx sich mit der abschreckenden Erfahrung des ›real existierenden Sozialismus‹ ... paarte, dann konnte man zu dem Schluss kommen«, dass ein solcher Weg gangbar wäre.[330]

Die Kommunisten ereilte dieser Ausstieg in der Zeit nach 1968 mit dem eurokommunistischen Weg, in der Folge auch die postkommunistischen Parteien in Osteuropa nach dem Zusammenbruch des Realsozialismus. Dieser Ausstieg war nicht neu. In der Zeit nach dem Zweiten Weltkrieg, unter dem Eindruck sozialkooperativerer Strategien der herrschenden kapitalistischen Wirtschaft, einer neuen *Sozialpartnerschaft,* hatten Sozialdemokraten und Gewerkschaften diesem Marxismus schon in den 1950/60er auch theoretisch abgeschworen. Auch das *Godesberger Programm* der SPD von 1959 war ein solcher Ausstieg, den die Studenten neun Jahre später durchaus als Verrat ansahen.

Das Anliegen der strategischen und programmatischen Kurskorrektur der Sozialdemokratie, später der Eurokommunisten und nach 1989/91 der meisten osteuropäischen vormals kommunistischen Parteien ist einsehbar. Sie hatten die Grenzen eines dogmatisierten »Marxismus-Leninismus« in seiner Zurichtung durch Komintern und Ideologieapparate der Sowjetunion oder der DDR begriffen. Ohne einen solchen Rückbezug auf die theoretischen Grundlagen der einstigen Arbeiterbewegung konnten sie hoffen, freier zu agieren. Sie übersahen, dass weder in der Marxschen noch in der Leninschen Lesart Dogmatismus und Starrsinn festgeschrieben waren, dass Marx und Engels, erst recht Lenin Dialektiker und Meister

---

330 Rossana Rossanda: Die Tochter des 20. Jahrhunderts, Frankfurt am Main 2007, S. 362 f.

der strategischen Wenden und der Veränderung von Strategie und Taktik waren. Jenseits aller Probleme der auch vorhandenen Grenzen der »Klassiker«, der Zeitbezogenheit und der Belastungen durch die reale Geschichte blieb doch eines offen: Das Agieren mit einer pragmatischen Strategie, die sich allgemein als »links« einordnet und soziale Gerechtigkeit und demokratische Teilhabe auf ihre Fahnen und in die Wahlprogramme schreibt, bleibt blind, wenn sie nicht nach den sozialökonomischen Grundlagen der gesellschaftlichen Gegebenheiten und ihrer Alternativen fragt. Für den Marxismus in all seinen Schattierungen oder genauer die verschiedenen Marxismen – von Marx über Lenin bis Luxemburg oder Gramsci – war es unverzichtbar, die sozialökonomischen Grundlagen jeder Ausbeutung und Unterdrückung aufzudecken. Ohne an die unmittelbaren Interessen der Menschen anzuknüpfen, wird jede Theorie, jedes noch so wohlklingende politisches Versprechen verpuffen. Sonst aber gilt die Einsicht, dass »die Theorie ... fähig (ist), die Massen zu ergreifen, sobald sie *ad hominem* [am Menschen – St. B.] demonstriert, und sie demonstriert *ad hominem,* sobald sie radikal wird. Radikal sein ist die Sache an der Wurzel fassen. Die Wurzel für den Menschen ist aber der Mensch selbst.«[331] Das war aber die Frage der Eigentums- und Machtverhältnisse, wo sicher nach allen historischen Erfahrungen nicht der gewaltsame Weg und die Verstaatlichung der Probleme letzte Lösungen sein können und müssen, wo aber auch unübersehbar wird, dass das historische Handeln auf dem Boden des kapitalistischen Systems irgendwann an seine Grenzen stoßen muss.

Insofern ist Tony Judts großes Panorama des Jahres 1968 im Rahmen der europäischen Geschichte denn doch etwas problematisch. Richtig erkennt er, dass »die Parolen und Projekte der Sechziger-Generation ... weit davon entfernt (waren), eine revolutionäre Tradition wiederzuerwecken, deren Sprache und Symbole sie sich so enthusiastisch zu eigen machten«. Sie »lassen in der Rückschau eher erkennen, dass sie der Abgesang auf diese Tradition waren. In Osteuropa zerstreute das ›revisionistische‹ Zwischenspiel und sein tragisches Ende die letzten Illusionen vom Marxismus als möglicher Praxis.«[332] Mit der Perestroika und einigen Ansätzen in den »friedlichen Revolutionen« von 1989 wurde durchaus nochmals eine Wiederkehr der Ideen des Prager Frühlings geprobt. Dessen Hauptakteur Alexander Dubček blieb eine tragische Figur, ebenso wie Zdeněk Mlynář oder Eduard Goldstücker keinen wirklichen Einfluss mehr erlangen konnten. Andere, wie Ota Šik, hatten längst ihren Frieden mit dem Kapitalismus gemacht. Die neue Generation der Staatssozialismus-Überwinder wie Václav Havel und noch mehr der trockene und utopieferne, allen sozialen Wohltaten abholde Václav Klaus sorgt dafür, dass 1989 keine Reminiszenzen an den einstigen Frühling aufkamen. Auch

---
331 Karl Marx: Zur Kritik der Hegelschen Rechtsphilosophie. Einleitung, in: MEW, Bd. 1, S. 385.
332 Tony Judt: Die Geschichte Europas seit dem Zweiten Weltkrieg. Bonn 2006, S. 506.
333 Siehe zu diesen u. a. Rainer Land, Ralf Possekel: Namenlose Stimmen waren uns voraus. Politische Diskurse von Intellektuellen in der DDR. Bochum 1994; dies.: Fremde Welten. Die gegensätzliche Deutung der DDR durch SED-Reformer und Bürgerbewegung in den 80er-Jahren, Berlin 1998; Dirk Rochtus: Zwischen Realität und Utopie. Das Konzept des »dritten Weges« in der DDR 1989/90, Leipzig 1999.

in der DDR, dessen Intellektuelle 1989[333] noch am engsten mit sozialistischen Zielen und Idealen verbunden waren, ließ spätestens der Mauerfall alle Hoffnungen auf einen erneuerten, demokratischen Sozialismus zerstieben.

Der britische Historiker Judt unterstellt: »1945 hatte sich die radikale Rechte als legitime Ausdrucksform der Politik ein für allemal diskeditiert. 1970 war die radikale Linke auf dem besten Wege, ihr nachzueifern. Ein 180-jähriger Zyklus ideologischer Politik in Europa ging zu Ende.«[334] Was 20 Jahre später wieder auf die Tagesordnung trat, glaubte sich als anti-, als nicht-ideologisch verkleiden zu können. Praktisch triumphierte ein neoliberal gefärbter Brachialkapitalismus, proklamiert als »Ende der Geschichte« durch Francis Fukuyama.[335] Dank des westlichen Triumphes schienen kapitalistische Wirtschaftsweise und bürgerlich-parlamentarische Demokratie unantastbar. Linke hatten keine Stimme mehr, kämpften um ein marginales politisches Überleben. Die Realitäten von nun wiederum fast zwei Jahrzehnten weltweiter, unbegrenzter kapitalistischer Entwicklung lassen erkennen, dass weder die sozialen noch die Demokratieprobleme gelöst wurden, dass selbst die Hoffnungen auf eine friedlichere Welt und eine Friedensdividende nach Ende des Kalten Krieges nicht eingelöst wurden – im Gegenteil.

Die Akteure von 1968 sind mittlerweile gestorben, angepasst, berentet, frustriert. Die Problemstellungen des Jahres 1968 – umfassende Demokratisierung der Gesellschaft, Überwindung der kapitalistischen Gesellschaft, soziale Gerechtigkeit und Frieden bleiben präsent. Aber: »68 steht für das Ausloten gesellschaftlicher und geschichtlicher Alternativen, aber auch für ihre Blockaden und ihr Scheitern.«[336]

Leistungen und Grenzen

Es ist nach den historischen Leistungen und Grenzen der mit emanzipatorischem Anspruch in West wie Ost agierenden Kräfte dieser *Weltrevolution* von 1968 zu fragen, obschon die Ergebnisse diametral den Erwartungen blieben. Denn weder siegte im Westen eine sozialistische, rätedemokratisch organisierte neue Gesellschaft freier Individuen, noch gelang es im Osten, den Aufbruch aus dem stalinistischen Modell des Sozialismus zu erreichen und endlich Demokratie und Sozialismus miteinander zu vermählen. Trotzdem hält sich hartnäckig bei den Akteuren der damals aktiven Studentenbewegung und ihren Intellektuellen die auch vom herrschenden konservativen Zeitgeist verbreitete Behauptung, dass die Revolution eigentlich gesiegt habe. Im Nachhinein wird für die verschiedenen Kämpfe der damaligen Zeit – bewusst unter Einschluss der Arbeiterkämpfe in den Folgejahren mit ihren Schwerpunkten in Frankreich und noch mehr Italien herausgestellt, dass

---
334 Ebenda, S. 506.
335 So der Titel seines Buches: Francis Fukuyama: Das Ende der Geschichte. Wo stehen wir? München 1992.
336 Redaktion Sozialismus: Zwischenbilanz, in: Redaktion Sozialismus: 68: Trau keinem? Sozialistische Studiengruppe e.V. (SOST). Supplement der Zeitschrift Sozialismus H. 3/2001. Hamburg 2001, S. 62.

sie sich »gegen einen gemeinsamen Feind: *die internationale Disziplinarordnung«*[337] vereint hatten. Das ist für Michael Hardt und Antonio Negri der große Erfolg im Kampf um und im »Empire«. An die Stelle fester Programme der Produktion, am überzeugendsten im Taylorsystem und seinen fordistischen Ausformungen sich darstellend, sollten neue Formen treten. Soziale Proteste und Experimente von unten haben aus dieser Sicht dafür den Weg bereitet. »Die Bewegungen orientierten sich stattdessen an flexiblen und kreativen Dynamiken und daran, was man die eher *immateriellen* Formen der Produktion nennen könnte. Vom Standpunkt der traditionell orientierten ›politischen‹ Teile der Bewegungen der 1960er-Jahre in den USA aus erschienen die vielfältigen Formen kulturellen Experimentierens, die in dieser Zeit ihre Blüte erlebten, als eine Art Ablenkung von den ›wirklichen‹ politischen und ökonomischen Kämpfen, doch ihnen entging dabei, *dass das ›bloß kulturelle‹ Experimentieren tiefgreifende ökonomische und politische Auswirkungen hatte.«*[338] Genau hier greift die zwiespältige Erfahrung mit den Ergebnissen der damaligen *Weltrevolution*. Ein Aufbrechen verkrusteter Strukturen war im Westen – weit weniger im Osten – möglich. Diejenigen, die heute diese Ergebnisse berechtigt hochhalten, stehen vor dem Dilemma, dass die Fähigkeit des Kapitalismus, genau diese Momente, Kreativität, Selbständigkeit, Flexibilität zu integrieren, offensichtlich stärker war. Die Rückeroberung des mit Oktoberrevolution, Entstehung des Ostblocks, Entkolonialisierung und nun noch durch linksorientierte Studenten verlorenen Terrains hat den Kapitalismus herausgefordert. Seine Wendung zu einer »passiven Revolution«, einer »Revolution-Restaurierung«[339] mit der Vereinnahmung der Gegenseite hat ihm vorerst den Triumph über den Realsozialismus 1989 und die scheinbare Verewigung seiner nun unbegrenzten kapitalistischen Welt ermöglicht.

Nach 1989/91 wurde ein weit komplexeres Roll back eingeleitet, um durchaus wieder fordistische Verhältnisse zu etablieren und die sozialen wie demokratischen Zugeständnisse offen zurückzunehmen oder verdeckt, aber faktisch auszuhebeln. Die Hoffnung, dass diese Integration kritischer Ideen letztlich die Legitimität des Kapitalismus untergräbt und ihn zur Implosion ähnlich dem Ostblock treiben könnte, ist verlockend.[340] Sie unterschätzt aber wohl doch deutlich den Geist des Kapitalismus, der nicht nur wie der schon zitierte Antaeus aus diesen Kämpfen und Integrationen neue Kraft saugt, sondern auch gleich König Midas es versteht, selbst seine Kritiker zu Quellen des Kommerz zu machen. Es ist wohl so, wie Marcuse befürchtete: »Innerhalb des festen Rahmens vorab etablierter Ungleichheit und Macht lässt man durchaus Toleranz walten. Selbst anstößige Meinungen

---

337 Michael Hardt, Antonio Negri: Empire. Die neue Weltordnung, Frankfurt am Main – New York 2002, S. 269.
338 Ebenda, S. 284.
339 Siehe Antonio Gramsci: Gefängnishefte H. 15 §§ 11, 17, in: ders.: Gefängnishefte Bd. 7. Hamburg 1996, S. 1734, 1727 f.
340 Siehe Robert Foltin: Immaterielle Arbeit, Empire, Multitude, neue Begrifflichkeiten in der linken Diskussion. Zu Hardt/Negris »Empire«, in: grundrisse. zeitschrift für linke theorie & debatte, Wien. H. 2 (2002) – http://www.grundrisse.net/grundrisse02/2multitude.htm [22.04.2008 21:13].

kommen zu Wort, unerhörte Vorfälle werden im Fernsehen gezeigt, und die Kritiker der herrschenden Politik werden ebenso oft von Werbespots unterbrochen wie die konservativen Vertreter dieser Politik. Sollen etwa diese Zwischenspiele das schiere Gewicht, den Umfang und die Kontinuität der Reklame für das System unterlaufen – eine Indoktrination, die in den endlosen Werbespots ebenso wie in Unterhaltungssendungen fröhlich am Werk ist?«[341]

Zwar gelang es im Westen – in Maßen – Fortschritte bei der Entwicklung der politischen Kultur, der Entfaltung der individuellen Freiheitsrechte, dem Ausbau der Zivilgesellschaft zu erreichen. Aber es wurden auch wichtige Kritiken und Ideen der 68er für die Durchsetzung einer kapitalistischen Erneuerung in Gestalt einer neoliberalen Ordnung genutzt, die nach dem Zusammenbruch des sich selbst ins Aus drängenden Realsozialismus konkurrenzlos auch die einstigen sozialen Drapierungen hinter sich lässt. Was können Eckpunkte eines positiven Rückbezugs auf eine umfassend verstandene *Weltrevolution* 1968 sein?

1. In Zeiten, da scheinbar allmächtig TINA, das *There is no alternative,* jede radikale Kritik, gar das sozialistische Infragestellen der besten aller Ordnungen, des modernen Kapitalismus tabuisiert, ist das Zurückschauen auf das Jahr '68 die Erinnerung daran, dass es auch anders geht. Einmal »sahen sich die Regierungen im Kern der kapitalistischen Gesellschaft und auf dem Höhepunkt des westlichen Wohlstands plötzlich, unerwartet und anfänglich auch völlig unerklärlich mit einem Vorgang konfrontiert, der nicht nur wie eine altmodische Revolution aussah, sondern auch noch die Schwächen der angeblich so fest im Sattel sitzenden Regime enthüllte«,[342] wie Eric Hobsbawm in seiner Jahrhundertbilanz frohlockt. Für den Westen, der heute wieder die eine, die kapitalistische Welt geworden ist, bleibt die kritische Auseinandersetzung mit einer Gesellschaft der Ausbeutung und der demokratisch verbrämten Herrschaft des Kapitals dauerhaft in Erinnerung. Die Gesellschaft konnte, musste infrage gestellt werden, Ausbeutung und Entfremdung und Manipulation wurden als Kernelemente der kapitalistischen Gesellschaft begriffen und angegriffen. Nicht abstrakte Menschenrechte wurden diskutiert, sondern der aktive politische Kampf gegen einen als verbrecherisch angesehenen Krieg, gegen die in einigen Ländern (Griechenland, Spanien, Iran) reale oder für die westlichen Länder drohende (Notstandsgesetze, Bekämpfung der Vietnam-Kriegsgegner in den USA) Diktatur, gegen die Ungleichheit der Rassen und – als die besonders deutlich lange nach 1968 fortgreifend – Ungleichheit der Geschlechter, für die Lösung der Frauenfrage.

2. Nicht übersehen werden darf der vermeintliche Nebenschauplatz Osteuropa im Kontext der Ereignisse von 1968. Hier ging der Streit – teils von der studentischen Basis, teils von kritischen linken Intellektuellen – um die Ablehnung des Stalinismus und die Rückkehr zu einem humanistischen Marxismus. Das verband sich mit dem Ringen um einen demokratischen und effizienten Sozialismus. Dabei sahen

---

341 Herbert Marcuse: Repressive Toleranz – Nachschrift 1968, in: ders.: Aufsätze und Vorlesungen 1948-1969, S. 163.
342 Eric Hobsbawm: Das Zeitalter der Extreme, S. 550.

keineswegs alle Reformer – die wie Ulbricht ja auch in die stalinistische Ausformung dieser Ordnung führend verwickelt waren – unbedingt die Verbindung beider Komponenten als die unmittelbare Aufgabe an. Der Zusammenhang von demokratischer Gestaltung und einer wirtschaftlichen Effizienz, die immer zugleich ja die Befriedigung der Bedürfnisse der Erbauer dieser Gesellschaft bedeutete – wobei offen bleibt und einen demokratischen Prozess erfordert, wie diese Bedürfnisse bestimmt werden –, ist zwar bedingt widersprüchlich, aber adäquat, wenn man davon ausgeht, dass nur der Sozialismus langfristig und komplex eine gesellschaftliche Perspektive sein kann. Hier hatten die osteuropäischen Staaten, seien es die kritischen Studenten und Intellektuellen in Belgrad oder Warschau oder auch die Parteifunktionäre in Prag oder – weit weniger politisch radikal in Berlin und Budapest – einen Vorsprung vor dem Westen, der glaubte, etwas praktizieren zu können, was nicht da war. Im Osten musste dies allerdings mit der Last der relativen ökonomischen und politisch-demokratischen Rückständigkeit umgesetzt werden.

3. Für die westlichen Bewegungen unmittelbar, für die östlichen partiell – insbesondere in Polen oder Jugoslawien, in der ČSSR in Ergänzung und Ausfüllung der Reform von oben und schließlich im Widerstand gegen die Warschauer-Pakt-Intervention –, wurde Widerstand und Kreativität von unten erprobt. Es gab die Bereitschaft zu unterschiedlichsten, nicht zuletzt phantasievollen Widerstandsformen, es wurde auf basisdemokratische und Rätestrukturen gesetzt, die möglichst viele einbeziehen sollten. Die Rolle der Massen und ihrer Spontaneität standen im Mittelpunkt, die modernen Medien und vor allem das Fernsehen wirkten motivierend und mobilisierend.

4. Es war eine zutiefst internationalistische, solidarische, gerade den benachteiligen Völkern zugewandte Bewegung, die aber zugleich auch den – nicht immer verständigen, aber wohlwollenden Rückbezug zu den politischen Kämpfen in anderen Staaten und – eher bedingt – in den beiden konträren Gesellschaftssystemen umfasste.

5. Es gab in den Basisbewegungen des Westens – und denen des Ostblocks (auch hier sind wieder besonders Belgrad und Warschau zu nennen) – eine strikte Ablehnung derjenigen alten Bewegungen, die tatsächlich oder vermeintlich, aus grundsätzlichen oder staatsmännischen Erwägungen heraus ihren Frieden mit dem Kapitalismus gemacht hatten – eine Abgrenzung von Sozialdemokratie wie von hoch- oder spätstalinistischer kommunistischer Bewegung.

Zugleich gab es entscheidende Streitpunkte, in denen die neuen Bewegungen Einbrüche erzielten, weil sie die alten infrage stellten, sie aber nicht aufheben konnten. Hier ist die *Chiffre 1968* tatsächlich ein Synonym für das Aufbrechen eines Dauerkonflikts von alten und neuen Bewegungen, der zwar mit dem Niedergang der alten verbunden ist – offensichtlich aber mehr durch die schwindende soziale Basis der alten Bewegungen und ihre Unfähigkeit, selbst umzusteuern als durch den Erfolg der neuen Bewegungen mit eigenen politischen Formationen.

Hier seien diese Fragen nur benannt, aber bereits ein Blick auf sie lässt vermu-

ten, dass es wiederum gar keine so neuen, nur aus einem Konflikt zwischen alten und neuen Bewegungen, zwischen Arbeiterklasse und Intelligenz sich ergebende Fragestellungen sind, sondern grundsätzliche Probleme einer politischen Auseinandersetzung, die die emanzipatorischen Bewegungen von links fast von Anbeginn an durchzogen und zerstritten. Anzunehmen ist, dass es wahrscheinlich nicht Konflikte sind, die durch ein für allemal gültige Antworten und Alternativen entscheidbar sind, sondern die als Dauerkonflikte letztlich nur durch das Maß und die Mischung des jeweils Gewählten – fast im Sinne Paracelsus' oder der allgemeinen Prinzipien politischer Kunst entscheidbar sind:
- die Organisationsfrage
- die Machtfrage
- die Bedeutung von Autoritäten und Hierarchien
- die Bewertung bisheriger sozialer Kämpfe und staatlicher Ergebnisse
- der Platz der Arbeit in der Gesellschaft
- die Rangfolge der Widersprüche
- die Bedeutung und die konkurrierende Vielfalt der Theorie.

Auch in den Bewegungen des Jahres 1968 betätigte sich, dass neue Bewegungen in der Destruktion besonders erfolgreich, im Schaffen des Neuen oft zerstörerisch und irrlaufend sein können. Es steht die Frage, welche Organisation die Unterdrückten und Emanzipationswilligen brauchen, und wer sie tatsächlich sind, und wieso sie oft noch nicht wissen, dass sie unterdrückt sind und sich befreien müssen – nicht im Konsumrausch, sondern in der Übernahme der Verantwortung für das eigene Leben und das einer solidarischen, gerechten, demokratischen Gesellschaft. Peter Weiss, in den Arbeiten zur Auseinandersetzung mit den alten Bewegungen damals tief verstrickt und faszinierend den Befreiungskampf der Vietnamesen wie die Studentenrevolte verfolgend, mutmaßte in seinen *Notizbüchern*: »der Kampf besteht heute zwischen denen, die selbständig denken, die sich um Kenntnisse bemühen, die ihre Situation verändern wollen, und denen, die durch Meinungsmanipulation zu eigenen Gedanken nicht mehr fähig sind und aus Trägheit und Egoismus an den bestehenden Verhältnissen festhalten«.[343] Wie kann aus dieser Trägheit und diesem Egoismus herausgerissen werden, wie kann Bewusstsein entwickelt und Handlungsbereitschaft entstehen, erzeugt, hineingetragen werden? Oder bleibt nur das Warten auf die heilend-lehrende Wirkung der Katastrophe und die Selbstbesinnung?

Gerade der Streit um Parteien und die Rolle des Staates erinnert – unter dem abschreckenden Vorbild der realen linken Geschichte, mit ihren Spaltungen, Irrwegen, Verbrechen –, dass dies ein Problem *vor* wie *nach* der Überwindung der kapitalistischen Gesellschaft ist. Vor allem ist es ein Problem in einer künftig eher als gradualistisch anzusehenden langsamen Reformierung der kapitalistischen Gesellschaft, ihrer schrittweisen Transformation. Zeitgenössisch und breit diskutiert

---

343 Peter Weiss: Die Notizbücher, S. 11431.

hatte auch Johannes Agnoli in seiner scharfen Kritik am bürgerlichen Parlamentarismus in dem Buch *Transformation der Demokratie:* »Zwar können Massen von sich aus das Bewusstsein entwickeln, unterdrückt zu sein, und spontan zur Rebellion drängen. Zu einer konkreten Emanzipation, die die politische Struktur der Unterdrückung angreift und bricht, kommen sie dadurch nicht. Es muss auch eine organisatorische Form gefunden werden, in deren praktischer Vermittlung erst die Rebellierenden den engen Bereich dichotomischer Vorstellungen und des dichotomischen Verhaltens überschreiten und – statt sich bloß aufzulehnen – auch umwälzen wollen. Nur das *organisierte* Nein sprengt die Fesseln staatsbürgerlich-parlamentarischer Gleichschaltung und kann den Führungskonflikt wieder zu einem Herrschaftskonflikt ausweiten.«[344] Er sah, dass die Gefahr groß ist, dass solche organisierten Formen sich im Herrschaftssystem des Kapitalismus verfangen und integriert werden, allein schon durch das Akzeptieren der dortigen Spielregeln, dem Wunsch, dabei zu sein und dazu zugehören. Darum seine Skepsis gegen den Parlamentarismus, in der die Opposition Gefahr läuft, zu einer systemstabilisierenden loyalen *Oppositionen Ihrer Majestät* zu verkommen. Es sei denn, die Massen merken, dass die Politikresultate nicht ihren Interessen entsprechen und sie gegen ihre politischen Führer und Vertreter mobil machen. Nur in einer radikalen »*fundamental-oppositionellen* Organisation« in und vor allem außerhalb dieser Strukturen sah er eine Chance, die Gesellschaft wirklich zu verändern. »Gerät durch die Wechselwirkung von Massenspontaneität und Bewusstseinsorganisation der politische Staat ins Wanken, so stabilisiert er sich umgekehrt, wenn die Opposition ihren fundamentalen Charakter ablegt und sich konstitutionalisiert.«[345] Genau dies waren die Erfahrungen mit den alten Bewegungen sowie mit ihren Parteien und mit den Gewerkschaften trotz aller Gegenbewegung – zumal wenn die »Domestizierung der gesellschaftlichen Opposition« begleitet wird »von der Domestizierung des Konflikts zwischen Arbeit und Kapital«.[346] Diese »Domestizierung« der Opposition hat bislang in der Bundesrepublik noch stets funktioniert. Das betraf einst die sich zu Westbindung, NATO und Notstandsgesetzen bekennende SPD. Dieses Schicksal ereilte auch die neuen sozialen Bewegungen und ihren politischen Ableger, die Grünen. Und dieses Risiko bedroht heute auch die Partei DIE.LINKE, die in sich das kritische Potential von Kommunisten, Sozialdemokraten und neuen Bewegungen aufzunehmen sucht und schon heute zwischen Opponieren und Regierungsverantwortung aufgerieben zu werden droht.

Welchen Platz haben die Errungenschaften von 1968 – als da wären: das zumindest legistisch-formale Ende der Rassendiskriminierung in den USA, die ersten Schritte zur Beendigung des Vietnam-Kriegs wegen Kriegsmüdigkeit und Kriegsablehnung in den USA und in der ganzen Welt, der Aufbruch einer neuen Frauen-

---

344 Johannes Agnoli: Die Transformation der Demokratie, in: ders.: Die Transformation der Demokratie und andere Schriften zur Kritik der Politik, Freiburg i. Br. 1990, S. 82 [Erstaugabe 1967].
345 Ebenda.
346 Ebenda, S. 88.

bewegung und Durchbruch zur Frauengleichstellung im Westen, die Anerkennung neuer sozialer Bewegungen und Basisinitiativen für die politische Auseinandersetzung und die Entwicklung eines zivilgesellschaftlichen Gemeinwesens. Für den Osten brachte es die Einsicht der Unreformierbarkeit des Systems, die nur den »positiven« Ausweg in der kapitalistischen Restauration unter dem Banner einer Demokratisierung beinhaltete und im Krisenjahr 1989 genau diesen Zweck erfüllte, während die kommunistischen Parteien in Apathie und Zerfall übergingen und entweder die vermeintlichen Erben des Prager Frühlings und der Perestroika zumindest zeitweilig in Verantwortung kamen oder jene, die sich generell von dieser Traditionslinie verabschiedeten oder jene, die recht starrsinnig sich zu ihrer Vergangenheit bekannten.

Vierzig Jahre nach 1968 sind viele der Fakten bekannt, individuelle Beweggründe der Handelnden linken Revoltierenden wie der Politiker liegen teilweise offen. Mittlerweile sind wesentliche Errungenschaften dieser Bewegung enteignet und der radikale Reformversuch im Osten wurde schon 1968 durch gepanzerte Reformverweigerung gestoppt. Nach dem Untergang des Realsozialismus und der bislang unlösbaren Krise der alten kommunistischen und sozialdemokratischen Bewegungen und Parteien bleibt die Hoffnung auf eine neue politische Formation – wohl plural, wohl vielgestaltig, wohl mit unterschiedlichen Theorien ausgestattet, die das Erbe von 1789, 1848, 1917, 1956 und 1968, aber auch jenes der kläglich gescheiterten und kaltgestellten antistalinistischen Reformer und Revolutionäre von 1989 antreten müsste. Sozialer Umbruch und demokratische Gestaltung, individuelle Freiheiten und die Verteidigung der sozialen und politischen Errungenschaften geben ein Amalgam ab, das schwer zu mischen und kaum in Form gießbar scheint.

Die Utopie verwirklichen, den Sozialismus

Hier aber geht es um die Perspektive des Sozialismus. In einer wohlwollend von Ernst Bloch eingeleiteten Diskussion mit Intellektuellen, deren erstaunlichster Kopf dort in Bad Boll im Februar 1968 Rudi Dutschke war, hat der von Faschismus, Stalinismus und Realkapitalismus gebeutelte Marxist Ernst Bloch angemahnt: »Was am meisten auffällt und was eine Schwäche hinsichtlich der studentischen Bewegung notwendig in sich permanent darstellt, das ist etwas sehr Merkwürdiges: nämlich die geringe Klarheit und Sichtbarkeit oder gar Plastik dessen, wofür und wozu man kämpft. Das Negative ist sichtbar. Die objektive Unzufriedenheit, Erbitterung und Empörung mit dem, was vorliegt, ist klar. Darin ist ja auch schon das Positive enthalten. Aber nur nicht ausgeführt! Man kann nicht unzufrieden sein, wenn man nicht ein Maß hat, an dem man das misst, was einem zugemutet wird, wonach man es als unzureichend betrachtet. Das muss da sein ... Wir habe etwas, was man als meteorologisches Wort, nicht als Beurteilung, sondern rein meteorologisch beschreiben kann: Wir haben Nebel. Und das ist sehr merkwürdig;

denn Nebel zum Zweck der Vernebelung von allen Dingen, das gehört zur Ideologie der jeweils herrschenden Klasse. Die lässt über ihr Ziele im Unklaren oder verdeckt ihre Ziele mit was ganz anderem. [...] Wenn nun aber die jetzige Bewegung, die eine Jugendbewegung ist, wenn nun aber diese jetzige revolutionäre Bewegung im Nebel tappt, dann liegt das nicht oder nicht nur oder nicht entscheidend an der Jugend, die ihre Ziel nicht formulieren kann, weil ihr etwa die intellektuellen Personen fehlen, weil ihr etwa die Kenner und Meister der Theorie fehlen, sondern wir haben heute das Novum, dass offenbar in der Wirklichkeit selbst etwas wie Nebel steckt – und zwar mehr als je. Marx sagte einmal: Der Gedanke kann nur dann zur Wirklichkeit dringen, wenn die Wirklichkeit zum Gedanke drängt.[347] Nun, die Wirklichkeit drängt aber heute nicht so zum Gedanken, wie das in den Zeiten der Französischen Revolution der Fall war und wie im Alten Rom zur Zeit des Spartakus der Fall war. Heute ist es so, dass die Wirklichkeit selbst noch eine Unklarheit in Tendenz und Latenz hat. Tendenz ist das Streben, das entsteht, wenn eine Durchführung mit Gewalt gehindert wird. Latenz ist der utopische Gehalt, in dem das Unterdrückte sich befindet, der die Tendenz legitimiert und substantiiert. Beide, Tendenz und Latenz, finden sich in der Wirklichkeit selbst, in dem Zwischenzustand, wo das Alte nicht vergeht und das Neue nicht wird, eben in dem, worin wir uns jetzt befinden, in einem Zustand der Unausgetragenheit, wo die Gesellschaft schwanger ist, die neue Gesellschaft aber unausgetragen, in einer merkwürdigen Weise unausgetragen, wie es früher nicht der Fall war. Vielleicht deshalb, weil das, was jetzt herauskommen soll, keine Täuschung mehr sein darf, weil es heute keine heroischen Illusionen geben darf, wie sie die Französische Revolution einst hegte, als man den Citoyen, den freien Bürger, haben wollte, weil es heute nicht mehr die russische Illusion von vor 1917, die des urchristlichen Genossen, gibt ...«[348]

Zu bedenken ist, dass die kritische Bewertung der 1968er-Ereignisse – insbesondere ihrer westlichen Ausgabe mit einem undogmatisch, anarchisch-libertären Zug – für eine linke Alternative zum Kapitalismus weit verhängnisvoller ausfällt als die Beerdigung des Realsozialismus. Der startete unter denkbar ungünstigen, rückständigen Bedingungen, war durch seinen Festungscharakter und die Bedingungen einer von den politisch Verantwortlichen und nicht nur von ihnen als bedrohlich empfundenen Systemkonfrontation deformiert. Er verfestigte sich in einem stalinistischen, diktatorischen System, dass zwar immer wieder durch den »humanistische(n) Pfahl im Fleische des Kommunismus«[349] (Erhard Eppler) infrage gestellt, abgemildert und modifiziert wurde, aber nicht und nie völlig abgeschüttelt werden konnte. Das Jahr 1968 als Höhe- und faktischem Endpunkt der osteu-

---

347 Siehe Karl Marx: Zur Kritik der Hegelschen Rechtsphilosophie. Einleitung, in: MEW, Bd. 1, S. 386.
348 Diskussion in der Evangelischen Akademie Bad Boll, Februar 1968, in: Rudi Dutschke: Mein langer Marsch, S. 80, 82.
349 Erhard Eppler: Wie Feuer und Wasser. Sind Ost und West friedensfähig? Reinbek bei Hamburg 1988, S. 62.

ropäischen Reformbemühungen, wenn man vom Nachklang der Perestroika absieht, konnte daran nichts ändern.

Die westliche Revolte entstand aber in bewusster Abgrenzung sowohl von den sozialreformistischen Illusionen des anderen, moderateren Flügels der einstigen einheitlichen Arbeiterbewegung wie in weitgehender Abgrenzung und gelegentlichern Feindschaft zum Realsozialismus. Nicht weniger als einst die marxistisch beeinflusste Arbeiterbewegung erhoben nun die Studenten für sich den Anspruch einer historischen Mission, wenn Dutschke euphorisch notierte: »Die Studenten fühlen instinktiv, dass es jetzt ihre Aufgabe ist, die Fackel revolutionären Protestes in die Hand zu nehmen. Einst ... waren es die Arbeiter, die protestierten, aber jetzt haben sie bekommen, was sie wollten. Ihre Gegenwart ist vernebeltes Bewusstsein. Die Parteien verteidigen Interessen und nicht Bewusstsein. Die Kommunisten akzeptieren das Spiel mit der gleichen Fügsamkeit wie die anderen. Deshalb sind heute die Studenten die Einzigen, die protestieren, die aufrührerisch sind, die das System infrage stellen.«[350]

Im Westen wurde auf neue soziale Kräfte gesetzt, wurde ein pluraler Marxismus und allgemeines kritisches Denken flügge, der Staat sollte durch Räte, durch Basisdemokratie ersetzt werden, der neue Mensch mochte sich in einer alternativen Lebensweise beweisen – und doch scheiterte dieser Versuch. Das Schicksal seiner Akteure – angepasst und integriert, gelegentlich auch resigniert – ist nicht anders als das Schicksal der einstigen Avantgardisten in Osteuropa, wenn man von dem ausgegrenzten Teil der Nomenklatura allein in Ostdeutschland absieht. 1989 hatten sich aber eben nicht nur der Realsozialismus und Marxismus-Leninismus erledigt, auch die Sozialdemokratie war ohne ihren feindlichen Bruder eigentlich überflüssig, die einstigen 68er blieben erst recht hoffnungslos, trotz ihrer in der BRD vollzogenen grünen Mimikry.

Ein anderer Aspekt ist das Zerfasern der Linken. In der Bundesrepublik – im Unterschied zu den meisten anderen westeuropäischen Staaten – hatten das KPD-Verbot und die Abkehr der SPD selbst vom weichgespülten Marxismus die Lage verändert. Eine handlungsfähige Linke war kaum zu erkennen, zumal in Zeiten der Großen Koalition. Die neuen Auseinandersetzungen der 1960er-Jahre schufen veränderte Bedingungen. Für eine gewisse Zeit konnte die APO die Sozialdemokratie von links stärken und den Reformansatz Brandts befördern, der einiges an sozialen Verbesserungen, an Mitbestimmung und eine neue Ostpolitik auf den Wege brachte. Bis zur nächsten Krise, die um 1973/74 bereits unter sozialdemokratischen Vorzeichen den langsamen Rückzug auslöste, der alsbald durch die konservative »Wende« von 1982 unter Kohl teilweise beendet wurde, wenn das deutsche Beispiel zählt. Links der SPD gab es mit der Gründung der DKP und den vielen K-Gruppen eine Rückbesinnung auf die alten kommunistischen Werte sowie Organisationsprinzipien und einen erbitterten Kampf untereinander und als-

---

350 Rudi Dutschke: Jeder hat sein Leben ganz zu leben, S. 74.

bald auch mit dem bestehenden politischen System. Nicht zuletzt hatte die von der sozialliberalen Koalition noch unter Brandt initiierte Politik der *Berufsverbote* dafür gesorgt, dass der Rückzug der SPD nicht mehr von links ernsthaft infrage gestellt wurde. Diese Entwicklung am linken Rand gehört zu den verwirrendsten Ergebnissen von 1968, denn die damals relevanten basisdemokratischen, antistalinistischen Einsichten wurden weit radikaler über Bord geworfen, als dies für den politischen Kampf selbst bei Akzeptanz von Organisation und Geschlossenheit nötig gewesen wären. Allein die Grünen schienen die Erbschaft der 68er angetreten zu haben. Bald schon sorgten die Eingewöhnung in die vorhandenen parlamentarischen Spielregeln und die generelle Kehrtwendung nach dem Ende des Ostblocks dafür, dass auch diese Partei in den neoliberalen Sog geriet und selbst ihre alten pazifistischen Wurzeln kappte. Denn 1989 sollten die Karten neu verteilt werden, und mit dem Fall des Ostblocks kam es zur Preisgabe nicht nur linker Ideale, sondern auch zum Durchmarsch des Neoliberalismus über den Umweg durch die nun zur kapitalistischen Transformation freigegebene DDR und die ebenso zu kolonialisierenden Überreste des Ostblocks.

Eine solche Rechnung, hier am naheliegenden deutschen Beispiel aufgemacht, kann überall in den Zentren des 68er-Aufbegehrens angestellt werden. Die Geschwindigkeiten des Zerfalls sind unterschiedlich, der Vormarsch der neoliberalen Spielart des Kapitalismus differenziert, vor allem die USA, aber auch Großbritannien und Frankreich sind weit aktiver und aggressiver in der Durchsetzung imperialistischer Ziele.

Auffällig ist, dass neben dem Konflikt um einen eher staatlichen und parlamentarischen *oder* einen eher basisdemokratisch-anarchistischen Weg in eine Alternativgesellschaft, neben dem Streit um den Platz der Warenproduktion in einer sozialistischen Gesellschaft der Zukunft eines im Konflikt zwischen alten und neuen Bewegungen zunehmend verloren ging: Die Fähigkeit, zu begreifen, dass ein erneutes Ringen um eine ausbeutungs- und unterdrückungsfreie Gesellschaft offenbar nur auf beiden Kampffeldern erreicht werden kann. Das bedeutet einerseits: Kampf gegen die politisch bewehrten Ausbeutungs-, Unterdrückungs- und Manipulationsstrukturen, auch den Expansionsdrang, der der kapitalistischen Plusmacherei zwangsläufig innewohnt und die traditionell Gegner und Kampffeld der alten Bewegungen waren. Das schließt andererseits die Auseinandersetzung mit den Entfremdungsverhältnissen, den erfolgreichen ideologischen Manipulationen im zivilgesellschaftlichen Bereich ein.

Nicht Macht *oder* Entfremdung, nicht Organisation *oder* Spontaneität, nicht Partei *oder* Bewegung sind offenbar die Alternativen, sondern zwangsläufig jeweils nur in ihrer Einheit für einen Antikapitalismus Handlungsfelder, Mittel und Weg im Ringen um einen neuen hegemonialen Block, eine neue geistig-kulturelle Hegemonie und im Gewinnen breiter Bündnisse für eine sozialistische Perspektive. Lukács hatte darauf gedrängt: »Infolge (der) Manipulation wird der Arbeiter, der arbeitende Mensch von den Problemen, wie er seine Freizeit in Muße verwandeln könnte, weggedrängt und ihm der Konsum als ein lebenserfüllender Selbstzweck insinuiert [aufgedrängt – St. B.], genauso, wie in einer aufgedrungenen diktatorischen Weise bei dem Zwölf-Stunden-Arbeitstag die Arbeit das Leben beherrscht hatte. Jetzt ist die komplizierte Frage, dass hier eine neue Form des Widerstandes organisiert werden muss. Wenn wir nicht den vulgären Marxismus nehmen, sondern den wirklichen Marxismus, so wie ihn Marx verstanden hat, so sehe ich durchaus, dass hier die Motive auftauchen, mit denen diese neuen Formen der Entfremdung bekämpft werden können.«[351]

Der Streit, der im Westen geführt wurde, ging um die Möglichkeit, die passiven Massen für ihre eigene Sache zu mobilisieren. Die Parteilösung eines Karl Kautsky oder Lenin, nach der eine Partei dieses revolutionäre Bewusstsein in die Arbeiterklasse hineintragen muss, wollten die Studenten nicht wirklich. Aber sie sahen die Macht der Manipulation und der Vereinnahmung. Spätestens Marcuses Analyse der *repressiven Toleranz* öffnete ihnen die Augen. »Wir begriffen, dass die Bourgeoisie, die herrschende Klasse in jedem Lande der ›freien Welt‹ es sich leisten kann, dass kritische Minoritäten über Probleme der eigenen und fremden Gesellschaft diskutieren, dass sie bereit sind, jede Diskussion zu gestatten, jede Diskussion, die theoretisch bleibt.«[352]

Unter heutigen Bedingungen den sozialen Wandel zu wollen – schon das ist ja für die Verehrer, Bewahrer und Verteidiger der neuen Ordnung am *Ende der Geschichte* eine außerordentliche Herausforderung. Offensichtlich waren alle bisherigen Wege nicht dazu geeignet, den Kapitalismus zu überwinden. Die Vorstöße der einzelnen sozialen Bewegungen konnten zeitweise Gegenmächte aufbauen, konnten bestimmte Modelle des Kapitalismus begünstigen, konnten zivilisatorisch wirken. Dabei steht immer noch eine Gesamtbilanz der Leistungen der alten sozialen Bewegungen, der Arbeiterbewegung – zumindest in ihren beiden feindlichen Flügeln von Sozialdemokraten und -reformisten wie Kommunisten – ebenso aus wie das Bilanzieren der Wirkung der neuen sozialen Bewegungen. Mit dem Zusammenbruch des Realsozialismus als einziger staatlich organisierten Gegenmacht zum Kapitalismus haben alle diese Flügel und Bewegung einen – dauerhaften? – Schaden genommen. Zu versuchen, Einzelne dieser Bewegungen und Flügel im Nachhinein auf den Sockel zu heben oder von ihm zu stürzen, geht an der widersprüchlichen Erfolgsgeschichte und der ernüchternden Bilanz der Niederlagen vorbei. Offensichtlich gibt es aber mehr Gemeinsamkeiten, als die Vertreter der jeweiligen Richtungen wahrhaben wollen. Sie zu finden und zu analysieren bleibt Aufgabe für alle, die davon überzeugt sind: »Eine andere Welt ist möglich«. Und die vor allem bereit sind, diesen Glauben aus Erfahrung, mit Wissen und durch eigenes Handeln zu verwirklichen. »Die Dynamik der Produktivität beraubt

---

351 Gespräche mit Georg Lukács: Hans Heinz Holz – Leo Kofler – Wolfgang Abendroth (1966), S. 269.
352 Rudi Dutschke: Die Widersprüche des Spätkapitalismus, die antiautoritären Studenten und ihr Verhältnis zur Dritten Welt, S. 73.

die ›Utopie‹ ihres traditionellen unwirklichen Gehalts«, konnte Marcuse den Studenten auf den Weg geben. »Was als ›utopisch‹ gebrandmarkt wird, ist nicht mehr das, was ›keinen Ort‹ hat und im historischen Universum auch keinen haben kann, sondern vielmehr das, was durch die Macht der etablierten Gesellschaften daran gehindert wird, zustande zu kommen.«[353] Der Kapitalismus mag schon lange reif sein, durch diese Utopie ersetzt zu werden. Das Jahr 1968 wie das Jahr 1989 haben – Marx gemäß – erwiesen, dass eine »Gesellschaftsformation nie unter(geht), bevor alle Produktivkräfte entwickelt sind, für die sie weit genug ist, und neue höhere Produktionsverhältnisse nie an die Stelle (treten), bevor die materiellen Existenzbedingungen derselben im Schoß der alten Gesellschaft selbst ausgebrütet worden sind«.[354] Materiell ist wohl schon lange alles ausgebrütet worden – auch die Fähigkeit zur Selbstzerstörung der Menschheit im Nuklearkrieg wie in der anarchischen, umweltzerstörenden Plusmacherei. Der Mensch als Produktivkraft, die betroffenen Subjekte sind noch lange nicht fähig und bereit zu handeln – noch sind es Minderheiten. Allerdings, sie waren es auch 1968. Die Kinder und Enkel des Maulwurfs, der an der geschichtlichen Umwälzung arbeitet, haben noch zu tun. Gleichwohl müssen das Erbe der 68er ebenso aufheben wie das Erbe des gescheiterten Realsozialismus. Ein Spagat und nur ein Spagat vermag zur neuen Qualität eines demokratischen Sozialismus zu führen. Rudi Dutschke hat nach 1968 und 1989 recht, zumindest wenn er es ernst meinte, die sozialistische Geschichte und Praxis in ihrer Gesamtheit zu verarbeiten und dialektisch aufzuheben: »Die alten Konzepte des Sozialismus müssen kritisch aufgehoben, nicht vernichtet und nicht künstlich konserviert werden. Ein neues Konzept kann noch nicht vorhanden sein, kann nur im praktischen Kampf, in der ständigen Vermittlung von Reflexion und Aktion, von Praxis und Theorie erarbeitet werden.«[355]

---

353 Herbert Marcuse: Versuch über die Befreiung, in: ders.: Aufsätze und Vorlesungen 1948-1969, S. 244.
354 Karl Marx: Zur Kritik der politischen Ökonomie, in: MEW, Bd. 13, S. 9.
355 Rudi Dutschke: Die Widersprüche des Spätkapitalismus, die antiautoritären Studenten und ihr Verhältnis zur Dritten Welt, S. 91.

Abkürzungsverzeichnis

APO	Außerparlamentarische Opposition
BRD	Bundesrepublik Deutschland
CDU	Christlich-Demokratische Union
CIA	Central Intelligence Agency (Zentraler Nachrichtendienst, Auslandsnachrichtendienst der USA)
ČKD	Českomoravská-Kolben-Daněk (Tschechisch-mährische Fabrik Kolben-Daněk, ein Maschinen- und Fahrzeug-Unternehmen in Prag)
CNFP	Conseil national du patronat français (Arbeitgeberverband Frankreichs)
CRS	Compagnies Républicaines de Sécurité (Sicherheitskompanien der Republik, die Bereitschaftspolizei Frankreichs)
ČSR	Československá republika (Tschechoslowakische Republik) Staatsbezeichnung 1918-1960
ČSSR	Československá socialistická republika (Tschechoslowakische Sozialistische Republik) Staatsbezeichnung 1960-1990
DDR	Deutsche Demokratische Republik
DEFA	Deutsche Film AG
DIE.LINKE.SDS	DIE LINKE.Sozialistisch-demokratischer Studierendenverband
ETA	Euskadi Ta Askatasuna (Baskenland und dessen Freiheit, baskische Untergrundorganisation)
FKP	Französische Kommunistische Partei
FNL	Front National de Libération (Nationale Front für die Befreiung Südvietnams)
FR	Frankfurter Rundschau
FU	Freie Universität Berlin
G. L.	Georg Lukács
Gulag	Glawnoje Uprawlenije Isprawitelno-trudowych Lagerej (Hauptverwaltung der Besserungsarbeitslager, das sowjetische Zwangsarbeitslagersystem unter Stalin)
IKP	Italienische Kommunistische Partei
K 231	Klub bývalých politických vězňů (Klub der nach § 231 verurteilten politischen Häftlinge in der ČSSR)
KAN	Klub angažovaných nestraníků (Klub engagierter Parteiloser in der ČSSR)
KBW	Kommunistischer Bund Westdeutschland
KMP	Kommunisták Magyarországi Pártja (Kommunistische Partei Ungarns)
Komintern	Kommunistische Internationale
Kuomintang	Chungkuo Kuomintang (Chinesische Nationalpartei)
KP	Kommunistische Partei
KPČ	Kommunistische Partei der Tschechoslowakei (tschechisch: KSČ – Komunistická strana Československa)
KPD	Kommunistische Partei Deutschlands
KPdSU	Kommunistische Partei der Sowjetunion
KPTsch	Kommunistische Partei der Tschechoslowakei

KZ	Konzentrationslager
LW	Lenin Werke
MAD	Mutual assured destruction (US-Strategie der wechselseitig zugesicherten Zerstörung)
MEW	Marx/Engels Werke
MfS	Ministerium für Staatssicherheit
NATO	North Atlantic Treaty Organization (Nordatlantische Verteidigungsorganisation)
NKWD	Narodny Kommissariat Wnutrennich Djel (Volkskommissariat für Innere Angelegenheiten)
NÖM	Neuer Ökonomischer Mechanismus (Ungarn)
NÖP	Neue Ökonomische Politik (Sowjetrussland)
NÖS	Neues Ökonomisches System (DDR)
NSDAP	Nationalsozialistische Deutsche Arbeiterpartei
NVA	Nationale Volksarmee
OECD	Organisation for Economic Co-operation and Development (Organisation für wirtschaftliche Zusammenarbeit und Entwicklung)
PCI	Partito Comunista Italiano (Kommunistische Partei Italiens)
PDS	Partei des Demokratischen Sozialismus
PVAP	Polnische Vereinigte Arbeiterpartei
RAF	Rote Armee Fraktion
SAPMO-Barch	Stiftung Archiv der Parteien und Massenorganisationen der DDR im Bundesarchiv
SBZ	Sowjetische Besatzungszone
SDS	Sozialistischer Deutscher Studentenbund
SED	Sozialistische Einheitspartei Deutschland
SPD	Sozialdemokratische Partei Deutschlands
SU	Sowjetunion
T-55	Tank 55 (sowjetischer Panzertyp)
TINA	There is no Alternatives. (Es gibt keine Alternativen.)
Trikont	Bezeichnung für die drei ausgebeuteten Kontinente Asien, (Latein-)Amerika und Afrika in der entwicklungspolitikkritischen Diskussion
USA, US	United States of America, United States
USAP	Ungarische Sozialistische Arbeiterpartei
Viet Cong	Viêt Nam Công Săn (vietnamesischer Kommunist, unrichtige und herabwürdigende US-Bezeichnung für Kämpfer der FNL, die aber im westlichen Sprachgebrauch vorherrschte)
WG	Wohngemeinschaft
WTR	Wissenschaftlich-Technische Revolution
ZK	Zentralkomitee
ZPA	Zentrales Parteiarchiv

Namensregister

Abendroth, Wolfgang – 41
Adler, Alfred – 121
Adorno, Theodor W. – 22, 33, 41, 54, 57 ff., 97
Agnoli, Johannes – 129
Albertz, Heinrich – 98
Albrecht, Ernst – 15
Allende, Salvador – 97
Althusser, Louis – 98
Altmeyer, Martin – 7, 48
Aly, Götz – 7, 48, 88
Apel, Erich – 84
Armstrong, Neil – 72
Aron, Raymond – 24
Baader, Andreas – 76
Baez, Joan – 20
Bahr, Egon – 95
Bahro, Rudolf – 98
Balibar, Étienne – 98
Beauvoir, Simone de – 97
Beckett, Samuel – 57 ff.
Behrens, Fritz – 48, 84
Bell, Daniel – 24, 69, 73, 93 f.
Benary, Arne – 84
Bernal, John Desmond – 27, 73
Berthold, Erika – 66
Beyer, Frank – 83
Blair, Tony – 16
Bloch, Ernst – 33, 37, 46, 48, 97, 130
Blum (Pseudonym von Georg Lukács) – 43 f., 49
Böckelmann, Frank – 61
Bohrer, Karl-Heinz – 15
Boltanski, Luc – 76, 93
Boyer, Christoph – 90
Brandt, Willy – 14, 95, 98
Brasch, Thomas – 66

Brecht, Bertolt – 97
Breshnew, Leonid Iljitsch – 21, 80, 85, 91
Buback, Siegfried – 10
Bucharin, Nikolai Iwanowitsch – 97
Camus, Albert – 35
Castro, Fidel – 16
Chávez, Hugo – 13
Chiapello, Eve – 76, 93
Chruschtschow, Nikita Sergejewitsch – 20, 36, 71
Churchill, Winston – 35
Cocker, Joe – 20
Cohn-Bendit, Daniel – 26, 33, 97
Cohn-Bendit, Gabriel – 26
Dean, James – 35
Debray, Régis – 55, 113
Demirovic, Alex – 60
Dubček, Alexander – 82, 97, 123
Dutschke, Rudi – 12, 17, 19 f., 28, 33, 36 f., 41, 47, 58 f., 61, 73 f., 97 f., 100, 105, 108, 110, 115, 118, 130, 132, 135
Dutschke-Klotz, Gretchen – 41, 61
Engels, Friedrich – 34, 41, 46, 111, 118 f., 122
Eppler, Erhard – 131
Erhard, Ludwig – 59
Fanon, Frantz – 33, 55
Fischer, Ernst – 22
Fischer, Joseph (Joschka) – 15, 18
Fischer, Louis – 48
Freud, Sigmund – 140
Friedeburg, Ludwig von – 58
Friedman, Milton – 21, 28, 67, 93
Fromm, Erich – 37, 41
Fukuyama, Francis – 124
Gagarin, Juri Alexejewitsch – 70, 72

139

Garaudy, Roger – 22
Gaulle, Charles de – 67 f., 95, 99, 102, 105
Gaus, Günter – 105 f.
Gehrke, Bernd – 74
Goebbels, Joseph – 13
Goldstücker, Eduard – 22, 48, 123
Gomułka, Władysław – 47 f.
Gorbatschow, Michail Sergejewitsch – 80
Gorz, André – 26
Gramsci, Antonio – 53, 123
Grunenberg, Antonia – 19
Guevara, Ernesto Che – 16, 33, 55, 59, 95, 113
Habermas, Jürgen – 11, 41, 58
Haffner, Sebastian – 106
Hager, Kurt – 115
Hájek, Jiří – 22
Hannover, Irmela – 87
Hardt, Michael – 125
Harmel, Pierre – 94
Haug, Wolfgang Fritz – 98
Havel, Václav – 123
Havemann, Florian – 66
Havemann, Frank – 66
Havemann, Robert – 37, 48
Hegel, Georg Wilhelm Friedrich – 39
Heidegger, Martin – 36
Heinemann, Gustav – 14
Heintje (eigentlich: Hendrik Nikolaas Theodoor Simons) – 106
Hendrix, Jimi – 20
Heumos, Peter – 116
Hitler, Adolf – 7, 12 f.
Ho Chi Minh – 16
Hobsbawm, Eric – 102, 126
Hofmann, Werner – 41
Holloway, John – 120
Holz, Hans Heinz – 41
Honecker, Erich – 82 f., 91
Horkheimer, Max – 33, 41, 57 f., 97

Horn, Gerd-Rainer – 74
Humphrey, Hubert H. – 108
Huntington, Samuel P. – 70
Husák, Gustáv – 47 f.
Johnson, Lyndon B. – 113
Jakowlew, Alexander Nikolajewitsch – 48
Jones, Tom – 106
Joplin, Janis – 20
Judt, Tony – 123 f.
Jung, Carl Gustav – 121
Kádár, János – 20, 47
Kafka, Franz – 22 f., 77
Kahn, Herman – 69, 93
Kautsky, Karl – 45, 134
Kennedy, John F. – 95
Kennedy, Robert F. – 95
Kiesinger, Kurt Georg – 13
King, Martin Luther – 95
Klaus, Václav – 123
Klenner, Hermann – 84 f.
Koenen, Gerd – 11, 48
Koestler, Arthur – 48
Kofler, Leo – 37, 41
Kohl, Helmut – 132
Kohlmey, Gunter – 84
Kohout, Pavel – 114
Kollontai, Alexandra Michailowna – 97
Konrád, György – 25
Korsch, Karl – 41, 97
Kosel, Gerhard – 27
Kossygin, Alexej Nikolajewitsch – 80
Krahl, Hans-Jürgen – 33, 40, 58 f.
Kraushaar, Wolfgang – 8, 11, 48, 58 f., 88
Krug, Manfred – 83
Kun, Bela – 55
Kundera, Milan – 114
Kurlansky, Mark – 10, 17, 24
Kuroń, Jacek – 20, 64, 76, 95, 97
Lammert, Norbert – 11

Langhans, Rainer – 31
Lefort, Claude – 8
Leggewie, Claus – 8, 23, 30
Lenin, Wladimir Iljitsch – 12, 14, 36, 38, 41, 43, 45 ff., 52, 55, 79, 83, 85, 97, 102, 122 f., 134
Liberman, Jewsej – 71, 75, 84
Lübke, Heinrich – 13
Lukács, Georg – 33, 36 ff., 57, 61, 76, 97, 133
Luxemburg, Rosa – 55, 97, 123
Mandel, Ernest – 97
Mao Tse-tung – 12, 16, 55, 97
Marcuse, Herbert – 22, 27, 33, 37, 41, 54, 57 f., 60 ff., 76, 83, 95, 97, 110, 125, 134 f.
Marx, Karl – 12, 25, 34, 36, 41, 44 ff., 50, 52, 55 f., 61, 85, 97, 103 f., 109, 111, 118, 121 ff., 131, 134 f.
Massu, Jacques – 99
Mattik, Paul – 97
McNamara, Robert – 113
Meinhof, Ulrike – 12
Michels, Robert – 34
Mickiewicz, Adam – 76
Mitscherlich, Alexander – 37, 58, 121
Mitscherlich, Margarete – 37
Mittag, Günter – 85
Mlynář, Zdeněk – 48, 91, 97, 115, 123
Modzelewski, Karol – 20, 64, 76, 95, 97
Mollnau, Karl A. – 85
Nagy, Imre – 40
Negri, Antonio – 125
Negt, Oskar – 58, 88
Novotný, Antonín – 20, 80, 114
Obermaier, Uschi – 31, 8
Ohnesorg, Benno – 15, 20, 58, 97
Panitch, Leo – 18
Pelikán, Jiří – 117
Picht, Georg – 108
Piller, Jan – 75
Pinochet, Augusto – 28, 95

Poulantzas, Nicos – 98
Presley, Elvis – 35
Rabehl, Bernd – 59
Reich, Wilhelm – 37, 41, 121
Reinhold, Otto – 72
Reuter, Ernst (Friesland) – 10
Richta, Radovan – 91, 97, 115, 118
Röhl, Bettina – 12
Rohrmoser, Günter – 28
Rossanda, Rossana – 122
Rostow, Walt Whitman – 73, 93
Sager, Krista – 121
Sander, Helke – 109
Santana, Carlos – 20
Sartre, Jean-Paul – 22, 26, 33, 35, 97
Saunders, Frances Stonor
Schabowski, Günter – 48
Schaff, Adam – 48
Schily, Otto – 15
Schleyer, Hanns Martin – 10
Schmidt, Alfred – 58
Schmierer, Joscha – 11, 16
Schnibben, Cordt – 87
Schöneburg, Karl-Heinz – 84 f.
Schröder, Gerhard – 16, 18
Schütz, Klaus – 98
Servan-Schreiber, Jean-Jacques – 93
Shdanow, Andrej Alexandrowitsch – 35
Šik, Ota – 48, 72, 84, 91, 97, 115, 123
Smith, Adam – 25
Sontheimer, Kurt – 12
Stalin, Jossif Wissarionowitsch – 12, 21, 36 f., 47 ff., 51, 54, 92
Strauß, Franz Josef – 93, 95
Streit, Josef – 85
Sweezy, Paul – 97
Szelényi, Iván – 25
Terray, Emmanuel – 87
Teufel, Fritz – 60

141

Trotzki, Leo (Lew) Dawydowitsch – 38, 55, 97
Ulbricht, Walter – 20, 65, 69 ff., 75, 78, 80, 82 f.,
    85, 91, 97, 127
Vaculík, Ludvík – 90, 114
Wagner, Rolf Clemens – 12
Wallerstein, Immanuel – 20 ff., 24, 29, 89, 106
Wegner, Bettina – 66
Weiss, Peter – 27, 97, 128
Wesel, Uwe – 88
Zwahr, Hartmut – 81

Die Mär der Neoliberalen

Angeblich habe Ludwig Erhard das »Wirtschaftswunder« mit einem rein liberalen Wirtschaftssystem gezeugt, behauptet nicht nur Angela Merkel und fordert für die heutige Bundesrepublik eine reine Marktwirtschaft. Der Wirtschaftshistoriker Jörg Roesler zeigt, daß die Soziale Marktwirtschaft der Bundesrepublik in Wirklichkeit in der Auseinandersetzung zwischen den Regierenden und der Bevölkerung entstand. Eine Kombination aus Regulierung über den Markt *und* über den Staat brachte den Erfolg.

Jörg Roesler
Die Wiederaufbaulüge der Bundesrepublik
Oder: Wie sich die Neoliberalen ihre »Argumente« produzieren
111 Seiten, mit 9 Abbildungen, 9,90 Euro · ISBN 978-3-320-02137-5

KARL DIETZ VERLAG BERLIN GMBH
Franz-Mehring-Platz 1 · 10243 Berlin
Tel.: 030 2978-4534 · Fax: Tel.: 030 2978-4536
info@dietzberlin.de · www.dietzberlin.de